Principles and Technical Requirements of Inspection and Testing Equipment for Motor Vehicles

汽车检验检测设备原理与技术要求

刘元鹏　仝晓平　**编著**

人民交通出版社
北　京

内 容 提 要

本书以营运车辆检测为主要研究对象，总结分析了汽车技术状况影响要素，阐述了我国营运车辆管理制度和标准以及国外商用车管理经验；理论与实践相结合，研究提出了营运车辆整车参数、安全性能、动力性能、燃料经济性、排气污染物检测指标以及使用的检验检测设备原理与技术要求，其中整车参数、安全性能、排气污染物等检测设备也适用于非营运的其他社会车辆，涵盖了在用汽车技术性能检验的各个方面。

本书适合道路运输管理、在用汽车管理、检验检测机构、维修质量检验、检验检测设备生产企业及计量检定机构等相关人员在工作中使用，也可作为汽车检测相关专业的培训教材和参考书。

图书在版编目（CIP）数据

汽车检验检测设备原理与技术要求 / 刘元鹏，仝晓平编著. — 北京：人民交通出版社股份有限公司，2025. 1. — ISBN 978-7-114-20192-9

Ⅰ. U469. 607

中国国家版本馆CIP数据核字第2025G5S248号

Qiche Jianyan Jiance Shebei Yuanli yu Jishu Yaoqiu

书　　名： 汽车检验检测设备原理与技术要求
著 作 者： 刘元鹏　仝晓平
策　　划： 陈跃峰
责任编辑： 陈力维
文字编辑： 周　凯
责任校对： 孙国靖　宋佳时
责任印制： 张　凯
出版发行： 人民交通出版社
地　　址：（100011）北京市朝阳区安定门外外馆斜街3号
网　　址： http://www.ccpcl.com.cn
销售电话：（010）85285857
总 经 销： 人民交通出版社发行部
经　　销： 各地新华书店
印　　刷： 北京建宏印刷有限公司
开　　本： 787 × 1092　1/16
印　　张： 14.25
字　　数： 347千
版　　次： 2025年1月　第1版
印　　次： 2025年1月　第1次印刷
书　　号： ISBN 978-7-114-20192-9
定　　价： 98.00元

编 写 组

主　编：刘元鹏　仝晓平

成　员：贺宪宁　周　豫　唐向臣　李　振

吴　勇　王振国　曲盛林　蒋宇晨

前言

汽车作为道路交通的参与者，与社会生产、人民生活息息相关。在使用过程中会面临运行强度大、运行里程长、环境条件复杂等条件。因此，有效保持车辆的技术状况、减小安全事故的发生率、降低车辆燃油消耗、减少尾气排放，是对车辆技术性能提出的基本要求。

汽车性能检测是检查、评定车辆技术状况和维修质量的重要手段，也是在汽车使用、维护、修理中对车辆的技术状况进行测试、检验的专门技术。

其中，营运车辆性能检测主要包括汽车动力性、安全性、燃料经济性、使用可靠性、排气污染物，以及整车装备完整性与状态，需要先进、可靠的检验检测设备进行检测与评定。

汽车检验检测设备泛指在汽车性能检测中所用的仪器和设备，其开发、设计和制造应依据国家或行业相关产品标准，在使用过程中应定期维护并按规定的周期进行检定或校准，以满足国家或行业相关计量规范的要求。

本书以营运车辆检测为主要研究对象，总结分析了汽车技术状况影响要素，阐述了营运车辆管理制度和标准以及国外商用车管理经验，理论与实践相结合，研究提出了营运车辆整车参数、安全性能、动力性能、燃料经济性、排气污染物检测指标以及使用的检验检测设备原理与技术要求，其中整车参数、安全性能、排气污染物等检测设备也适用于非营运的其他社会车辆，涵盖了在用汽车技术性能检验的各个方面。

本书在撰写中力求科学、实用，图文并茂，通俗易懂。希望本书的出版能对加强车辆技术管理，提高我国在用汽车检测水平和技术培训质量，促进检测行业技术进步，指导检验检测设备研发、生产、使用等方面有所帮助。

汽车检测技术在不断创新和发展，检验检测技术标准也面临修订与调整，由于作者水平有限，书中难免存在疏漏和不足之处，敬请广大读者批评指正！

作　者

2020 年 7 月 15 日

目录

第一章
汽车使用故障特征

汽车在使用过程中由于零部件的磨损、疲劳、老化和松动，其技术状况不断恶化，故障增多，使用可靠性逐渐下降，当运行到一定里程或时间后，会导致故障发生。由于车辆结构和使用条件等的差异，汽车的故障模式会有所不同。

第一节 汽车技术状况影响因素

一、使用条件对汽车技术状况的影响

1. 道路条件的影响

道路条件是汽车工作条件的主要部分。道路条件的技术性能指标主要有道路等级、路面覆盖层的状况、路面附着系数、道路的构成情况（道路宽度、路线的曲率半径、路面的纵向与横向最大坡度等）。其中，路面覆盖层的状况对汽车各总成的工作有很大影响，道路状况和断面形状，决定了汽车总成的使用工况（车辆载荷和行驶速度区间，传递的转矩、发动机曲轴转速、换挡次数，以及道路不平整所引起的动载荷等），从而影响汽车零部件、总成的使用寿命，引起汽车技术状况的改变。路面质量决定了发动机工况，显然在运行里程相同的条件下，发动机曲轴转速越高，运行工况就越恶劣，各总成机构和零部件的磨损就越大。

2. 运行条件的影响

运行条件是影响汽车及总成使用情况的一个主要因素。如装载质量相同的汽车在繁华的市区与郊区的道路上行驶时，市区的行驶车速要比郊区的行驶车速降低 50% ～ 52%；发动机转速增加 30% ～ 36%；变速器使用频次增加；制动器使用频率增加。因此，发动机、变速器、制动器等总成故障率也会相应增加。

3. 气候条件的影响

气候条件可以影响汽车总成工作状态，改变其技术性能和工作的可靠性。汽车故障率与环境温度有关，因为汽车各总成都有一个最佳热工况区，环境温度高于或低于这个温度都导致汽车故障率增加，如发动机最佳热工况的冷却液温度为 70 ～ 90℃，发动机以最佳热工况运行，零部件磨损最小。环境温度每变动 1℃，将使缸体冷却系温度变化 0.9 ～ 0.25℃。发动机润滑油与燃油黏度均随温度降低而增大，润滑油黏度增加使流动性变差，会恶化动配合副的润滑条件，当润滑油黏度大于 2 Pa·s 时，就不能保证发动机正常润滑，必然会使零部件磨损迅速增加，并明显地加大发动机的摩擦损失。低温导致润滑油黏度增大后，可使发动机曲轴滚动阻力、底盘传动装置的传动阻力增大 1 ～ 1.5 倍，明显降低汽车输出功率，使油耗增加。环境温度太高也会恶化汽车总成的工况，降低输出功率，增加燃油消耗。高温及太阳的辐射热还会加速橡胶密封件的老化。

4. 车辆新旧程度的影响

从磨损理论和国内外的车辆使用管理统计数据可知，随着汽车行驶里程的增加，汽车在复杂载荷和复杂路面环境条件下，相关运动部件将会发生不同程度的磨损，使用性能会随之下降，与之相伴的是故障发生频率增加。

研究统计表明，对营运车辆而言，3 年以内的新车故障发生率是 3.4 次 / 年，3 ～ 6 年的中等使用程度汽车故障发生率为 5.1 次 / 年，6 年以上的老旧车辆故障发生率为 7.8 次 / 年；15 万 km 以内的新车故障发生率为 4.1 次 / 年，15 ～ 30 万 km 中等使用程度汽车故障发生率为 6.5 次 / 年，30 万 km 以上的老旧车辆故障发生率为 8.4 次 / 年。

分析结果表明，车辆技术状况的变化与车辆的新旧程度具有较强的相关性，通常使用年限越久，行驶里程越长的车辆故障发生频率就越高，同时也反映出车辆新旧程度对检测与维修需求增大的影响。

除上述条件外，影响汽车技术状况变化的因素还有汽车运行材料的质量和驾驶员的因素等。汽车燃料内含有灰尘，对发动机磨损的影响极大。同样，汽车所用润滑油、各种液体（制动液、冷却液等）、零配件以及运行材料的品质也严重地影响汽车技术状况变化。在同样的运行条件下，驾驶员技能水平对汽车技术状况也有一定影响。

二、汽车技术状况的变化规律

汽车技术状况变化规律可以归纳为两大类：即渐进性和突发性。

渐进性即表示汽车技术状况的参数是随行驶里程或时间单调变化的，可用一定的回归函数式表示其变化规律。

突发性即表示汽车、总成和零部件达到极限状态的时间是随机性的、偶发的。

汽车零部件、机构或总成技术状态的改变，是引起汽车技术变化的基本原因。如：自然损坏、塑性变形、疲劳损坏、腐蚀以及零部件或材料方面的其他变化等，都直接影响汽车技术状况的改变。汽车在使用过程中，其使用可靠度取决于零部件引起的突发性和渐进性故障。理论分析表明，对突发性损坏所进行的预防是无效的，只有通过修理的方式消除故障，但对于渐进性损坏，通过适时的检测与维护可预防或延缓损坏的发生，减小损坏的概率。

汽车故障分析基础是汽车磨损理论，零部件失效是汽车故障产生的主要原因。除此之外，一些人为因素如设计上的缺陷，制造、维修及配件、燃润料质量，非正常维护与使用等均可导致故障发生。汽车零部件的配合间随着行驶里程的增加而逐渐增加，其磨损规律理论上呈现为图 1-1 所示的零部件磨损特性曲线。

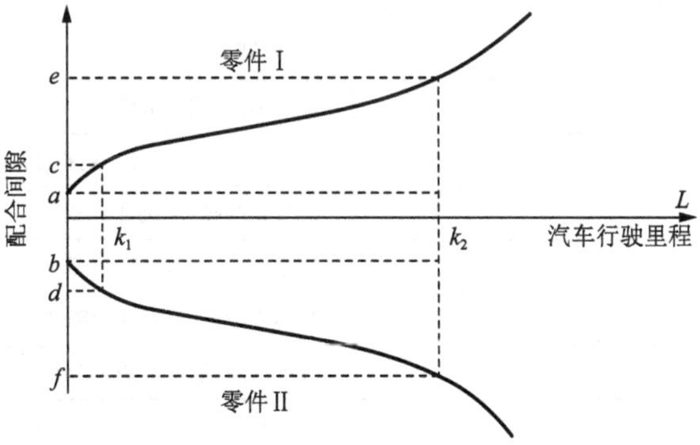

图 1-1 零部件的磨损特性曲线

零件的磨损可分为三个阶段：$a \sim b$，零件的磨合期；$c \sim d$，正常工作期；$e \sim f$，加速磨损期。

汽车整车故障的变化规律是指汽车的故障率随行驶里程的变化规律，能直接反映出汽车故障率与行驶里程的关系，其故障的化规律表现为图 1-2 所示的“浴盆曲线”，与汽车零部件的磨损特性曲线存在一定的对应关系。

与零件的磨损规律相对应，汽车故障变化规律也分三个阶段：*A*，早期故障期；*B*，偶然故障期；*C*，耗损故障期。

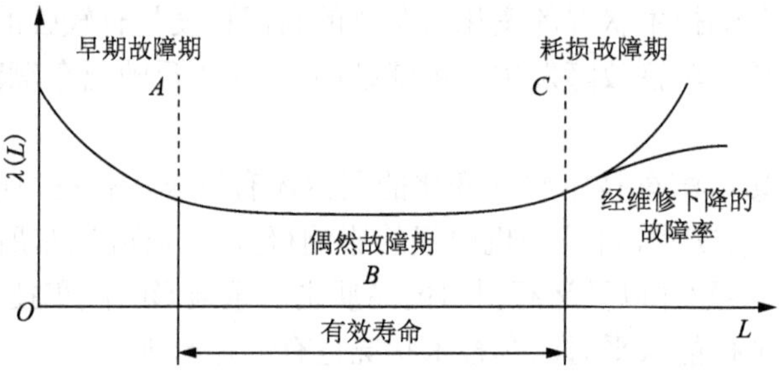

图 1-2　整车故障率与行驶里程的关系

第二节　汽车使用故障特征与分布

一、汽车使用故障及分类

汽车使用故障是指汽车在运行过程中部分或完全丧失规定功能的现象，其实质是汽车零部件本身或零部件之间的配合状态发生了异常变化。汽车是由机、电、液等一体化构成的复杂产品，故障类别繁多、原因复杂，但从可靠性角度分析，其故障发生的概率遵循一定的规律。传统汽车维修理论认为，汽车由于运动副之间的长时间不断磨损，造成间隙扩大，因而改变了车辆设计技术要求，导致使用性能下降，出现故障。对故障的分类，有属于定性范畴的方法，也有一些比较具体的、考虑量化指标的方法，根据分类目的不同，常见的故障类别见表 1-1。

汽车使用故障分类表　　表 1-1

故障类别	故障名称
1.按故障造成性质分	自然故障、人为故障
2.按故障发生部位分	整体故障、局部故障
3.按故障发生时间分	磨合期、正常使用期、耗损故障期
4.按故障发展过程分	突发性故障、渐进性故障
5.按故障存在时间分	间歇性故障、持续性故障
6.按故障表现特征分	功能性故障、警示性故障、隐蔽(检测)性故障
7.按故障生成原因分	设计故障、制造故障、使用故障、维修故障
8.按故障危害程度分	轻微故障、一般故障、严重故障、致命故障
9.按故障发生频次分	偶发性故障、多发性故障
10.按故障影响程度分	部分故障、完全故障
11.按故障发生状态分	实际故障、潜在故障
12.按故障影响性质分	功能故障、参数故障

续上表

故障类别	故障名称
13.按故障点的数量分	单点故障、多点故障
14.按故障发生系统分	单系统故障、多系统故障
15.按故障点与症状分	一点多症故障、一症多点故障
16.按故障机电表现分	电控症状机械故障、机械症状电控故障

二、汽车的故障模式

故障模式是查找故障原因和进行故障分析的基础，确定故障模式有助于正确理解检测、诊断与维修的对象，所以对故障模式的判断要清楚、具体，不同的车辆有不同的故障表现形式。研究统计表明，汽车主要故障模式有损坏型、退化型、松脱型、失调型、堵塞和渗漏型、性能衰退或功能丧失型。

1. 损坏型故障模式

指零部件本身损坏，如裂纹、断裂、烧蚀、击穿（绝缘）、擦伤、龟裂、点蚀、磨损超限等。

2. 退化型故障模式

指非金属零部件的损坏，如橡胶油封、塑料零部件的老化，润滑油变质，油漆老化脱落等。

3. 松脱型故障模式

指连接件丧失原有的紧固力，如螺栓、铆钉等连接件松动、焊接开焊等。

4. 失调型故障模式

（1）压力不当：压力低于或超过技术条件的规定值。

（2）间隙不当：触点间隙或配合间隙超出规定而影响功能的现象。

（3）行程不当：操纵件或运动件未达到或超出规定行程而影响功能的现象。

5. 堵塞和渗漏型故障模式

如管路中有异物阻挡或油路有汽化现象，使液体或气体不能流动或流动不畅；或密封失效导致漏油、漏水、漏气现象。

6. 性能衰退或功能失效型故障模式

（1）性能衰退：在规定的行驶里程内，整车或总成的某些性能下降到低于车辆技术标准规定的指标现象。如整车动力性、经济性明显下降、离合器分离不彻底、转向沉重、制动跑偏、传动轴抖动等。

（2）功能失效：由于某一局部故障致使整车、总成的某些功能完全丧失的现象。如喇叭不响、灯光信号不亮、离合器打滑、变速器掉挡或乱挡、制动失控等。

（3）公害限值超标：汽车的噪声、排放等公害指标超过了标准规定的限值。

（4）异响：汽车工作时发生的非正常的声响。

（5）过热：汽车工作时冷却系统或其他总成的温度超过了规定值。

产生这些故障模式的主要原因：

一是汽车零部件经长时间工作后，产生疲劳、磨损、断裂、变形、腐蚀和老化等，导致零部件失效。

二是汽车运行过程中的意外原因，如轮胎突然破裂、油管突然破损或堵塞等。整车、总成、零部件在工作过程中都有可能产生各种类型的故障模式。综合统计，这些故障模式的故障部位与故障表现见表1-2。

汽车故障部位与故障表现 表1-2

故障部位	故障表现
转动配合部位	磨损、不平衡、发热、变形、振动、异响
滑动配合部位	松动、磨损、发热、熔焊
密封部位	泄漏、分离、漏气
导电部位	接触不良、断线、脱落、电压下降、短路、发热
啮合传动部位	磨损、破损、发热、位移、异响
摩擦力配合部位	磨耗、打滑、发热、衰损、振动、异响
弹簧顶推部位	衰损、老化、打滑、磨槽、弯曲、多个弹簧间弹力不均
弹簧拉吸部位	衰损、老化、多个弹簧间拉力不均
弹簧支撑部位	衰损、老化、破损、冲击、变形
液体流动部位	泄漏、堵塞、蒸发、气阻、渗漏
高温部位	磨耗、烧蚀、熔焊、变形、硬度变软、附着异物
大负荷部位	弯曲、扭曲、磨损、破损、断裂、发热、异响

三、故障分布特征

研究分析汽车的故障规律是一个系统、复杂的工作，受车型、结构、使用条件、使用强度等因素的影响，为了能显现故障特征及规律，抽查了云南、四川、陕西、青海、新疆、宁夏、山东等省（自治区）的汽车维修档案2780份（其中客车861辆、货车675辆、轿车1244辆），对其维修项目、更换零部件的原因进行了统计分析，结果见表1-3及图1-3。

从表1-3及图1-3统计分析结果可知：

客车电气系统、发动机、传动系统、转向系统故障频率较高；货车发动机、制动系统、行驶系统及传动系统故障率较高；轿车发动机、车身及附属设备、电气系统及转向系统故障率较高。故障因车型的不同分布规律差异较大，主要原因为各种车型结构、用途、使用强度及运行环境具有较大差异，一般来说营运车辆使用强度较大，运行环境复杂，行驶系统、传动系统及制动系统故障率略高于非营运车辆，营运货车表现比较明显。

各种车型总成（系统）故障频率统计 表1-3

序号	总成（系统）	数量（次）			比例（%）		
		客车	货车	轿车	客车	货车	轿车
1	发动机总成	254	327	549	29.5	48.4	44.1
2	转向系统	202	117	308	23.5	17.3	24.8
3	行驶系统	164	214	187	19.0	31.7	15.0
4	传动系统	242	206	164	28.1	30.5	13.2
5	制动系统	181	241	142	21.0	35.7	11.4
6	电气系统	215	168	432	25.0	24.9	34.7
7	车身及附属设备	107	149	517	12.4	22.1	41.6

注：1. 客车样本861辆，货车样本675辆，轿车样本1244辆。

2. 维修项目（即故障点）共计5781个。

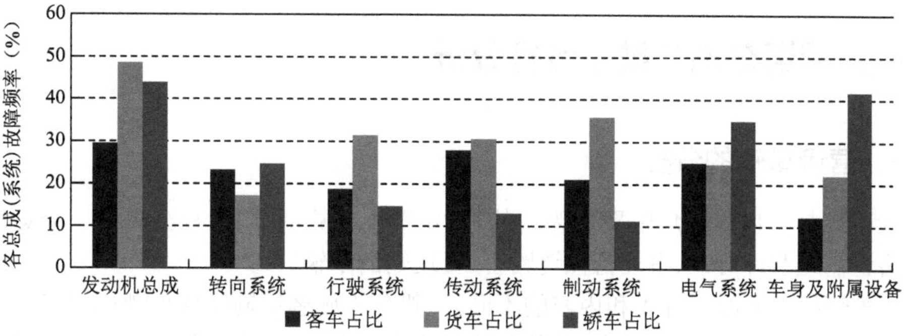

图 1-3 各总成(系统)故障频率分布图

四、产生汽车故障的影响因素分析

1. 汽车设计、制造缺陷

有的车辆在零部件材料选择上不合理,没有充分考虑到使用强度、硬度、韧性、耐热及耐磨等要求,引起零部件性能不稳定,过早失效;有的车辆在零部件加工过程中,工艺不合理,加工过程质量控制不当,以及装配精度不够等,造成零部件力学性能下降,从而引发车辆故障;有的车辆发动机电子控制单元(ECU)安装位置不合理,会受到很强的电磁干扰,导致其工作性能不稳定。

2. 使用环境的影响

道路条件因素,如有的汽车长期在山区或泥泞道路行驶,导致悬架系统橡胶件早期损坏;有的汽车长期在城市道路中行驶,发动机很少高速运转,导致燃烧室和进气管道内积炭严重,使得发动机工作抖动,甚至自动熄火等。

大气条件因素,如长期在沿海城市中使用的车辆,因受海风潮湿空气的影响,导致漆面及底盘早期损坏,使得底盘上的金属过早被腐蚀等。

3. 驾驶行为的影响

不合理的驾驶习惯以及货运车辆超载运行,不仅会影响交通安全、增加燃料消耗量,还会增大车辆的工作负荷,通常会导致部分总成和零部件早期磨损或损坏,降低车辆使用寿命。研究统计表明,同一道路上驾驶同类车辆的不同驾驶员,变速器挡位的使用率相差 2 ～ 3 倍,燃料消耗量相差 27%,行车制动器使用率相差 25%,故整车故障率也会出现成倍增长。

4. 车辆维护不到位

车辆在部分部件或总成有效寿命期之内,未能按规定进行检查、检测和维护。在车辆出现故障时,对故障部位判断不准确,缺少必要的诊断仪器设备等,对车辆部件盲目地大拆大卸,在装复时很难恢复到原始状况等,导致故障进一步扩大。

5. 自然失效

汽车长期在各种条件下工作,其零部件自然会发生各种变化,零部件的形状、尺寸、表面粗糙度,以及零部件配合副间相互位置甚至配合性质发生不可逆转的变化,若不进行必要的检测与维修,则会造成汽车技术状况下降,严重的还会导致零件断裂等严重损坏。

第三节 营运车辆分类与运行分析

一、营运车辆的分类

营运车辆是指以收取运输费用为目的，发生费用结算，专门为社会提供商业运输服务，获得道路运输经营许可，从事经营性道路客、货运输的车辆。

营运车辆根据其经营种类和内容的不同，一般分为旅客运输经营车辆（简称营运客车）、货物运输经营车辆（简称营运货车）及其危险货物运输车辆（简称危货运输车）、汽车列车。

1. 营运客车

根据交通运输行业标准《营运客车类型划分及等级评定》（JT/T 325—2018）中的定义，营运客车是指用于经营性道路旅客运输的汽车。分为乘用车和客车两类，乘用车是指用于经营性道路旅客运输，在设计和制造上主要用于载运乘客及其随身行李和/或临时物品汽车，包括驾驶人座位在内最多不超过9个座位。客车是指用于经营性旅客运输的 M_2 类、M_3 类中的B级和Ⅲ级客车。其中客车按车长（L）分为特大型（$12m < L \leq 13.7m$）、大型（$9m < L \leq 12\,m$）、中型（$6m < L \leq 9m$）和小型（$3.5m < L \leq 6\,m$）四种。

从事旅客运输经营的车辆应符合《营运客车燃料消耗量限值及测量方法》（JT/T 711—2016）及《营运客车安全技术条件》（JT/T 1094—2016）的要求。

《道路旅客运输及客运站管理规定》规定：客运经营者应当依据国家有关技术规范对客运车辆进行定期维护，确保客运车辆技术状况良好。客运车辆的维护作业项目和程序应当按照国家标准《汽车维护、检测、诊断技术规范》（GB/T 18344）等有关技术标准的规定执行。

2. 营运货车

营运货车是指用于营业性货物运输的汽车、半挂牵引车、牵引货车和挂车。营运货车按最大设计总质量（G_{VW}）区分，主要包括符合《机动车辆及挂车分类》（GB/T 15089—2001）规定的 N_1（$G_{VW} \leq 3500kg$）、N_2（$3500kg < G_{VW} \leq 12000kg$）、$N_3$（$G_{VW} > 12000kg$）类货车、牵引车和 O_3（$3500kg < G_{VW} \leq 10000kg$）、$O_4$（$G_{VW} > 10000kg$）类挂车及其组成的汽车列车等。

从事货物运输经营的车辆应符合《营运货车燃料消耗量限值及测量方法》（JT/T 719—2016）及《营运货车安全技术条件　第1部分：载货汽车》（JT/T 1178.1—2018）的要求。

《道路货物运输及站场管理规定》规定：道路货物运输经营者应当建立车辆技术管理制度，按照国家规定的技术规范对货运车辆进行定期维护，确保货运车辆技术状况良好。货运车辆的维护作业项目和程序应当按照国家标准《汽车维护、检测、诊断技术规范》（GB/T 18344）等有关技术标准的规定执行。

3. 危货运输车

设计和制造用于载运危险货物或牵引危险货物半挂车的汽车。危险货物的分类、分项、品名和品名编号执行《危险货物分类和品名编号》（GB 6944）和《危险货物品名表》（GB 12268）。危货运输车应符合《危险货物道路运输规则》（JT/T 617）的要求，需配备ABS系统装置，实行运输过程全程监控，配备防撞条、防静电等设施安全可靠。

从事道路危险货物运输的企业或者单位应当按照《道路危险货物运输管理规定》中有关车辆管理的规定，维护、检测、使用和管理危险货物运输车辆，确保危险货物运输车辆技术状况良好，符合《危险货物道路运输营运车辆安全技术条件》（JT/T 1285—2020）的要求。

道路运输经营者运输剧毒化学品、爆炸品的专用车辆及罐式专用车辆（含罐式挂车），应到具备道路危险货物运输车辆维修资质的企业进行维修。牵引车及其他专用车辆由道路运输经营者消除危险货物的危害后，可到具备一般车辆维修资质的企业进行维修。

4. 汽车列车

汽车列车是指一辆汽车（包括乘用车、客车、牵引车、普通货车和越野汽车等）与另外一辆或多辆挂车所组合而成的列车。

从事营运的货车列车应符合《营运货车燃料消耗量限值及测量方法》（JT/T 719—2016）及《营运货车安全技术条件　第2部分：牵引车辆与挂车》（JT/T 1178.2—2019）的要求。

货车列车由牵引车和挂车组成，有牵引杆挂车列车和中置轴挂车列车。挂车有两种：全挂车和半挂车。挂车的总重量由自身承受的称为全挂车，中置轴挂车为全挂车的一种形式，只有较小的垂直载荷作用于牵引车，其中一轴或多轴由牵引车驱动。挂车的总重量一部分由牵引车承受的称为半挂车，半挂车与牵引车之间由牵引座及牵引销链接驱动。挂车应符合国家有关车辆安全运行条件及技术标准，在配发道路运输证和年度审验时，应查验车辆有效行驶证件。

二、运营特征

道路运输业是我国综合运输体系的重要组成部分，在促进社会经济的发展和社会进步中发挥着重要的推动作用。在各种交通运输方式中，公路运输比起铁路、航运、空运所占比重更大，尤其在内陆地区，公路运输已经成为地区间更直接、更有效的主要运输方式。

营运车辆作为道路运输的主要承担者，与社会生产、人民生活息息相关，其技术状况的优劣直接关系到交通安全、运输成本、运营效率、环境保护及服务质量。营运车辆与普通社会车辆，两者存在明显差异特征，主要表现在以下几个方面：

1. 大型化

从事经营性道路客、货运输多为大中型车辆，其外廓尺寸、整备质量、总质量、载客和载货质量远大于普通社会车辆。

2. 运营强度大

我国幅员辽阔，具有多种地貌特征，车辆运营强度大、运行时间长，运行环境复杂。特别是在运营强度上，远高于普通社会车辆。单车平均年行驶里程远高于日本、德国等发达国家（5～6万km/年），更远高于普通社会车辆（1～3万km/年）。

3. 技术性能提前衰退

个别驾驶员或车辆运输经营者缺乏自律意识和职业素质，片面追求经济利益，车辆超载、超员运行屡禁不止，加之运营强度较大，导致车辆超负荷行驶，技术性能提前衰退、技术状况提前下降现象普遍存在。

4. 老龄化

车辆更新周期以及车龄普遍偏长，调查表明，行驶总里程60万km以上车辆占调研车辆总数的40%左右，车辆机件老化现象严重。

总之，营运车辆具有运行强度大、运营里程长、使用条件复杂等特征，在各类道路交通事故中，除驾驶员、道路和气候条件等因素外，车辆的机械故障和技术性能不良也是重特大交通事故的主要成因，因此，道路运输安全既是运输经营者安全生产的首要任务，也是交通运输安全管理的重中之重。"安全、节能、环保"已成为全社会关注的焦点，有效保持车辆的技术状况、降低安全事故的发生率、最大限度地遏制重特大事故的发生、降低车辆燃油消耗、减少尾气排放，是对营运车辆技术管理提出的基本要求。

三、事故特征

1. 典型交通事故案例

近几年的道路交通事故案例中，事故成因多种多样，既有驾驶员、道路、气候条件的因素，也有车辆技术状况因素。为便于分析事故特征，将因车辆故障导致的重特大事故的典型案例及司法鉴定结论总结如下：

（1）2009年3月18日，云南昭通市永善县驾驶员杨某驾驶一辆轻型普通货车（云C22×××，搭载12人、花椒苗75株约400kg），由大兴镇驶往莲峰镇，行至毛大公路40km+950m处，车辆冲出路面，从公路左侧坠入距路面105.5m的金沙江中，造成12人死亡。

车辆原因：云C22×××车辆不符合安全技术标准要求，存在安全隐患。

（2）2009年12月29日，河南商丘某运输公司驾驶员李某驾驶一辆大型普通客车（豫N07×××，搭载26人，核载35人），由山东临沂驶往河南商丘，行至山东省济宁市开发区境内S335省道与黄王路交叉口处，与一辆重型半挂牵引车（鲁H25×××）相撞，造成16人死亡、11人受伤。

车辆原因：豫N07×××客车ABS在事故前已失效，事故发生时车辆前轮制动性能有所下降，后轮断气制动时，出现制动方向偏离。

（3）2010年4月6日，广东省某技工学校驾驶员李某驾驶本校的一辆大型普通客车（金旅牌客车，粤D07×××，搭载本校教职工36人，核载38人），沿汕头市濠江区南滨路由东向西行驶至跳水馆附近路段，在超越同向行驶的小型汽车（粤D69×××）时，因超速行驶、违法超车，先后与对向行驶的一辆罐式货车（粤D01×××）、小型汽车（粤D69×××）相撞，致使本车和罐式货车侧翻，小型汽车起火燃烧，造成10人死亡、28人受伤。

车辆原因：大型普通客车驾驶员驾驶制动系统不符合要求的车辆上道路行驶，右前轮制动蹄摩擦片有油污，制动时有左跑偏现象，前轮制动性能不合格。

（4）2010年9月16日，新疆阿勒泰地区驾驶员谌某驾驶一辆大型普通客车（新H07×××，搭载17人，核载33人），由阿勒泰驶向喀纳斯景区，行至S232省道48km+878m禾木乡岔道处，车辆转向失控、驶出路面，垂直坠落路侧55m处后沿山坡翻滚100多米，造成11人死亡、6人受伤。

车辆原因：驾驶机件不符合技术标准的车辆，新H07×××客车转向直拉杆与左转向节球头连接的球头销孔内弹簧有陈旧性断裂，导致转向失效。

（5）2012年3月13日5:58，四川阿坝某运业集团公司驾驶员王某驾驶公司客车川

U20×××（实载 35 人，核载 35 人，途中在米亚罗下车 14 人）从成都出发开往马尔康，12 时 30 分左右，车辆行至阿坝州境内鹧鸪山隧道西洞口路段发生事故，车辆坠入坎下，造成 15 人死亡（含驾驶员王某）、6 人受伤。

车辆原因：川 U 20××× 的车辆制动系统、转向系统存在安全隐患。

（6）2012 年 4 月 23 日 12:30 许，高某驾驶的某汽车运输集团公司舞阳至章化城乡班线豫 L52××× 普通客车，行至 S220 省道 132km+500m 处，与驶入客车车道的豫 LA8××× 东风货车迎面相撞，事故当场造成 3 人死亡、医院抢救中 3 人死亡，另有 7 人在重症监护室抢救，截至事发当日 24 时，7 名重伤员经抢救无效死亡，共有 13 人死亡，12 人受伤。

车辆原因：豫 LA8××× 东风货车右后轮制动器失效。

（7）2012 年 8 月 31 日 9 时左右，河南三门峡灵宝市某汽车客运有限责任公司客车豫 M15××× 从灵宝发往洛阳，当车辆行驶至连霍高速三门峡观音堂段 784km+420m 处时，车辆发生侧翻，造成 8 人当场死亡，3 人抢救无效死亡，14 人受伤。

车辆原因：豫 M15××× 客车二级维护走过场，车辆制动系统不合格，制动跑偏。

（8）2014 年 8 月 9 日 14:37 许，西藏某旅游汽车公司一辆藏 AL1××× 的大型客车（旅游包车，实载 50 人，核载 55 人），由日喀则驶往拉萨，当车辆行驶至拉萨市尼木县境内国道 318 线 4740km+237m 处时，相对方向行驶的一辆藏 AX9××× 的越野车（实载 4 人，核载 5 人）突然向左转方向，与藏 AL1××× 大型客车左前侧相撞，造成藏 AL1××× 大型客车失控后撞断道路右侧防护栏坠入 11m 深山崖，仰翻着地，藏 AX9××× 越野车发生事故后甩尾转向与同向后方行驶的渝 FC2××× 轻便客货两用车（实载 1 人，核载 5 人）发生碰撞。造成 44 人死亡，多人受伤。

车辆原因：藏 AL1××× 的大型客车制动系统不符合《汽车维护、检测、诊断技术规范》（GB/T 18344—2001）标准的要求。

（9）2014 年 3 月 6 日 9:40 左右，鲜某驾驶一辆中型普通客车，在四川省南充市仪陇县杨桥镇金鼓村五一桥路段坠入湖中，造成 11 人死亡，如图 1-4 所示。经鉴定表明：

①该车转向系统转向盘最大自由转动量超标，向右转向限位装置缺失，转向横拉杆体右侧与调整螺杆脱落。

②该车制动系统左后制动领蹄摩擦片缺失 138.89cm^2，左后制动鼓圆度误差超限，右后 2 颗制动底板螺栓缺失；制动主缸因严重锈蚀，密封不严造成前制动储气筒内压缩空气泄漏。

③该车后轴轮胎花纹类型不一致，左后主胎及右后副胎胎冠花磨损严重且测量值均小于 1.6mm，左后副胎胎冠被铁钉刺穿，造成轮胎胎压严重不足。

（10）2018 年 2 月 8 日 7 时，洛阳市某物流有限公司的豫 CD8××× 货车，行驶至长济高速公路焦作段时，因机械故障（发动机故障），车辆失控停在超车道，驾驶员报警后未采取警示措施，造成后方小型普通客车追尾，导致 4 人死亡、2 人死亡。

车辆原因：豫 CD8××× 货车发动机故障，未按规定进行车辆定期维护。

（11）2018 年 8 月 28 日，由百色开往武鸣的桂 L08××× 中型客车行驶至 G324 国道田东县思林镇鹧鸪坳上坡路段时与桂 APN××× 小货车发生碰撞，在民警处置施救过程中，前方对向行驶的赣 CA2××× 大货车由于制动故障直接撞到事故现场，造成 3 人死亡。

车辆原因：赣 CA2××× 大货车制动性能不符合安全性能要求。

(12)2019 年 9 月 28 日 7 时，豫 A50××× 的大客车（实载 69 人，核载 69 人），行驶至 G25 长深高速公路 2154km 处，因左前轮爆胎冲破道路中央隔离带驶入对向车道，与苏 CF3××× 的半挂货车(货车上有 3 人)相撞，导致 36 人死亡、36 人受伤。

车辆原因：豫 A50××× 的大客车轮胎不符合要求，存在安全隐患。

图 1-4　2014 年四川仪陇“3•06”坠车事故

2. 事故特点分析

通过对上述事故案例的分析，多起重特大交通事故与车辆技术性能直接相关，由于不定期进行维护和检测，导致车辆性能严重下降。其主要原因是运输经营者没有深刻认识到车辆技术管理的重要性，加之“重运输生产，轻技术管理”思想的影响，使得一些检测与维护失调、车况恶化的车辆带病行驶和超负荷运行，安全隐患极其严重。综合这些事故案例的基本特征，可得出以下结论：

(1)在各类交通事故中，营运车辆(客车、货车)构成重特大道路交通事故的肇事主体，也即重特大道路交通事故通常由营运车辆直接或间接造成。

(2)除驾驶员、道路和气候条件等因素外，营运车辆的机械故障和技术性能不良是重特大道路交通事故的重要成因。

(3)因机械故障引发的重特大道路交通事故，与制动性能、转向机构和轮胎状况有直接关系，在营运车辆的各个系统或总成中，制动系统、转向系统、行驶系统(轮胎)是影响车辆运行安全的重要因素。

(4)肇事车辆未按期维护、检测，车辆“带病”运行，不符合安全技术标准，非法改装等现象也比较突出。

(5)营运车辆一般具有大型化特征，载荷大、重心高、总质量及惯量较大，一旦发生道路交通事故，损失大，后果严重。

第二章
营运车辆管理制度与标准

营运车辆性能直接关系到我国道路交通运输安全性、经济性、环保性和可靠性，关系到道路运输效率。根据营运车辆运行特征，我国交通运输主管部门建立了完善的车辆技术管理制度，制定了相关法律法规、规章制度、技术标准以及监督保障措施，以不断提升行业车辆技术管理治理能力，确保营运车辆保持良好的技术状况，为道路运输安全、便捷、高效、绿色、经济运行提供有效支撑。

第一节 法律法规和技术标准

一、国家相关法律

（1）《中华人民共和国产品质量法》。
（2）《中华人民共和国节约能源法》。
（3）《中华人民共和国道路交通安全法》。
（4）《中华人民共和国标准化法》。
（5）《中华人民共和国计量法》。
（6）《中华人民共和国大气污染防治法》。

二、国务院相关行政法规

（1）《中华人民共和国道路运输条例》。
（2）《中华人民共和国认证认可条例》。

三、部门规章及管理制度

（1）《道路运输车辆技术管理规定》（交通运输部令 2019 年第 19 号）。
（2）《道路旅客运输及客运站管理规定》（交通运输部令 2020 年第 7 号）。
（3）《道路货物运输及站场管理规定》（交通运输部令 2019 年第 17 号）。
（4）《道路危险货物运输管理规定》（交通运输部令 2016 年第 36 号）。
（5）《危险货物运输运输安全管理办法》（交通运输部令 2019 年第 29 号）。
（6）《机动车维修管理规定》（交通运输部令 2019 年第 20 号）。
（7）《道路运输从业人员管理规定》（交通运输部令 2019 年第 18 号）。
（8）《道路运输车辆燃料消耗量检测和监督管理办法》（交通运输部令 2009 年第 11 号）。
（9）《检验检测机构资质认定管理办法》（国家质量监督检验检疫总局令 2015 年第 163 号）。
（10）《道路运输车辆动态监督管理办法》（交通运输部、公安部、国家安全生产监督管理总局令 2014 年第 5 号）。

四、技术标准

标准是对重复性事物和概念所作的统一规定，以科学、技术和实践经验的综合成果为基础，经有关方面协商一致，由主管机构批准，以特定形式发布，作为共同遵守的准则和依据，在农业、工业、服务业以及社会事业等领域需要统一的技术要求。

标准化是标准在经济、技术、科学及管理等社会实践中，对重复性事物和概念通过制定、实施标准，达到统一，以获得最佳秩序和社会效益的过程。

2018 年 1 月 1 日起施行的《中华人民共和国标准化法》对标准的制定、标准的实施、监督管理、法律责任进行了规定。随着汽车制造、交通运输行业社会化程度越来越高、技术要求越来越严格，需要研究建立完善的营运车辆标准体系，以确保营运车辆运行安全、高效、节能、减排，规范和促进行业高质量发展。

1. 标准的种类

1）按适用范围分

标准分为五级：国家标准、行业标准、地方标准、团体标准、企业标准。

（1）国家标准：国家标准是国务院标准化行政主管部门制定并颁布的全国统一的标准。

（2）行业标准：由国家行业行政主管部门制定并颁布的。

（3）地方标准：为满足地方自然条件、风俗习惯等特殊技术要求，可以制定地方标准。

地方标准由省、自治区、直辖市人民政府标准化行政主管部门报国务院标准化行政主管部门备案，由国务院标准化行政主管部门通报国务院有关行政主管部门。

（4）团体标准：由学会、协会、商会、联合会、产业技术联盟等社会团体，为协调相关市场主体共同制定满足市场和创新需要而制定的团体标准，由本团体成员约定采用或者按照本团体的规定供社会自愿采用。制定团体标准，应当遵循开放、透明、公平的原则，保证各参与主体获取相关信息，反映各参与主体的共同需求，并应当组织对标准相关事项进行调查分析、实验、论证。

（5）企业标准：由企业制定的标准，在本企业范围内使用，为提高产品质量或服务质量，企业可制定严于国家标准或行业标准。企业执行自行制定的企业标准的，还应当公开产品、服务的功能指标和产品的性能指标。

检定规程是国家对所使用的计量装置等进行校准的规定。检定规程也属于标准，是制造装备和检定装置的衡量标准，如国家计量检定规程、计量技术规范。

制定标准应当在科学技术研究成果和社会实践经验的基础上，深入调查论证，广泛征求意见，以保证标准的科学性、规范性、时效性，提高标准质量。

2）按标准性质分

国家标准分为强制性标准、推荐性标准，行业标准、地方标准属于推荐性标准。

对保障人身健康和生命财产安全、国家安全、生态环境安全以及满足经济社会管理基本需要的技术要求，应当制定强制性国家标准。强制性标准必须执行，国家鼓励采用推荐性标准。

对满足基础通用、与强制性国家标准配套、对各有关行业起引领作用等需要的技术要求，可以制定推荐性国家标准。

对没有推荐性国家标准、需要在全国某个行业范围内统一的技术要求，可以制定行业标准。

推荐性国家标准、行业标准、地方标准、团体标准、企业标准的技术要求不得低于强制性国家标准的相关技术要求。

国家实行团体标准、企业标准自我声明公开和监督制度。企业应当公开其执行的强制性标准、推荐性标准、团体标准或者企业标准的编号和名称；国家鼓励团体标准、企业标准通过标准信息公共服务平台向社会公开。

2. 国外相关汽车标准

1）国际标准化组织（ISO）车辆标准

国际标准化组织道路车辆技术委员会（ISO/TC 22）主要负责《1968 年维也纳道路交通公约》中所规定的轻便摩托车、摩托车、机动车、挂车、半挂车、轻型挂车、组合车辆和铰接车辆等道路车辆及其装备的兼容性、互换性、安全性以及性能评价试验规程（包括仪器的特性）的标准化工作。

ISO/TC 22 制定的车辆安全技术的主要国际标准体系包括：

（1）车辆主动安全：制动系统及装置；灯光和信号装置；车辆动力学及行驶特性；道路车辆人机工程；视野。

（2）车辆被动安全：碰撞试验方法；被动安全碰撞防护系统。

（3）安全玻璃材料：试验方法；评定方法。

（4）车轮：试验方法；一般维护和安全要求以及失效条件。

2）欧盟汽车与货运车辆标准体系

欧洲标准化委员会是目前世界上最重要、影响力最大的区域标准化组织，在国际标准化活动中有着非常的地位。欧洲标准化委员会目前有奥地利、比利时、捷克、丹麦、芬兰、法国、德国、希腊、冰岛、意大利、卢森堡、马耳他、荷兰、挪威、葡萄牙、西班牙、瑞典、瑞士和英国等会员国。

联合国欧洲经济委员会汽车法规（ECE）主要有汽车产品（M、N、O 类车辆）、摩托车产品（L 类车辆）、农林拖拉机产品（T 类车辆）。针对汽车产品，按照这些 ECE 法规执行型式认证制度，实施 EEC/EC 型式批准。

ECE 中与车辆安全直接相关的主要技术标准体系有：

（1）一般与主动安全：后视镜；制动系统；轮胎与轮辋；灯光与信号装置；限速装置；汽车列车机械连接。

（2）被动安全：安全带与约束系统、座椅及头枕；乘员碰撞保护；碰撞防护装置；机动车侧翻保护；玻璃材料；门锁及车门固定部件。

（3）危货运输车：特殊结构特征。

（4）防火：火灾预防。

3）日本汽车与货运车辆标准体系

日本的汽车标准化工作分为两个主要的层次：日本工业标准（JIS 标准）和日本汽车行业标准（JASO 标准）。其中，JIS 标准由日本工业标准调查会（JISC）组织制定和审议、JASO 标准由日本汽车标准化组织制定。

日本 JIS 标准经通商产业省批准公布后，由日本规格协会（JSA）出版发行并进行有关的培训工作。日本规格协会成立于 1945 年 12 月 6 日，是日本推行工业标准化和质量管理的民间公益组织。

日本汽车工业协会成立于 1960 年，是美国汽车工程师协会（SAE）友好团体，也是日本国内 ISO/TC 22 的归口单位，是全面负责日本汽车标准化工作的专门机构。其内部组织机构按不同专业设立了相应的技术委员会、部会，包括车身、底盘、电气、发动机、表面处理等。每个部会内部，又根据具体研究内容设立了分技术委员会、分科会，实施型式指定标准。

4）美国汽车及货运车辆标准、法规

美国汽车标准化工作分为两个层次，即国家标准（ANSI 标准）和行业标准（SAE 标准）。其中，国家标准由美国国家标准学会批准发布、行业标准由美国汽车工程师协会（SAE）制定发布。

1966 年 9 月，美国颁布实施《国家交通及机动车安全法》，授权美国运输部（DOT）对乘用车、多用途乘用车、载货车、挂车、大客车、学校客车、摩托车，以及这些车辆的装备和部件制定并实施联邦机动车安全标准（Federal Motor Vehicle Safety Standards，FMVSS）。任何车辆或装备部件如果与 FMVSS 不符合，则不得为销售的目的而生产、不得销售或引入美国州际商业系统、不得进口。在美国《国家交通及机动车安全法》的授权下，由美国运输部联邦机动车运输安全管理局具体负责制定、实施联邦机动车安全标准。

FMVSS 法规目前分为 5 大类：即 FMVSS100 ～ 500 系列，主要包括：

避免车辆交通事故，即汽车主动安全；发生事故时减少驾驶员及乘员伤害，即汽车被动安全；防止火灾等；另有联邦机动车安全法规、联邦机动车环境保护法规、交通噪声污染控制法规等。

3. 我国汽车强制性标准

我国从 20 世纪 90 年代开始逐步建立、实施、完善汽车强制性标准体系，汽车行业主管部门与标准化机构确定了以 ECE/EEC 技术法规和指令体系为主要参照，建立我国汽车强制性标准体系的基本技术路线，并跟踪欧、美、日三大汽车技术法规体系的协调成果，以及其他先进国家标准法规的发展动态，及时制修订强制性国家标准。经过多年的努力，目前我国的强制性汽车标准，已经基本覆盖了汽车的安全、环保、节能等主要方面，主要标准见表 2-1。表中所列标准未注明年份的，以最新版本为准，这些标准可能会随着国家或行业对汽车管理政策的变化而增减、调整和修订。

我国强制性汽车相关标准　　表 2-1

标准编号	标准名称
GB 17578	客车上部结构强度要求及试验方法
GB 11554	机动车和挂车用后雾灯配光性能
GB 11555	汽车风窗玻璃除霜和除雾系统
GB 11562	汽车驾驶员前方视野要求及测量方法
GB 11564	机动车回复反射器
GB 11567.1	汽车和挂车侧面防护要求
GB 11567.2	汽车和挂车后下部防护要求
GB 12676	汽车制动系统结构、性能和试验方法
GB 13057	客车座椅及其车辆固定件的强度
GB 13094	客车结构安全要求
GB 13392	道路运输危险货物车辆标志

续上表

标准编号	标准名称
GB 14167	汽车安全带安装固定点、ISOFIX 固定点及上固定点系统
GB 1495	汽车加速行驶车外噪声限值及测量方法
GB 15082	汽车用车速表
GB 15083	汽车座椅、座椅固定装置及头枕强度要求和试验方法
GB 15084	机动车辆　间接视野装置性能和安装要求
GB 15085	汽车风窗玻璃刮水器和洗涤器　性能要求和试验方法
GB 15086	汽车门锁及车门保持件的性能要求和试验方法
GB 15235	汽车及挂车倒车灯配光性能
GB 15742	机动车用喇叭的性能要求及试验方法
GB 1589	道路车辆外廓尺寸、轴荷及质量限值
GB 16735	道路车辆　车辆识别代号(VIN)
GB 16897	制动软管的结构、性能要求及试验方法
GB 17354	汽车前、后端保护装置
GB 17509	汽车及挂车转向信号灯配光性能
GB 17578	客车上部结构强度要求及试验方法
GB 17675	汽车转向系　基本要求
GB 18099	机动车及挂车侧标志灯配光性能
GB 18296	汽车燃油箱安全性能要求和试验方法
GB 18408	汽车及挂车后牌照板照明装置配光性能
GB 18409	汽车驻车灯配光性能
GB 18986	轻型客车结构安全要求
GB 20182	商用车驾驶室外部凸出物
GB 20300	道路运输爆炸品和剧毒化学品车辆安全技术条件
GB 20890	重型汽车排气污染物排放控制系统耐久性要求及试验方法
GB 21668	危险货物运输车辆结构要求
GB 23254	货车及挂车　车身反光标识
GB 25990	车辆尾部标志板
GB 26511	商用车前下部防护要求
GB 26512	商用车驾驶室乘员保护
GB 30510	重型商用车燃油消耗量限值
GB 4094	汽车操纵件、指示器及信号装置的标志
GB 4599	汽车用灯丝灯泡前照灯
GB 4660	汽车用灯丝灯泡前雾灯
GB 4785	汽车及挂车外部照明和光信号装置的安装规定
GB 5920	汽车及挂车前位灯、后位灯、示廓灯和制动灯配光性能
GB 7258	机动车运行安全技术条件

我国的推荐性汽车国家标准，主要是参考、借鉴、转化 ISO/TC 22 及 TC 177、IEC/TC 69 等国际有关标准化组织发布的国际标准，或者参考 SAE、JIS、JASO、德国国家标准（DIN）等先进的国家标准。

随着我国汽车工业的快速发展，我国的汽车标准化工作已步入快速发展阶段，汽车标准在加强汽车行业管理、推动汽车技术进步以及消除国际贸易壁垒等发面发挥着重要的作用，成为汽车产品公告检验和 3C 认证检验的依据。

国家标准《机动车运行安全技术条件》（GB 7258）是我国机动车安全技术标准体系的重要组成部分，是进行机动车注册登记检验和在用机动车检验、机动车查验等机动车运行安全管理及事故车检验最基本的技术标准，同时也是我国机动车新车定型强制性检验、新车出厂检验和进口机动车检验的重要技术依据之一。

4. 营运车辆技术管理相关标准

营运车辆技术管理标准包括国家标准和行业标准，有方法标准，也有产品标准，并根据需要引用相关国际标准、汽车类强制性国家标准或推荐性标准。以下所列标准中未注明年份的，以最新颁布版本为准。

1）汽车技术状况要求类

（1）综合。

①《机动车运行安全技术条件》（GB 7258）。

②《道路运输车辆综合性能要求和检验方法》（GB 18565）。

③《汽车维护、检测、诊断技术规范》（GB/T 18344）。

④《大客车车身修理技术条件》（GB/T 5336）。

⑤《汽车大修竣工出厂技术条件》（GB/T 3798）。

⑥《商用汽车发动机大修竣工出厂技术条件》（GB/T 3799）。

⑦《营运客车安全技术条件》（JT/T 1094）。

⑧《营运货车安全技术条件　第 1 部分：载货汽车》（JT/T 1178.1）。

⑨《营运货车安全技术条件　第 2 部分：牵引车辆与挂车》（JT/T 1178.2）。

⑩《轿车车身维护技术要求》（JT/T 509）。

（2）安全性能（制动、照明、信号、外观标志）。

①《汽车防抱制动系统性能要求和试验方法》（GB 13594）。

②《汽车制动系统结构、性能和试验方法》（GB 12676）。

③《汽车驻车灯配光性能》（GB 18409）。

④《汽车用灯丝灯泡前雾灯》（GB 4660）。

⑤《汽车用灯丝灯泡前照灯》（GB 4599）。

⑥《汽车及挂车后牌照板照明装置配光性能》（GB 18408）。

⑦《汽车及挂车侧标志灯配光性能》（GB 18099）。

⑧《汽车及挂车前位灯、后位灯、示廓灯和制动灯配光性能》（GB 5920）。

⑨《汽车及挂车外部照明和信号装置的安装规定》（GB 4785）。

⑩《汽车和挂车侧面防护要求》（GB 11567.1）。

⑪《汽车和挂车后下部防护要求》（GB 11567. 2）。

⑫《道路车辆外廓尺寸、轴荷及质量限值》（GB 1589）。
⑬《汽车盘式制动器修理技术条件》（GB/T 18343）。
⑭《汽车鼓式制动器修理技术条件》（GB/T 18274）。
⑮《汽车制动传动装置修理技术条件》（GB/T 18275）。
⑯《道路运输危险货物车辆标志》（GB 13392）。
⑰《汽车防抱制动系统检测技术条件》（JT/T 510）。
（3）环保性能（排放、噪声）。
①《汽油车污染物排放限值及测量方法（双怠速法及简易工况法）》（GB 18285）。
②《柴油车污染物排放限值及测量方法（自由加速法及加载减速法）》（GB 3847）。
③《汽车加速行驶车外噪声限值及测量方法》（GB 1495）。
④《汽车定置噪声限值》（GB 16170）。
⑤《机动车用喇叭的性能要求及试验方法》（GB 15742）。
（4）燃油经济性。
①《道路运输车辆燃油消耗量检测评价方法》（GB/T 18566）。
②《营运客车燃料消耗量限值及测量方法》（JT/T 711）。
③《营运货车燃料消耗量限值及测量方法》（JT/T 719）。
2）检测方法与技术类
①《汽车发动机性能试验方法》（GB/T 18297）。
②《汽车静侧翻稳定性台架试验方法》（GB/T 14172）。
③《汽车滑行试验方法》（GB/T 12536）。
④《客车防雨密封性试验方法》（GB/T 12480）。
⑤《乘用车悬架特性的评定指标和检测方法》（JT/T 497）。
⑥《汽车防抱制动系统检测技术条件》（JT/T 510）。
3）设备、设施、人员、管理要求类
（1）综合。
①《汽车维修业开业条件　第 1 部分：汽车整车维修企业》（GB/T 16739.1）。
②《汽车维修业开业条件　第 2 部分：汽车专项维修业户》（GB/T 16739.2）。
③《汽车综合性能检测站能力通用要求》（GB/T 17993）。
④《检测和校准实验室能力的通用要求》（GB/T 27025）。
⑤《汽车检测站计算机控制系统技术规范》（JT/T 478）。
（2）检验检测设备。
①产品标准。
A.《滚筒式汽车车速表检验台》（GB/T 13563）。
B.《滚筒反力式汽车制动检验台》（GB/T 13564）。
C.《平板式制动检验台》（GB/T 28529）。
D.《汽车故障电脑诊断仪》（JT/T 632）。
E.《汽车悬架转向系间隙检查仪》（JT/T 633）。
F.《汽车底盘测功机》（JT/T 445）。

G.《点燃式机动车排气分析仪》(JT/T 386.1)。
H.《压燃式机动车排气分析仪》(JT/T 386.2)。
I.《汽车侧滑检验台》(JT/T 507)。
J.《汽车悬架装置检验台》(JT/T 448)。
K.《四轮定位仪》(GB/T 33570—2017)。
L.《多功能汽车制动性能检测台》(JT/T 649)。
M.《机动车前照灯检测仪》(JT/T 508)。
N.《汽车外廓尺寸检测仪》(JT/T 1012)。
O.《碳平衡法汽车燃料消耗量检测仪》(JT/T 1013)。
P.《机动车检测用轴(轮)重仪》(JT/T 1279)。
Q.《汽油车双怠速法排气污染物测量设备技术要求》(HJ/T 289)。
R.《汽油车简易瞬态工况法排气污染物测量设备技术要求》(HJ/T 290)。
S.《汽油车稳态工况法排气污染物测量设备技术要求》(HJ/T 291)。
T.《柴油车加载减速工况法排气烟度测量设备技术要求》(HJ/T 292)。
U.《压燃式发动机汽车自由加速法法排气烟度测量设备技术要求》(HJ/T 395)。
②计量检定规程、技术规范。

目前,汽车检验检测机构已投入使用的检测设备执行国家计量检定规程(JJG)、计量技术规范(JJF)和交通行业 JJG(交通),见表 2-2,对在用的检验检测设备进行周期检定或校准,以确保检测数据准确,量值具有可追溯性。

汽车检验检测设备计量检定规程和技术规范　　表 2-2

序号	设备名称	计量检定规程 / 技术规范
1	滚筒反力式汽车制动检验台	《滚筒反力式汽车制动检验台》(JJG 906—2015) 《汽车加载制动检验台》(JJG 1160—2019)
2	平板式汽车制动检验台	《平板式汽车制动检验台》(JJG 1020—2017)
3	机动车轴(轮)重仪	《机动车检测专用轴(轮)重仪》(JJG 1014—2019)
4	汽车侧滑检验台	《汽车侧滑检验台》(JJG 908—2009)
5	汽车车速表检验台	《滚筒式车速表检验台》(JJG 909—2009)
6	汽车悬架装置检验台	《汽车悬架装置检验台》(JJF 1192—2008)
7	汽车底盘测功机	《测功装置》(JJG 653—2003) 《汽车排放污染物检测用底盘测功机》(JJF 1221—2009)
8	机动车前照灯检测仪	《机动车前照灯检测仪》(JJG 745—2016)
9	机动车排气分析仪	《汽车排放气体测试仪》(JJG 688—2017) 《汽油车稳态加载污染物排放检测系统》(JJF 1227—2009)
10	不透光烟度计	《透射式烟度计》(JJG 976—2010)
11	气体流量分析仪	《汽油车简易瞬态工况法用流量分析仪》(JJF 1385—2012)
12	汽车外廓尺寸检测仪	《汽车外廓尺寸检测仪》(JJF 1749—2019)
13	制动踏板 / 手操纵力计	《汽车制动操纵力计》(JJF 1169—2007)
14	便携式制动性能测试仪	《便携式制动性能测试仪》(JJF 1168—2007)
15	碳平衡法油耗检测仪	《碳平衡法汽车燃料消耗量检测仪》(JT/T 1013—2015)

（3）人员要求。

《汽车维修业质量检验人员技术水平要求》（JT/T 425）。

4）维修服务类

《机动车维修服务规范》（JT/T 816）。

《汽车维修电子健康档案系统》（JT/T 1132.1 ～ 4）。

5）评定指标与评定方法类

《汽车修理质量检查评定方法》（GB/T 15746）。

《道路运输车辆技术等级划分和评定要求》（JT/T 198）。

《营运客车类型划分及等级评定》（JT/T 325）。

6）营运车辆监控类

（1）道路运输车辆卫星定位装置。

《汽车行驶记录仪》（GB/T 19056）。

《道路运输车辆卫星定位系统　车载终端技术要求》（JT/T 794）。

（2）道路运输车辆卫星定位系统平台。

《道路运输车辆卫星定位系统　平台技术要求》（JT/T 796）。

《道路运输车辆卫星定位系统　终端通讯协议及数据格式》（JT/T 808）。

《道路运输车辆卫星定位系统　平台数据交换》（JT/T 809）。

第二节　营运车辆技术管理

营运车辆在使用过程中受到多种因素的作用，从而造成零部件的磨损、疲劳、腐蚀以及老化，使各零部件失去原有的质量和功能，车辆的使用性能也将不同程度地衰退，以致安全性能下降、耗油量增加、排放恶化。根据营运车辆故障规律及故障特征，按照的一定周期和项目，对车辆实施定期维护和检测，建立健全营运车辆技术管理制度，是提高和保持营运车辆技术性能的有效途径。

一、实施营运车辆检验检测与技术等级评定制度

1. 营运车辆检验检测的作用

1）保障道路运输安全

营运车辆以其所具有的方便、快捷等优势而成为道路运输的主力。在道路运输迅速发展的同时，我国的道路运输安全状况却不容乐观。因此，改善车辆的主动安全性和被动安全性，提高营运车辆运行安全技术性能，预防和减少道路交通事故、减少道路交通死伤人数，是加强营运车辆管理的重中之重。

实践证明，实施营运车辆检验检测是营运车辆安全管理的一种有效手段，借助检验检测设备和工具，对营运车辆技术性能进行定期检验，有助于及时发现营运车辆制动、转向、灯光等系统中存在的问题，通过及时维护和修理，使营运车辆的技术状况维持在一个良好的水平，有助于提高车辆的使用寿命，减少营运车辆在运输途中发生故障及因此而引发的交通事故，达到确保安全运行的目的。

2)规范道路运输市场

目前,一些道路运输经营者为了片面追求经济效益,往往过度使用营运车辆,使车辆超负荷运行,甚至带病运行,成为道路运输事故的重大隐患。因此,制定完善的营运车辆技术标准,严格进行营运车辆检验是确保营运车辆安全技术性能行之有效的办法,有助于防止车辆的非法改装,尽早发现和及时淘汰安全技术性能达不到国家机动车安全技术标准的车辆,保持车辆技术状况良好,规范运营者行为。

3)促进行业技术进步

汽车工业水平是现代工业社会各种先进技术水平的集中体现,汽车工业的迅速发展促进了各种先进技术的开发和实际应用。营运车辆性能检测与汽车工业发展相辅相成。汽车技术的深入发展,要求营运车辆性能检测技术不断进步。营运车辆检测技术的提高有助于深入发现汽车制造和设计的缺陷,进一步促进汽车工业水平的不断提高。同时,随着营运车辆检测的智能化、多功能化趋势,尤其是车载自检(自诊断)系统、车外诊断智能化的发展必将进一步促进计算机技术,光、机、电一体化集成控制技术等高新技术的发展和应用。

4)提高节能减排效果

随着营运车辆保有量的迅速增加和行驶里程的不断增长,营运车辆产生的排气污染物日益成为主要的污染源,能源消耗的增加也将进一步加剧我国的石油能源危机。因此,通过营运车辆性能检测,对营运车辆进行严格的排放污染物、燃油经济性能检测,对于保护环境、节约能源、促进社会的可持续性发展具有显著的作用。

2. 建设营运车辆检验检测网络,实施车辆技术等级评定制度

汽车检验检测是营运车辆技术管理的主要内容,是检查、鉴定车辆技术状况和维修质量的重要手段,是促进汽车检测技术发展,实现视情修理的重要保证,检验检测可以提高车辆动力性、安全性、燃料经济性、使用可靠性,减少污染物排放和噪声,以及监控整车装备完整性与状态等。

20 世纪 80 年代,随着汽车技术和道路运输发展,我国汽车检测及诊断技术也随之得到广泛应用,对汽车检测诊断技术和设备的需求也与日俱增。我国汽车保有量的迅速增加,随之带来了交通安全和环境保护等社会问题,也促进了汽车诊断和检测技术的发展。20 世纪 80 年代初,交通部在大连市建立了我国第一个汽车检测站,从工艺上提出将各种单台检测设备安装联线,构成功能齐全的汽车检测线。继大连检测站之后,作为“六五”科技项目,交通部先后在 10 多个省、自治区、直辖市交通厅(局)筹建汽车检测站。

1987 年,交通部发布了《公路运输汽车综合性能检测站管理暂行办法》(交公路字〔861〕号),对汽车综合性能检测站的许可条件、职责、技术条件、设备、人员、场地、管理制度、功能、收费等作出明确规定。

1991 年,交通部发布了《汽车运输业车辆综合性能检测站管理办法》(交通部令 1991 年第 29 号),对汽车综合性能检测站的职责、分级和基本条件、检测站的认定和处罚作出了规定,并根据车辆综合性能检测站的职责和能力,将车辆综合性能检测站分为 A、B、C 三级。

2001 年,交通部实施营运车辆检验检测标准化,全面开展营运车辆技术等级划分和评定工作。道路运输管理机构坚持把营运车辆检验检测作为车辆技术等级评定乃至整个技术管理的主要手段，保证营运车辆技术状况始终在法律法规的监督管理之下，为道路运输管理落实“三关一监督”提供技术支持。

2004 年，国务院发布《中华人民共和国道路运输条例》（国务院令第 406 号），赋予交通运输部门对道路运输市场的行政监管职责，实施营运车辆检验检测是道路运输管理机构加强营运车辆技术管理，实施市场准入、监管和退出的重要手段和措施。

2016 年，交通运输部以 2016 年 1 号部令的形式颁布了《道路运输车辆技术管理规定》，要求道路运输经营者应对营运车辆进行检验检测，从事汽车营运车辆检验检测的机构应当确保检测和评定结果客观、公正、准确，并对检测和评定结果承担法律责任。

截至 2019 年底，全国从事营运车辆检验检测的机构达到 5000 多家，覆盖了所有省、自治区、直辖市和绝大多数区（县），形成了检验检测网络，为营运车辆技术管理提供了技术支撑。

二、营运车辆维护制度

汽车在使用过程中，随着行驶里程的增加，技术状况会不断发生变化，使用性能也逐渐变坏。为了最大限度地发挥汽车使用性能，保证汽车在安全、环保、节能的状态下运行，需要定期地检查、诊断汽车技术状况，进行必要的维护和修理。

1. 健全营运车辆维护管理制度

营运车辆维护制度是在理论与实践反复证明的基础上提出并由行政法规确立的。1990 年，交通部以 13 号部令的形式发布了《汽车运输业车辆技术管理规定》，确立了营运车辆维护的地位。2004 年，国务院颁布的《中华人民共和国道路运输条例》，以行政法规的形式规定“客运经营者、货运经营者应当加强对车辆的维护和检测，确保车辆符合国家规定的技术标准”。

《道路运输车辆技术管理规定》交通运输部令 2019 年第 19 号明确道路运输经营者是道路运输车辆技术管理的责任主体，负责对道路运输车辆实行择优选配、正确使用、周期维护、视情修理、定期检测和适时更新，保证投入道路运输经营的车辆符合技术要求。

《机动车维修管理规定》交通运输部 2019 年令第 20 号要求，机动车维修经营者应当按照国家、行业或者地方的维修标准和规范进行维修。尚无标准或规范的，可参照机动车生产企业提供的维修手册、使用说明书和有关技术资料进行维修。机动车维修竣工质量检验合格的，维修质量检验人员应当签发《机动车维修竣工出厂合格证》。

建立健全营运车辆维护管理制度，目的在于及时发现和消除隐患，防止车辆早期损坏，从而保证车辆经常处于良好的技术状况，延长其使用寿命，保证交通运输生产安全，降低车辆的运行消耗与维修费用，减少车辆的噪声与排气对环境的污染。实施营运车辆维护制度，有利于遏制车辆使用的短期行为，对于提高经济效益、社会效益和环境效益有着十分重要的意义，是一项利国、利民、利己的好事。

2. 全面落实营运车辆维护标准化

《中华人民共和国道路运输管理条例》规定：机动车维修经营者对机动车进行二级维护、总成修理或者整车修理的，应进行维修质量检验。检验合格的，维修质量检验人员应当签发机动车维修合格证。

汽车维护竣工质量检验是从“产品质量”的角度，对每一辆车的每一次维护作业的质量作出合格或者不合格的评判，为维修质量检验员签发维修合格证提供依据，决定车辆是否能够出厂。

对汽车二级维护竣工质量检验，是在汽车维护作业结束后，对所完成的维修作业项目进行质量考核，评价其是否符合《汽车维护、检测、诊断技术规范》(GB/T 18344—2016) 标准要求。营运车辆二级维护竣工质量检测项目主要包括：

1)制动性能

行车制动性能；驻车制动性能；车轮阻滞率。

2)转向操纵性能

转向盘最大自由转动量；转向轮横向侧滑量。

3)前照灯性能

前照灯发光强度；光束照射位置偏移。

4)尾气排放性能

汽油车：双怠速法(CO、HC)。

柴油车：自由加速法(光吸收系数)。

竣工检测合格的车辆由承修企业的质量检验员审验后，签发竣工出厂合格证。

三、道路运输车辆技术档案管理

车辆档案是车辆技术管理的基础，是车辆维修、改造、更新和配件使用提供信息的重要依据，也是评价技术管理质量的依据之一，还是道路运输管理机构对运输车辆实施技术管理的主要内容。车辆档案已从单纯的信息记录转化为加强车辆技术管理的工具和手段，是配发、审核道路运输证的主要依据之一，在车辆技术管理工作中发挥着越来越大的作用。

车辆从购置到报废全过程的技术管理信息，需要全面系统地载入档案。新车入户或车辆过户时，需要在建立技术档案或技术档案移交后，方可办理营运手续。因此，需要完善车辆技术档案管理，构建一体化车辆档案管理系统。从车辆登记、车辆维修全过程的数据记录，到与车辆相关的变更、行车违章及事故记录，以及技术等级评定记录、车辆所有人的诚信记录载于一体，既可以向专业管理机构提供车辆的详细技术信息，又可以向其他相关行业提供查询服务。

随着道路运输车辆技术管理的不断深化，车辆技术档案逐步实行分置管理。针对各个环节实际工作需要，道路运输经营者、机动车维修企业、营运车辆检验检测机构和道路运输管理机构按照交通运输部和地方交通主管部门的相关规定，分别建立《车辆技术档案》《机动车维修档案》《车辆检测档案》《车辆管理档案》，基本做到一车一档，妥善保管，对相关内容的记载及时、完整和准确，档案的使用管理逐步规范。

为规范营运车辆技术档案管理，交通运输部发布交通行业标准《道路运输企业车辆技术管理规范》(JT/T 1045—2016)，明确了车辆技术档案记录的基本信息，格式见表 2-3，有关车辆运行登记记录还包括：车辆检测和评定、车辆维护和修理、车辆主要部件更换、车辆变更、车辆行驶里程、车辆机损事故信息。

车辆基本信息表 表 2-3

基本情况	车辆号牌信息					粘贴初次或变更《道路运输证》时，车辆正面偏右侧 45° 的 3 寸彩色照片
		车牌号码	颜色	注册（变更）日期		
	首次核发					
	牌号变更 1					
	牌号变更 2					
	道路运输证信息					
		业户名称	道路运输证号	经营范围	发证日期	
	初次登记					
	名称变更 1					
	名称变更 2					
车辆配置及主要技术参数	车辆类型		厂牌型号		制造厂名	
	出厂日期		国产 / 进口		VIN（或车架）号	
	底盘型号		车辆外廓尺寸	mm	货厢内尺寸或容积	
	总质量	kg	整备质量	kg	准牵引质量	kg
	核定载质量	kg	核定载客	人	发动机型号	
	发动机号码		发动机排量	L	发动机净功率	kW
	排放标准		电池类型		驱动电机型号	
	电机功率		动力类型		车轴数量	
	轴距	mm	轮胎数 / 规格	—	行车制动方式	气 / 液 / 气 + 液
	制动器类型	前轮：盘 / 鼓式 后轮：盘 / 鼓式	制动防抱死系统（ABS）	有 / 无	变速器形式	手动 / 自动 / 手自一体
	缓速器	有 / 无	空调系统	有 / 无	卫星定位装置	有 / 无
备注						

注 1. 货厢内尺寸或容积：普通栏板车、厢式车、仓栅车、蓬式车、自卸车等填写货箱内尺寸，罐式车填写容积；
2. 电池类型、驱动电机型号和电机功率：纯电动汽车填写，其他车辆不用填写；
3. 排放标准：指国Ⅳ、国Ⅴ或其他排放阶段，纯电动车不用填写；
4. 动力类型：指汽油、柴油、纯电动、液化天然气（LNG）、压缩天然气（CNG）、液化石油气（LPG）或其他；
5. 填写或选择有关信息，符合的请在选择项上以"√"表示。

2017 年，交通运输部发布了《汽车维修电子健康档案系统》（JT/T 1132.1 ～ 4—2017）4 项交通行业标准，将推进汽车维修电子健康档案系统建设与实施列为民生工程，也纳入了交通运输部部门规章，这 4 项标准在实施车辆档案管理中发挥了重要作用，研究成果在全行业得到了应用，并不断创新升级，汽车维修电子健康档案系统已涵盖全国 365 个地市，10 万余家维修企业注册，累计采集维修与检测记录超过 1.9 亿辆次，为 5800 余万辆汽车建立了健康档案，用信息化手段建立健全了汽车维修与检测大数据系统，提升了行业管理和服务水平。

四、营运车辆运行监控体系

卫星定位系统车载终端是实现全国营运车辆联网联控系统的重要组成部分，是由卫星

（GPS、北斗）/GPRS 车载定位、汽车行驶车载终端和一些附件组成的一体化设备，同时具有卫星定位和行驶记录的功能，车载终端能够记录、存储、显示和打印车辆行驶速度、时间、里程以及驾驶员身份识别、车辆实时监控、事故信息记录和回传、远程故障诊断、远程支持和救援等有关信息。该装置的应用有助于加强道路运输安全管理和运输车辆动态监管工作，预防和减少道路交通运输事故的发生。用于客运客车、客运货车和危货运输车的车载终端的功能、技术要求应符合《道路运输车辆卫星定位系统车载终端技术要求》（JT/T 794—2019）的规定。

《道路运输车辆动态监督管理办法》由交通运输部、公安部、国家安全生产监督管理总局联合发布。该办法分总则、系统建设、车辆监控、监督检查、法律责任等，自 2014 年 7 月 1 日起施行。该办法规定：道路旅客运输企业、道路危险货物运输企业和拥有 50 辆及以上重型载货汽车或者牵引车的道路货物运输企业应当按照标准建设道路运输车辆动态监控平台，或者使用符合条件的社会化卫星定位系统监控平台，对所属道路运输车辆和驾驶员运行过程进行实时监控和管理。

第三节 营运车辆车型管理

一、营运车辆油耗准入管理制度

道路运输既是能源消耗强度高、能源消耗规模大的领域，也是能源使用效率偏低、能源供需矛盾突出的领域，更是建设资源节约型、环境友好型社会的重要领域之一。交通运输的石油消费总量约占全社会石油消费总量的 1/3，其中道路运输石油消费量在各种运输方式中的比例超过 50%。目前，我国正处于全面建成小康社会的历史时期，经济社会快速发展，客货运输需求旺盛，交通运输能源需求增长迅速，道路运输汽、柴油消耗量在我国石油能源消费量中的比重逐年增加。另一方面，我国道路运输车辆能源利用效率与世界先进水平相比明显偏低，汽车油耗水平比欧洲高 25%、比日本高 20%、比美国高 10%，特别是货车的百吨公里油耗比国外先进水平高出 1 倍以上，道路运输车辆技术节能大有潜力可挖。

多年来，交通运输部积极推进节能减排工作，努力实现绿色发展、清洁发展，组织开展了营运车辆能源消耗准入与退出制度的研究，加快了营运车辆结构调整步伐、实施了道路运输节能示范工程，道路运输节能水平正在得到逐步改善，营运车辆百吨公里油耗水平呈逐年下降趋势。为贯彻落实《中华人民共和国节约能源法》和国家节能减排战略，实现道路运输业节能减排工作目标，既需要从结构性、管理性节能入手，提升道路运输能源的利用效率，也需要从技术性节能入手，立足源头，完善道路运输车辆燃料消耗量检测和监督管理机制，把好车辆准入关口，禁止高耗能车辆进入道路运输市场。2009 年，交通运输部以部门规章的形式正式出台《道路运输车辆燃料消耗量检测和监督管理办法》（交通运输部令第 11 号），2016 年交通运输部修订发布了《营运客车燃料消耗量限值及测量方法》（JT/T 711—2016）和《营运货车燃料消耗量限值及测量方法》（JT/T 719—2016），两项技术标准为燃料消耗量准入制度的实施奠定了技术基础。2011 年，《道路运输车辆燃油消耗量检测评价方法》（GB/T 18566—2011）的实施为营运车辆燃料消耗量退出提供了技术依据。

二、客车类型划分及等级评定

改革开放以来，道路基础设施的改善尤其是高速公路里程的增加给发展道路运输提供了更为广阔的空间，高等级客车的优势得到了充分的发挥。为维护旅客合法权益，提高客运服务标准，满足人们出行安全化、舒适化的要求，引导客车生产厂家生产符合道路运输市场需要的车型，1997 年，交通部决定开展营运客车类型划分及等级评定工作，并制定了交通行业标准《营运客车类型划分及等级评定》(JT/T 325—1997)，2000 年在道路运输行业全面推开。

2002 年，交通部印发《关于发布〈营运客车类型划分及等级评定规则〉的通知》，客车类型划分及等级评定工作作用更加突出。随着客车类型划分及等级评定作用的逐步显现和客车技术进步，《营运客车类型划分及等级评定》标准经多次修改，以不断适应客运市场需求。

2007 年 5 月，交通部以交公路发〔2007〕248 号文件印发了《关于加强营运客车类型划分及等级评定管理工作的通知》，进一步明确了营运客车等级评定工作的相关规定，要求严格营运客车等级审查和复核工作。2018 年，交通运输部又对《营运客车类型划分及等级评定》进行了修订。

1. 营运客车类型

营运客车分为客车及乘用车两类。

客车按车长分为特大型、大型、中型和小型四种，见表 2-4。

客车类型划分(m) 表 2-4

类型	特大型	大 型	中 型	小 型
车长(L)	$12 < L \leqslant 13.7$	$9 < L \leqslant 12$	$6 < L \leqslant 9$	$3.5 < L \leqslant 6$

注：特大型指三轴客车。

2. 营运客车类型等级与评定内容

1)类型等级

按照《营运客车类型划分及等级评定》(JT/T 325—2018)，类型等级划分，共五种，21 个等级，见表 2-5。其中，对乘用车的等级划分增加了燃气乘用车的比功率，提高了柴油乘用车的比功率要求；增加了轮胎断面宽度要求。为推动“四好农村路”高质量发展，实现建制村通客车提供了必要的车型选型技术依据。

客 车 等 级 划 分 表 2-5

类型	客车																		乘用车		
	特大型					大型					中型				小型						
等级	高三级	高二级	高一级	中级	普通级	高三级	高二级	高一级	中级	普通级	高二级	高一级	中级	普通级	高二级	高一级	中级	普通级	高级	中级	普通级

2)评定内容

客车等级评定主要内容包括：

客车结构；底盘；配置(制动系、动力转向、轮胎等)；安全性；动力性；空气调节与控制；座椅；舒适性及服务设施；行李舱；CAN 总线；卫星定位系统等。

三、营运车辆安全准入管理制度

为加强营运客车安全技术管理，有效遏制和减少因客车本质安全性能不足导致的道路运输安全生产事故，切实保障人民群众生命财产安全，2016年交通运输部发布交通运输行业标准《营运客车安全技术条件》（JT/T 1094—2016），于2017年4月1日实施，标志着交通运输部建立并实施了道路运输市场客车安全准入制度。

该标准要求从整车、主要总成、安全防护装置等方面，对营运客车安全性能和结构配置提出了最基本的安全技术要求。客车生产企业纷纷加强技术研发与产品升级，以使客车满足更高安全标准要求。

有统计数据显示，近几年货车肇事事故比例明显上升，在2017年发生的较大以上道路运输事故中，货车肇事事故数量和死亡人数分别占总数的70%和64%，同比上升14个百分点和10个百分点。货车整体安全性能不高，已经成为制约当前道路运输安全发展的重要因素。

因此，在《营运客车安全技术条件》发布后一年，自2018年交通运输部又相继发布了交通运输行业标准《营运货车安全技术条件　第1部分：载货汽车》（JT/T 1178.1—2018）、《营运货车安全技术条件　第2部分：牵引车辆与挂车》（JT/T 1178.2—2019），对营运载货汽车及列车的安全技术也建立了新标准。

营运车辆安全技术标准的发布，有助于构建新时代交通运输营运车辆安全标准体系，推动营运车辆装备标准化、现代化。从源头上进一步提升营运车辆本质安全性能，在减少道路运输安全生产事故，切实保障人民群众生命财产安全方面将发挥积极作用。

目前，道路运输车辆燃料消耗量达标车型与道路运输车辆安全达标车型以及营运客车类型划分及等级评定进行合并管理，统称为“道路运输达标车型”。达标车型由“道路运输车辆技术服务网”发布并向社会公开、查询，成为“道路运输证”配发的依据，是交通运输部进一步推进道路运输车辆准入制度改革，更好服务广大车辆生产企业和运输经营者的举措，进一步提高了我国营运车辆本质安全水平、提升物流装备标准化水平，为我国交通运输行业转型升级、创新发展提供了技术保障。

四、道路运输达标车型核查

营运车辆达标车型核查是配发道路运输证的必要条件，为规范道路运输车辆达标车辆核查工作，2018年，交通运输部印发了《道路运输车辆达标车辆核查工作规范》（交办运〔2018〕155号），统一了达标车辆核查记录，见表2-6、表2-7，具体核查工作由县级以上交通运输主管部门或受其委托具备开展道路运输车辆达标车辆核查工作的汽车检测机构负责，达标车辆核查记录存入《车辆技术档案》。

道路运输达标车辆核查记录表（客车）　　表2-6

基本信息	业户名称		车辆号牌		VIN	
	生产企业		产品型号		发动机型号	
	载客人数（含驾驶员位）		底盘型号		燃料种类	
	外廓尺寸（长×宽×高）（mm×mm×mm）	× ×	总质量（kg）		整备质量（kg）	

续上表

结构布置	燃气瓶数量及位置（燃气汽车）			行李舱净高（mm）		行李舱约束装置	□有；□无
	驾驶员上方地板		□有；□无	后围应急窗布置	□外推式；□击碎玻璃式	乘客门数量及位置	个，□前；□中；□后
	应急门数量及位置		个，□车身左侧	车内通道折叠座椅	□有；□无	踏步区座椅	□有；□无
	安全出口数量		个	发动机位置	□前置；□中置；□后置	应急门引道宽度（mm）	
车辆配置	整车	电子稳定性控制系统（ESC）	□有；□无	卫星定位系统车载终端	□有；□无	乘员座位数标识	□有；□无
		车道偏离预警系统（LDWS）	□有；□无	视频监控系统监控区域	□驾驶区；□乘客门区；□乘客区；□车外前部区		
		自动紧急制动系统（AEBS）	□有；□无	安全标志	□禁止吸烟；□禁止携带易燃易爆物品；□系好安全带；□应急出口；□乘客门应急控制		
	制动系统	制动器形式（前／后）	一桥：□鼓式□盘式； 二桥：□鼓式□盘式； 三桥：□鼓式□盘式	制动储气筒额定工作气压（kPa）			
		缓速装置形式	□液力；□电涡流；□发动机	制动器摩擦片更换报警装置	□有；□无		
		气压制动系统压缩空气干燥、油水分离装置	□有；□无	防抱制动装置（ABS）信号报警装置	□有；□无		
		制动间隙自动调整装置	□有；□无	制动气压显示及限压装置	□有；□无		
	行驶系统	轮胎规格号		轮胎数量（前／后）	个		
		轮胎爆胎应急安全装置	□有；□无	轮胎气压监测系统	□有；□无		
安全防护与其他	外推式应急窗数量（左／右）		右侧： 个；左侧： 个	通风换气装置	□有；□无		
	应急锤数量		右侧： 个；左侧： 个；后部： 个	自动破窗器数量及开关位置	个；□驾驶区		
	应急锤声响信号报警装置		□有；□无	燃油箱数量	个		
	停车楔数量		个	油箱侧面防护	□有；□无		
	油箱距前端距离（≥ 600mm）		□符合；□不符合	油箱距后端距离（≥ 300mm）	□符合；□不符合		
	安全顶窗数量及位置		个，□前；□中；□后	加气口仪表和阀件防护装置（燃气汽车）	□有；□无		
	电涡流缓速器隔热装置		□有；□无	电涡流缓速器报警系统	□有；□无		
	传动轴防护装置		□有；□无	安全带提醒装置	□有；□无		
	汽车安全带		□驾驶员座椅；□前排座椅；□驾驶员后第一排座椅；□乘客门后第一排座椅；□最后一排中间座椅；□应急门引道后座椅为三点式，其余座椅为□两点式安全带；□三点式安全带				
	乘客门应急控制器		□驾驶员附近；□前乘客门内；□前乘客门外；□中乘客门外；□中乘客门内；□后乘客门内；□后乘客门外				
等级评定信息	客车类型		□特大型；□大型；□中型；□小型	等级	□高三级；□高二级；□高一级；□中级；□普通级		
	客舱内通道宽（mm）			座间距（同向）（mm）			
	座椅横移（向通道）（mm）			座椅深（mm）			
	座垫宽（mm）			座椅脚蹬	□有；□无		

续上表

等级评定信息	靠背高(mm)		靠背角度可调(15°～30°)	□符合; □不符合
	CAN 总线	□有;□无	电磁风扇离合器或其他节能风扇散热系统	□有;□无
	卫生间	□有;□无	发动机舱自动灭火装置	□有;□无
	扶手(靠通道处)	□有;□无	影音播放及麦克风设备	□有;□无
	人均行李舱容积(m^3/人)		空气净化装置	□有;□无
	悬架类型	□ A;□ B;□ C	底盘集中润滑系统	□有;□无
	随动转向机构	□有;□无	动力电池箱内具有报警功能的自动灭火装置	□有;□无
	空气调节装置	冷:□有;□无; 暖:□有;□无	乘客门结构	□单扇;□双扇
	车内行李架	□有;□无	车外行李架	□有;□无
	轴距(mm)		日间行车灯	□有;□无
	盲区监测系统	□有;□无	主驾安全气囊	□有;□无
	前排乘客安全气囊	□有;□无	通用串行总线 USB	□有;□无
	温度自动控制装置	□有;□无		
特种车型判定		□是;□否	核查结论	□符合; □不符合
问题汇总				
其他	本表是交通运输主管部门开展道路运输达标车辆核查记录表,用于核查实车的一致性,在选中栏的“□”中打“√”,不适用项目可“—”掉,其他空格栏应填写具体数据			
核查人员:		日期:	单位(盖章):	

道路运输达标车辆核查记录表(货车) 表 2-7

基本信息	业户名称		车辆号牌		VIN	
	生产企业		产品型号		产品名称	
	驱动形式		底盘型号		准拖挂车总质量(kg)	
	总质量(kg)		整备质量(kg)		轮胎规格型号	
	发动机型号		燃料种类		轮胎数量	
	外廓尺寸(长×宽×高)(mm×mm×mm)	× ×			转向轴数量	
	货厢栏板内尺寸(长×宽×高)(mm×mm×mm)				最高车速(km/h)	

续上表

<table>
<tr><td rowspan="7">车辆配置</td><td rowspan="2">整车</td><td>电子稳定性控制系统(ESC)</td><td>□有;□无</td><td>卫星定位系统车载终端</td><td>□有;□无</td></tr>
<tr><td>冷藏车温度监控装置</td><td>□有;□无</td><td>驾驶室轮胎爆胎应急安全装置标示</td><td>□有;□无</td></tr>
<tr><td rowspan="5">制动系</td><td>制动器形式</td><td>一桥:□鼓式、□盘式
二桥:□鼓式、□盘式</td><td>气压制动系统压缩空气干燥、油水分离装置</td><td>□有;□无</td></tr>
<tr><td>防抱制动装置(ABS)信号报警装置</td><td>□有;□无</td><td>制动器摩擦片更换报警装置</td><td>□有;□无</td></tr>
<tr><td>制动储气筒工作气压(kPa)≥1000</td><td></td><td>制动间隙自动调整装置</td><td>□有;□无</td></tr>
<tr><td>压力测试连接器数量(储气筒)</td><td></td><td rowspan="2">自动紧急制动系统(AEBS)</td><td rowspan="2">□有;□无</td></tr>
<tr><td>压力测试连接器数量(制动气室)</td><td></td></tr>
<tr><td rowspan="6">安全防护与其他</td><td colspan="2">起重尾板警示标识</td><td>□有;□无</td><td>载荷布置标识</td><td>□有;□无</td></tr>
<tr><td colspan="2">气体泄漏报警装置(燃气汽车)</td><td>□有;□无</td><td>轮胎气压监测系统</td><td>□有;□无</td></tr>
<tr><td colspan="2">车道偏离预警系统(LDWS)</td><td>□有;□无</td><td>车辆前向碰撞预警系统</td><td>□有;□无</td></tr>
<tr><td colspan="2">前下部防护装置</td><td>□有;□无</td><td>后下部防护装置</td><td>□有;□无</td></tr>
<tr><td colspan="2" rowspan="2">系固点数量</td><td>前墙:</td><td>侧面防护装置</td><td>□有;□无</td></tr>
<tr><td>水平承载面:</td><td>汽车导静电橡胶拖地带(燃气汽车)</td><td>□有;□无</td></tr>
<tr><td>问题汇总</td><td colspan="3"></td><td>特种车型判定　□是;□否　核查结论</td><td>□符合;
□不符合</td></tr>
<tr><td>其他</td><td colspan="5">本表是交通运输主管部门开展道路运输达标车辆核查记录表,用于核查实车的一致性,在选中栏的"□"中打"√",不适用项目可"—"掉,其他空格栏应填写具体数据</td></tr>
<tr><td colspan="6">核查人员:　　　　　　　　日期:　　　　　　　　单位(盖章):</td></tr>
</table>

五、营运车辆检验检测车型分类

营运车辆检验检测技术要求中的车辆类型按《机动车及挂车分类》(GB/T 15089—2001)进行分类,具体参见表2-8。

汽车及挂车分类　　　　表 2-8

<table>
<tr><th colspan="3">车辆类型</th><th>座位数</th><th>最大设计总质量(kg)</th><th>说明</th></tr>
<tr><td rowspan="3">M类</td><td rowspan="3">至少有四个车轮并且用于载客的机动车辆</td><td>M_1类</td><td>≤9</td><td>—</td><td>包括驾驶员座位在内,座位数不超过9座的载客车辆</td></tr>
<tr><td>M_2类</td><td rowspan="2">>9</td><td>≤5000</td><td>包括驾驶员座位在内,座位数超过9个,且最大设计总质量不超过5000kg的载客车辆</td></tr>
<tr><td>M_3类</td><td>>5000</td><td>包括驾驶员座位在内,座位数超过9个,且最大设计总质量超过5000kg的载客车辆</td></tr>
<tr><td rowspan="3">N类</td><td rowspan="3">至少有四个车轮并且用于载货的机动车辆</td><td>N_1类</td><td>—</td><td>≤3500</td><td>最大设计总质量不超过3500 kg的载货车辆</td></tr>
<tr><td>N_2类</td><td>—</td><td>>3500～12000</td><td>最大设计总质量超过3500kg,但不超过12000kg的载货车辆</td></tr>
<tr><td>N_3类</td><td>—</td><td>>12000</td><td>最大设计总质量超过12000kg的载货车辆</td></tr>
</table>

续上表

车辆类型			座位数	最大设计总质量(kg)	说明
O类	挂车（包括半挂车）	O_1类	—	≤ 750	最大设计总质量不超过 750 kg 的挂车
		O_2类	—	> 750 ～ 3500	最大设计总质量超过 750kg，但不超过 3500kg 的挂车
		O_3类	—	> 3500 ～ 10000	最大设计总质量超过 3500kg，但不超过 10000kg 的挂车
		O_4类	—	> 10000	最大设计总质量超过 10000kg 的挂车

注 1. 座位数是指包括驾驶员在内的座位；

2. GB/T 15089—2001 的分类还包括 G 类，即满足一定要求的 M 类、N 类越野车。

六、营运车辆技术等级评定

《道路运输车辆技术管理规定》要求：营运车辆技术等级应当达到二级以上。危货运输车、国际道路运输车辆、从事高速公路客运以及营运线路长度在 800km 以上的客车，技术等级应当达到一级。技术等级为一级的典型车辆如图 2-1、图 2-2、图 2-3、图 2-4 所示。车籍所在地县级以上道路运输管理机构应当将车辆技术等级在相关道路运输证件上标明。营运车辆过户转籍时，应重新评定其技术等级。

图 2-1 危险货物运输车（一级）

图 2-2 国际道路运输车辆（一级）

图 2-3 高速公路客运车辆（一级）

图 2-4 800km 以上长途客运车辆（一级）

营运车辆技术等级评定执行《道路运输车辆技术等级划分和评定要求》（JT/T 198—2016），具体核查评定项目见表 2-9。

核查评定项及评定要求 表 2-9

评定内容	客车评定要求		货车及挂车评定要求	
	一级	二级	一级	二级
制动防抱装置①	√⑦	√	√	√
盘式制动器②	√	√	√	//⑦

续上表

评定内容	客车评定要求		货车及挂车评定要求	
	一级	二级	一级	二级
缓速器或其他辅助制动装置[③]	√	√	√	√
制动蹄摩擦片间隙自动调整装置	√	√	√	//
压缩空气干燥或油水分离装置	√	√	√	√
子午线轮胎[④]	√	√	√	//
安全带	√	√	√	√
限速功能或限速装置、超速报警功能	√	√	√	√
卫星定位系统车载终端	√	√	√	√
发动机舱自动灭火装置	√	√	//	//
轮胎气压监测报警系统[⑤]	√	√	√	//
空气调节系统	√	√	√	//
通风换气装置[⑥]	√	√	//	//

注：①车长大于 9m 的客车、危险货物运输车、N_3 类货车、半挂牵引车和 O_4 类挂车应配备；
②车长大于 9m 的客车和危险货物运输车应配备；
③车长大于 9m 的客车、N_3 类货车和危险货物运输车应配备；
④车长大于 9m 的客车和危险货物运输车应配备；
⑤车长大于 9m 的客车和危险货物运输车的转向轮应配备；
⑥封闭式客车应有通风换气装置；
⑦标记为“√”项为参与评级项，标记为“//”项为不参与评级项。

其中，一级车检验检测主要技术性能要求为：

（1）车身两侧对称部位的高度差。车身两侧对称部位的高度差不大于 20mm。

（2）发动机功率≥ $0.82P_e$（发动机额定功率）。

（3）制动不平衡率。前轴制动不平衡率≤ 20%，后轴制动不平衡率≤ 24%（当后轴制动力小于后轴轴荷的 60% 时，制动不平衡率≤后轴轴荷的 8%）。

（4）转向盘最大自由转动量。最高设计车速大于或等于 100km/h 的车辆不大于 10°，其他车辆不大于 20°。

（5）轮胎胎冠花纹深度。乘用车和挂车不小于 2.5mm；其他车辆转向轮不小于 3.8mm，其余轮胎不小于 2.5mm。

第四节 营运车辆技术发展趋势

现代科学技术尤其是电子信息技术的快速发展，使各项检测诊断技术不断更新，汽车技术的发展更是日新月异，使营运车辆的科技含量、技术等级和品质水平得到了提高。高新技术在汽车上的广泛应用，促使营运车辆检测技术与设备必须适应汽车技术的发展需要。

一、营运客车技术发展趋势

作为现代化交通运输的重要配套设施，营运客车会朝着大型化、舒适化、环保化、高档化、造型现代化、信息化等方向发展。

1. 发动机技术

充分利用电子控制、共轨系统等高新技术改进汽 / 柴油发动机及其燃烧系统，提高发动机燃烧效率，从而降低能源消耗和汽车排放量。

2. 轻量化

减小客车自身质量。客车车身占客车总质量的 35% 左右，空载情况下，约 70% 的燃料消耗在车身质量上。因此，车身的轻量化对减轻客车自重、提高整车燃料经济性至关重要。客车轻量化技术不断发展，主要表现在：轻质材料的使用量不断增加，铝合金、镁合金、高强度钢、塑料、复合材料等的应用越来越多；结构优化和零部件的模块化设计水平不断提高，如采用前轮驱动、用高强度钢悬架结构等来达到轻量化的目的；客车车身骨架部件冲压成型，计算机辅助集成技术和结构分析等技术也有所发展。

3. 客车降阻技术

1）客车外形降阻技术

降低客车的空气阻力。经测试，风阻系数为 0.2 的新车与风阻系数为 0.4 的新车相比较，以 120km/h 的车速行驶，前者燃油经济性比后者改善 25%，节油效果十分明显。可使先进的客车外形设计，可使其风阻系数在 0.4 左右，有的已达到 0.3，接近一般轿车的水平，而且还有进一步降低的趋势。

2）轮胎降阻技术

降低车轮滚动摩擦阻力。子午线轮胎的滚动阻力比普通斜交轮胎小 20% ～ 30%，可以提高客车燃油经济性（节油 3% ～ 8%），提高车速，还具有附着、缓冲性能好，负荷能力大，寿命长等优点。

4. 排放控制技术

优化排气净化装置。采用电子技术的新型发动机排气净化装置已经发展到了比较完善的阶段，由于客车发动机的柴油机化越来越普遍，国内外对柴油机的排放控制也极为重视。柴油机的氮氧化物和炭烟是柴油机主要的排放污染物，通过选择性催化还原 / 柴油颗粒捕集器（SCR/DPF）等技术的使用，在发动机缸内净化的基础上，进一步降低客车排放，保护环境。

5. 新能源客车

逐步使用新型能源。使用新能源客车，既可节约传统能源，又能减少环境污染。如天然气客车，其废气的排放量远低于纯柴油发动机客车，不仅运行良好，而且有害排放物减少 90% 以上。

6. 客车的主动安全技术

客车主动安全性的目标是预防和避免交通事故的发生。优良的底盘设计和底盘匹配是客车主动安全性的核心。现代客车应前、后轮都装备盘式制动器，并加装 ABS、防滑转系统（ASR）和电子控制稳定程序（ESP）等电子控制设备。有的还会用到电涡流缓速器，以充分保证客车行驶安全。还有多种安全装置可以减轻驾驶员的劳动强度，以保障安全行驶，如多挡位自动变速器、智能巡航控制系统、动力辅助转向、空气悬架、良好的人机工程、良好的视野、智能预警信息系统、轮胎气压监控系统和智能前照灯系统等，这些技术与应用也是客车主动安全的发展趋势。

7. 客车的被动安全技术

有关汽车交通事故的调查结果表明，由驾驶员原因造成的交通事故比例较高，加之道路和气候环境等其他因素所造成的交通事故，这些非车辆本身原因造成的交通事故比例超过90%。这就是说，即使客车的主动安全性再好，也难以彻底阻止大部分交通事故的发生。为此，被动安全性，即能在发生交通事故的瞬间有效地保护乘员和行人免受或减轻伤亡的能力，也是客车安全技术研究与应用的重要方面。除了现在所使用的汽车安全带和安全气囊等被动安全装备外，对客车而言，被动安全技术的发展主要集中在以下两个领域。

1)吸能车体结构

客车发生碰撞时，车体结构要均匀吸收汽车的动能，以控制乘员的减速度。此外，客车的前、后保险杠不仅要有吸能作用，还要考虑对行人的保护；侧部结构能提供侧碰撞保护，车门在受撞击后不被挤开，同时又能手动开启；侧围和车顶要留有安全出口和安全玻璃，为逃生和救助工作提供方便；在翻车后车顶和立柱不发生结构溃散。

2)乘员保护系统

乘员保护系统也是客车被动安全技术的核心。理论和实际经验都表明，仅靠车体结构吸收第一次碰撞的能量是不够的，还要依靠乘员保护系统来减缓乘员与车内物体之间的第二次碰撞。客车乘客保护系统主要由安全座椅和安全带组成，客车驾驶员保护系统主要由安全座椅、安全带和安全气囊组成。未来，客车除了进一步完善这些系统外，还要应用新的功能或系统，以进一步提高乘员侧碰保护、头部保护以及儿童乘员和行人等的保护。

8. 信息化技术

客车信息化技术是指在功能设计上就兼容了GPS/北斗系统，行车记录仪的功能，以无线物联与智能远程技术为核心手段，使车辆在节能、舒适、安全方面更有保障，安装智能控制系统的车辆可以随时显示车辆自身状态，主动安全性高。随着车辆进入CAN总线时代，大量电子技术被采用，发动机全电控化管理，管理者不但能全程了解车辆的运行状况，而且还能让驾驶员实时知晓车辆的安全运行状态。

二、营运货车技术发展趋势

营运货车发展的主要趋势是：大吨位、高功率、低污染、车型系列化、专业化运输，并在经济性、动力性、安全性、舒适性、可靠性方面都会有很大提高，而且要适应未来的交通法规，尤其是要满足未来更加严格的环保要求。

1. 变速与驱动技术

变速器与驱动轴连接发动机与轮胎，是车辆动力传递的主要机构，其效率的高低直接影响车辆的运行效率。变速器与驱动轴的节能技术主要是通过提高其与发动机的匹配度来提高运行效率。目前，货运车辆主要配备的是5～18个速比的手动变速器，要求驾驶员根据运行条件进行换挡操作。随着技术进步，以自动变速和无级变速为概念的新型变速器成为行业的发展方向。

2. 轻量化

降低整车整备质量、增加承载质量，是提高汽车营运效益的重要手段。随着新材料、新技术的发展，整车整备质量有所下降。高强度金属材料（如车架、车身用板）、复合材料（如油箱、尼龙油底壳）、铝合金（如铝合金油箱）、镁合金（如缸体、曲轴箱、变速器壳体）、高强度管材替代实心圆钢（如横向稳定杆）等应用逐渐增多。

3. 系列化

1）整车总质量系列化

轻、中型汽车总质量通常设计在 6 ～ 15t（6t、8t、10t、12t、15t）级，重型汽车总质量通常设计在 16 ～ 41t（18t、26t、33t、41t）级，重型汽车列车总质量设计也在逐步提高，但需符合《道路车辆外廓尺寸、轴荷及质量限值》（GB 1589—2016）的要求。

2）底盘形式系列化

轴距根据不同需要可以变化，驱动形式随车辆用途而变化，车架纵梁截面根据载荷需要变化，车架安装方式适应不同用途可以高位、低位变化。

3）驾驶室形式系列化

适应不同运输用途，在体现明显特征的驾驶室造型基础上，具有短驾驶室、加长驾驶室、中长半驾驶室等品种，其配置可以有简易型、舒适型、豪华型、低噪声等级、大功率空调多种选择和组合。

4. 智能集成化

由于汽车使用的每个电子控制系统均需微处理器，多个系统又交叉融合，所以，电子化、智能化的集成十分重要。例如，车辆行驶稳定性控制系统源于 ABS，而电子制动控制系统（EBS）兼有 ABS 和 ASR 功能，以及 CAN 总线、发动机制动控制系统等。

5. 转向系统

转向系统在传统的整体式助力转向器的基础上，也在向电子控制方向发展，即液压助力由电子泵提供，并随时提供所需的转向助力，传感器把瞬间的车速传递给电子控制单元，电子控制单元使转向力与转速相匹配，当车速较高时，转向助力装置发出的辅助操纵力较小，提高驾驶员行车路感，增加安全性，车速较低时，使动力转向装置发出的辅助转向力增大，以便转向方便、灵活。

6. 悬架系统

重型货车的前悬架一般是采用少片变截面钢板弹簧带筒式减振器，后悬架采用空气弹簧带筒式减振器，这样可保证整车空载与满载时的高度不变，提高汽车行驶时的平顺性，减轻颠簸，这种悬架系统可能会成为重型货车的一种标准悬架形式，这与重型货车的用途和市场有关。

7. 专业化

载货汽车专用化的发展趋势明显。在主要发达国家，专用车保有量已经占到重型汽车保有量的 80% 左右，除了集装箱运输车外，厢式半挂车承担了主要的货运任务。专用汽车作业能有效地提高汽车运输效率，减少劳动消耗，降低作业成本；专用汽车在减少汽车运输途中的货损、货差和提高安全性方面比栏板式车厢更胜一筹，可产生明显的经济效益。

8. 轮胎技术

轮胎的发展方向是子午线化、无内胎化和扁平化，以提高传统轮胎的高速耐久性能和安全性能。

（1）宽胎面货车轮胎：采用这种技术可以用单轮胎代替传统的双轮胎结构，大幅降低滚动阻力，具有10%的节能效果。

（2）胎压管理技术：轮胎的滚动阻力受轮胎气压的影响大，统计表明胎压低于标准胎压20%会导致滚动阻力增加5%～8%。轮胎压力监测系统（TPMS）可以在汽车行驶过程中对轮胎气压进行实时自动监测，并对轮胎漏气和低气压进行报警，以确保行车过程中胎压的正常和稳定。

（3）氮气轮胎：氮气为惰性的双原子气体，化学性质不活泼，气体分子比氧分子大，不易发生热胀冷缩，变形幅度小，其渗透轮胎胎壁的速度比空气慢30%～40%，能保持稳定胎压，提高车辆行驶过程中的稳定性和安全性。

9. 制动系统

重型货车的制动系统采用双回路或多回路的电控气制动，加装感载比例阀、ABS、ASR等，可以提高制动的稳定性、安全性和有效性。为了改善整车的制动安全性，确保行车制动器少磨损，一般重型货车还会应用液力缓速器或电磁缓速器以及发动机排气缓速，减少行车制动器的使用频率、减轻磨损、延长工作寿命。ABS、ASR系统在未来还将有更大的发展，其发展方向是更加智能化，将产生电子制动系统，从而实现制动的全电子控制，省去传统制动系统的阀门和管线，代之以电控元件和电线，大大提高制动系统的响应速度和减小制动系统的故障率。

第三章
国外商用车辆管理

由于商业运输车辆的特殊性，这类车辆往往是国外发达国家公路交通安全管理的重点，因此，对商业运输车辆实行严格的管理是国际通行的做法。美国、欧洲、日本等发达国家和地区为此制定了完善的法律法规、规章制度、技术标准以及各种监督保障措施，形成了各具特色的管理方式。其中又以美国、日本和德国为代表的机动车辆管理制度和方式，具有比较典型的代表性，很多国家都在效仿或采用它们的管理模式。

第一节 美国商业运输车辆的管理

美国是联邦制国家，各州均有立法权。因此，美国机动车法规有联邦政府制定的联邦法规，也有各州政府结合当地情况制定的州法规，这些都是美国管理机动车的法律依据。

一、法律法规

美国联邦机动车法规主要包括联邦机动车安全法规、联邦机动运载车安全法规、联邦环境保护法规和联邦燃料经济性法规。其中，联邦机动运载车安全法规由美国运输部联邦公路管理局（Federal Highway Administration，DOT）依据机动运载车安全法组织制定，主要规定了运载车辆的安全要求、运载安全与维护，以及有关安全规划等近 20 个部分的法规项，适用于在用商用运载车（包括载货车和大客车），国家交通及机动车安全法是制定该法规的法律依据。

1）国家交通及机动车安全法（National Traffic and Motor Vehicle Safety Act）

该法制定于 1966 年。这项法令起源于 1935 年颁布的机动运载车法［Motor Carrier Act of 1935（Statute Large Part 1）］，它以减少汽车事故和减轻人员伤亡为目的，着眼于从安全方面对车辆及零部件设计、制造和管理，是制定机动车安全标准及安全法规的依据。

2）大气清洁法（Clean Air Act）

该法起初制定于 1968 年。之后，基于公害问题日趋严重，根据上议院议员马斯基提案制定了更严厉的大气污染防治法——1970 年大气清洁法（Clean Air Act of 1970）［也称马斯基（Muskie）法］，这项法令是制定机动车环境保护法规的依据。

3）机动车情报及成本节约法（Motor Vehicle Information and Cost Savings Act）

根据《机动车情报和成本节约法》的授权，美国运输部国家公路交通安全管理局（NHTSA）以法规的形式制定美国汽车燃油经济性标准，主要规定了制造厂商在各车型年（Modelyear）内必须遵守的公司汽车平均燃料经济性（CAFE）指标，即各公司在各车型年内所生产的所有车型的最高平均燃油经济性水平。

此外，美国联邦环境保护署（EPA）也根据《机动车情报和成本节约法》制定了一系列有关节能的汽车技术法规，这些法规主要规定了燃料经济性的试验规程、计算规程、标识等方面的内容。

4）公路安全法（Highway Safety Act）

该项法令制定于 1966 年。规定了诸如调查研究和如何控制除机动车以外足以影响交通安全的各种因素，以确保公路上的安全。实际上，依据此项法令所颁布的各项法规和规章，与机动车制造者并无直接关系，只是对机动车使用者有关。

二、管理机构

1. 联邦

美国的交通安全管理体制分为联邦、州和地方三级。但三个层级之间，互不隶属，没有上下级关系。

美国联邦一级的商业运输车辆交通安全管理职责属于联邦交通运输局。由于商业运输车辆在公路交通安全管理中的重要地位，联邦交通运输局除了设立具有公路交通安全管理职责的联邦公路交通安全管理局外，还专设联邦商业运输车辆交通安全管理局，专职负责商业运输车辆的交通安全管理工作。

联邦运输车辆交通安全管理局的主要职责是：制定全国统一的商业运输车辆安全标准和商业运输驾驶证考试标准；对商业运输车辆安全信息进行采集和统计分析；开展商业运输车辆及驾驶员安全课题研究；制定全国商业运输车辆安全管理规划；通过经费调控，促进州和地方执行联邦商业运输车辆交通安全管理法律、标准和规划。

2. 州

1）州机动车辆管理局

美国州一级的商业运输车辆交通安全管理职责隶属于州机动车辆管理局。州机动车辆管理局的重要职能是负责全州车辆牌证的核发与管理、驾驶证的考试核发与管理、汽车尾气排放检查站执照的核发与管理、车辆销售与维修执照的核发与管理、交通违法执法检查。

美国州机动车辆管理局具有交通安全执法的职责。州机动车管理局的商业运输车辆安全处下设货车管理、客车管理、校车管理、车辆鉴别调查等部门，设置车辆安全检查员，主要拥有以下职权：货车的检验和执法、校车的安全检验和执法、车辆销售和维修情况的执法、车辆的鉴别和盗窃调查、对车辆注册登记和驾驶员驾驶证情况的执法和其他交通安全执法。

2）州警察局

州警察局是美国交通安全的执法部门。美国巡警都有交通违法的执法职权与义务，但是并不是所有警察都有商业运输车辆的执法权。由于商业运输车辆的复杂性与专业性，只有少部分经过专门培训的警察才有权检查商业运输车辆。

3）商业运输车辆管理顾问委员会

为提高对商业运输车辆的管理成效，统一执法标准，各州一般成立“商业运输车辆管理顾问委员会”，负责统一协调相关职能部门的商业运输车辆管理工作。

3. 地方

除了联邦和州政府外，地方一级无权管辖商业运输车辆的交通安全管理工作，地方警察也无权检查商业运输车辆。

三、管理制度

1. 商业运输车辆的常态管理

1）车辆检验

美国商业运输车辆是指：整备质量 26t 以上的货运车辆或运载危险物品车辆；运载 16 人以上的客运车辆或运载 21 岁以下学生的 10 人以上的校车。

在美国车辆管理中，对一般车辆没有检验制度（注：由于美国各州法律的差异，有些州也对社会民用车辆实行检验制度，见图 3-1）。但是对于商业运输车辆，不仅有登记检验，而且还有日常的年度检验（主要是安全性能和尾气排放）。货运车辆的年度检验中，非常重视车辆的人工检查，见图 3-2，由具有资质的车辆销售与维修店进行；客运车辆的年度检验，由州机动车辆管理局预约进行逐项严格的检验。

图 3-1　美国汽车安全性能检测站

图 3-2　商业运输车辆人工检查

2）驾驶考试与许可

美国机动车驾驶证由机动车管理局核发，包括学员驾驶许可证、非商业运输车辆驾驶证和商业运输车辆驾驶证三大类。

2. 商业运输车辆的动态管理

1）货车安全管理

由于美国货车保有量大、事故概率高、管理难度大等原因，对货车的交通安全管理非常严格。检查主要包括：驾驶员的驾驶证、健康证、工作日志，车辆的登记证、登记检验报告、年检单、货运单、保险卡和燃油缴税证明，车辆全面的安全技术状况、危险货物相关证件与外观安全、车辆货物的相关单据甚至过路费收据等。对检查发现的问题，要求在一定期限内整改并报执法人员，同时可以给予严厉行政处罚。

2）客车安全管理

由于私家车的普及，相对于货运车辆，美国公路客运车辆少得多，平时路面较少看见公路客运车辆。美国对客运车辆的交通安全管理主要目标及管理方法有：

（1）完善安装车内电子监控系统，防止疲劳驾驶。

（2）完善客运车辆信息系统，为公司对驾驶员的雇佣前驾驶行为审查提供各种历史数据，防止不良驾驶经历。

（3）提高车辆检验技术手段，保持车辆的安全技术状况。

（4）完善客运车辆信息系统和开通旅客申诉网站，动态监控和评估公司的安全状况，及时停运和淘汰运营不安全的公司。同时，相关职能部门也会广泛宣传，提醒旅客选择有安全信誉的客运公司的车辆乘坐，监督运营公司。

（5）安装安全带、车内防火系统、增强车架（包括车顶）的牢固强度、设置应急出口，减少事故后的伤亡。

3)运输公司管理

市场经济高度发达的美国，善于运用市场手段管理行政事务。对商业运输公司的系统性管理，并通过对商业运输公司实行对商业运输车辆的精细化管理，是美国商业运输车辆管理的一大特点。这种管理模式既节约行政资源，又能达到行政管理难以达到的管理成效。

（1）实行运输公司代码管理制度。

美国联邦商业运输车辆交通安全管理局对商业运输公司实行全国统一公司代码制度。通过公司代码，相关管理部门和执法部门可以随时采集和查询公司基本信息和违法信息，动态监管公司安全状况。根据规定，拥有危险货物运输车辆、载质量18t以上州际范围内行驶的运输车辆、载质量10t以上州际范围行驶的运输车辆、运载16人以上车辆、虽运载8人但实行有偿运输的车辆等之一的运输公司，都必须通过网络向联邦交通运输局申请公司代码。

（2）建立商业运输车辆信息系统。

基于运输公司的代码管理，美国联邦和各州合作共同开发“商业运输车辆信息系统”。该系统与各州的机动车登记系统和执法部门的执法系统连接，系统不仅包含公司基本情况、公司的车辆和驾驶员信息，更重要的是实时收集统计公司的车辆和驾驶员的违法信息以及其他安全信息，并通过一定的算法对公司的安全状况进行实时评估。该系统的多项查询功能同时对社会开放，运输公司可以很方便地了解公司及驾驶员的安全状况。对于评估结果，管理部门和运输公司可予以及时监管，并采取相应的警告、处罚，甚至停止隐患车辆运营等管理手段。

（3）建立商业运输公司安全评价体系。

联邦商业运输车辆管理局将运输公司交通安全行为分为七大种类，分别是：不安全的驾驶行为类、疲劳驾驶类、不适合驾驶类、服用限制性药物或酒后驾驶类、车辆维护类、货物装载类和事故记录类。各州机动车辆管理局商业运输车辆安全处是辖区商业运输公司的评价实施单位。被评价为安全不合格运输公司，不仅在商业竞争中会处于不利地位，而且还有可能面临执照被吊销的风险。

第二节　日本道路运输车辆的管理

为确保机动车交通安全、防止环境污染、合理有效利用资源，日本制定了《道路运输车辆法》《环境污染控制基本法》（《大气污染控制法》《噪声控制法》）、《能源合理利用消耗法》等三方面的法律，并以这些法律为依据，建立了一整套政府对机动车安全、环境保护和节能方面的管理体系和技术法规。

一、法律法规

日本的《道路运输车辆法》（1951年法律185号）是以营运车辆所有权的官方认可和确保机动车结构和装置的完整性，以及防治环境污染为目的而制定的。以《道路运输车辆法》为基础依据，制定了道路车辆安全法规体系。目前，日本道路车辆安全法规内容涉及车辆的安全性（视野性和可视性、驾驶特性、功能维持、乘员保护、车身安全、行人保护、防止火灾及车辆的一般规定），以及控制机动车排放物和噪声的环境安全法规。为提供适当和有效的方法，判定是否与道路运输车辆安全法规相符合，日本制定了车辆安全法规的具体技术标准。以《大气污染控制法》为基础，制定了机动车排放物允许限值；以《噪声控制法》为基础，制定了机动车噪声允许限值。日本还规定了严格的机动车型式认证制度，以判定汽车产品是否符合法规要求的技术标准和型式认证试验规程（即 TRIAS），该制度是按日本《道路运输车辆法》的规定，由国土交通省统一管理。新车型必须经过认证，否则不准制造和使用。

日本道路运输车辆管理的相关法律法规见表 3-1，法律法规层次结构见图 3-3，安全标准体系见图 3-4。

日本道路运输车辆相关法律法规 表 3-1

类别	制定	事　项	发布形式
法律	国会	《道路运输车辆法》 《大气污染控制法》等	通过国会表决后制定，有仅次于宪法的优先效力（在政府公报上公布）
政令	内阁	《道路运输车辆法实施令》 《大气污染控制法实施令》等	内阁制定的用以实施法律的命令（在政府公报上公布）
省令	大臣	《道路运输车辆安全标准》等	各省大臣针对各自职责范围内的行政事务发布的命令（在政府公报上公布）
告示	大臣	根据安全标准的规定制定的技术上的标准以及其他安全标准细目等	国家及地方政府等对省令及各种条件进行详细通知的细则（在政府公报上公布）
通知	局长 部长 课长	《型式认证试验规程》（TRIAS） 《技术审查标准》等	对法令等的解释以及执行要领 行政部门向所辖各机构及职员等通知指示事项

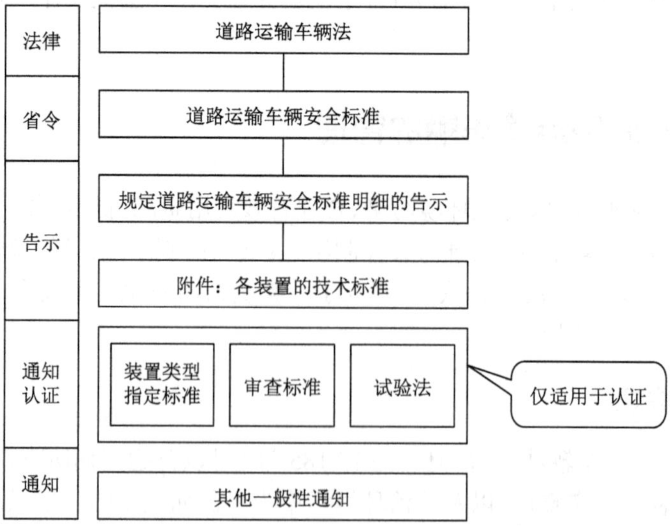

图 3-3　日本道路运输车辆法律法规层次结构

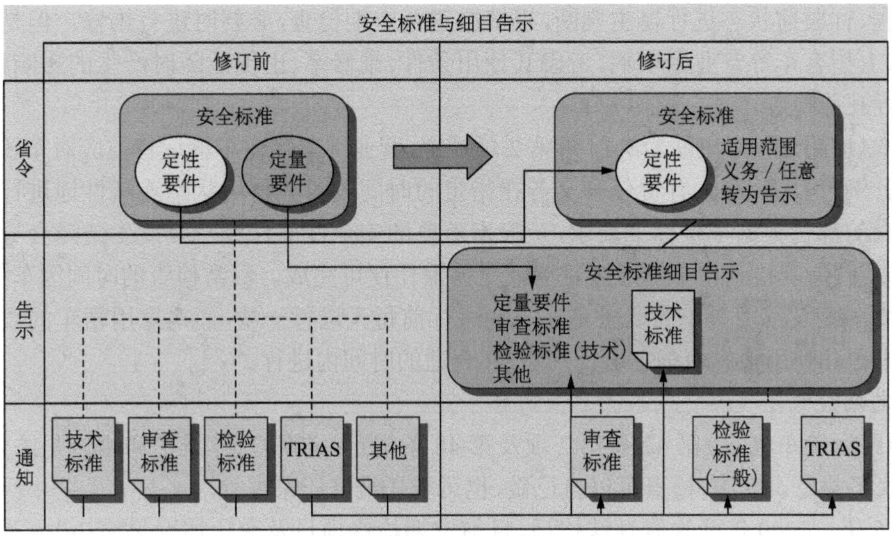

图 3-4 日本道路运输车辆安全标准体系

二、管理制度

《道路运输车辆法》规定:车主有责任和义务对于发生故障后有可能造成重大事故的部位及控制污染的装置进行必要的检修、维护。作为国家的义务和责任,要定期对车辆进行检验(通常所说的年检),使运行的所有车辆符合本国的安全法规与标准,见图 3-5。

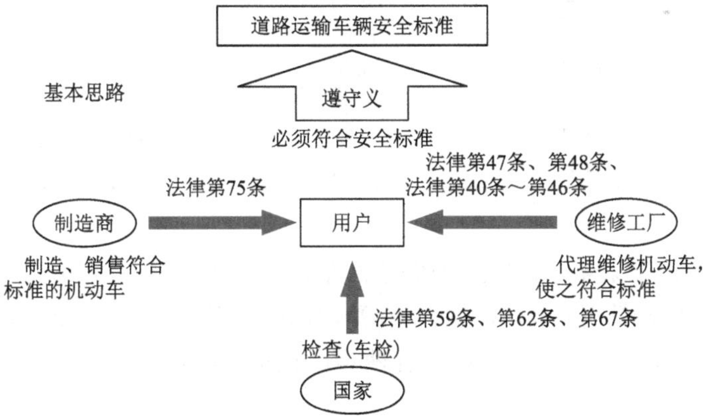

图 3-5 日本道路运输车辆管理制度

1. 维修制度

日本汽车维修分为故障维修和预维修。

故障维修,也称临时维修,是在汽车发生故障后进行的事后维修,属于非定期维修。

预维修,也称定期维修,指对汽车进行定期检修,在尚未出现故障的情况下,进行适当的预防处理,防患于未然,维持汽车技术性能,确保安全运行,类似于我国的维护制度。

2. 法定的检查维修

1)日常检修

1995 年,针对汽车技术进步及使用状态的多样化,对家用轿车放宽了要求,由车主根据行驶里程、行驶前状态进行自主判断，视情况进行定期检查，必要时进行维修。但是对于载货车辆、大型客车等营业用车辆，考虑其使用条件、维修率、出现故障时产生的影响程度，必须进行行驶前检查。

日本《道路运输车辆法》第 47 条第 2 项规定：营业用车辆在车辆运行前应对车辆的安全状态进行例行检查，车主有责任和义务在指定的时间段对其使用状态连续性地进行日常检查。检查的部位根据车检标准要求，一般指重要的安全性部件或一旦发生故障会导致重大事故的零部件，其检查由车主通过目测或简易操作便可完成。日常检查的时间因车型而异，对营业用车辆及家用货车的要求是在车辆运行前每天进行一次，而对家用轿车的要求是根据行驶里程和使用状态由车主自行判断，在合适的时间内进行。

2）定期检修

《道路运输车辆法》第 47 条第 2 项及第 48 条规定：定期检查、维护和维修是法定制度，车主有义务执行。其中，检查可以自己做，也可委托维修厂家进行。

1995 年、2000 年两次修订法律后，目前定期检修项目及变化情况见表 3-2。关于定期检修项目，随汽车技术进步及使用方式变化而进行适时修改、调整。

定期检修项目及变化情况 表 3-2

汽车类别（定期检修标准）	定期检修项目变化			
	检修时间	1995 年修改前	1995 年修改后	2000 年修改后
营业用车辆等	1 月 3 月 12 月	42 项 94 项 149 项	25 项 65 项 127 项	废止 47 项 96 项
家用货车等	6 月 12 月	41 项 120 项	27 项 99 项	21 项 77 项
家用轿车	6 月 12 月 24 月	16 项 60 项 102 项	废止 26 项 60 项	— 26 项 56 项

3）检修记录

《道路运输车辆法》第 49 条规定：为保证汽车定期检查、维护和维修制度的有效实施，车主应如实记录车辆检修情况（填写检修记录簿），并存放在汽车上。营业用车辆、家用货车的记录簿应保存一年，家用轿车记录则应保存两年。记录簿的项目包括：

（1）检查日期。

（2）检查的结果。

（3）维护和维修概述。

（4）维护和维修日期。

（5）汽车登记编号或车辆编码。

（6）检查时的总行驶里程。

（7）检修人员姓名和地址。

4）质量保证制度

为提高定期检查的实施率和检查、维护和维修技术水平，日本 1995 年 4 月开始在汽车维修行业实施了汽车维修质量保证制度，即对汽车定期检查、维护和维修作业承担质量责任。但该制度不具备强制执行的法令性质，属于行业推荐性自律制度。

5）检修管理者制度

《道路运输车辆法》第50条规定：以汽车运输为主业的经营者拥有多辆大型车辆（总质量超过8t或定员超过11人）或出租车、租赁车时，为保证车辆安全管理和实施自主检修，应指定专职检修管理人员，建立对所保有的车辆进行检修管理的责任制。胜任这项工作需要具备一定的资质条件，要求具备3年以上的汽车维修技师资格，或2年以上从事车辆检修或管理工作的经验，并参加地方行政管理部门组织的培训。当指定或换人时，需呈报地方行政管理部门进行备案。

检修管理者的职责：制定日常检查实施方法；决定日常检查结果和操作可行性；进行定期检查；根据需要临时进行检查；落实检查结果，实施必要维修；制订检修实施计划；管理定期检修记录簿等记录；管理车库；指导和监督驾驶员、维修人员。

6）检修命令

《道路运输车辆法》第54条第2项规定：由于车主自主检修不当引起车辆不能满足安保基准，或不能满足现状时，可向车主发出命令，要求其进行检修，以期达到安保基准。如果不能满足安保基准的原因，不是源于零部件的磨损或故障，而是因为进行了不合理改造或安装使用不符合要求的零部件以及装置造成的，则可发出更加严厉的告知命令并进行处罚。

7）车辆检验

车辆的检验（车检）是预防汽车事故发生、减少污染物排放的有效措施，根据《道路运输车辆法》第54条等规定的车检要求执行。

日本对车辆日常运行时安保基准的符合性检查，主要是以车主为主体进行的自主性检查、维护和维修，而国家方面也对车辆进行检验，确认车主履行安保基准的情况。检验对象是道路运输车辆中除微型车以及小型专用车外的所有车辆，见图3-6。

图3-6　日本车检所检验车辆

（1）车辆检验的种类。

日本车辆检验有新车注册登记时的初次检验、使用过程中的定期延续性检验、根据需要进行的临时性检验、车辆结构变更检验、与车辆检验性质不同的预备性检验，检验种类见表3-3。

日本道路运输车辆检验种类　表3-3

序号	检验种类与依据	检验内容	受检场所
1	新车检验：《道路运输车辆法》第59条	新车投入使用时接受的检验或办理停用手续的机动车重新投入使用时所接受的检验（通过型式指定的新车无需提交现车）	主要是用地所在运输分局或机动车检验注册事务所
2	在用车检验：《道路运输车辆法》第62条	车辆检验证有效期满后继续使用该机动车时，所需接受的检验（“指定维修工厂”证明该车符合标准的情况下，可不提供现车）	附近的运输局或机动车检验注册事务所
3	结构变更检验：《道路运输车辆法》第67条	经改造使机动车长宽高及最大载质量发生变化的情况下所接受的检验	主要是用地所在运输分局或机动车检验注册事务所
4	街道检验：《道路运输车辆法》第100条	为了排除检查、维修不当或非法改造车辆进行的街道检验	一般街道

（2）车辆检验有效期。

车辆检验有效期因车辆用途、使用形态、新旧程度而异，具体规定见表 3-4。

车辆检验有效期　表 3-4

有效期	汽车种类	示　例
1 年	用于运送旅客的汽车； 用于运输货物的汽车； 国土交通省令规定的家用汽车； 定员 11 人以上的家用汽车； 以专门运送幼儿为目的的家用汽车； 获得《道路运输车辆法实施规则》第 53 条规定许可的家用汽车	出租车、客车、货车、厢式车、罐车 家用客车 幼儿专运车 租赁车
2 年	车检有效期为 1 年的家用汽车中，车辆总质量不满 8t 且用于运输货物，并首次得到检验合格证的汽车； 属于国土交通省令规定并首次得到检验合格证的汽车； 其他汽车	货车 租赁轿车 家用轿车 消防车 工程机械
3 年	车检有效期为 2 年，并首次得到检验合格证的家用汽车	家用轿车 两轮车（2007 年 4 月 1 日起）

（3）车辆检验的形式。

车辆检验时需要向各都、道、府、县运输支局或汽车检验登记事务所申请，利用对汽车检验独立行政法人的设施（车检所）进行检验，使用的有关检测设备见图 3-7。道路运输车辆检测设备主要有：底盘测功机、制动检验台（滚筒反力式）、车速表检验台、侧滑检验台、轴（轮）重检验台、前照灯检测仪、OBD 故障诊断仪、排气分析仪、烟度计等。

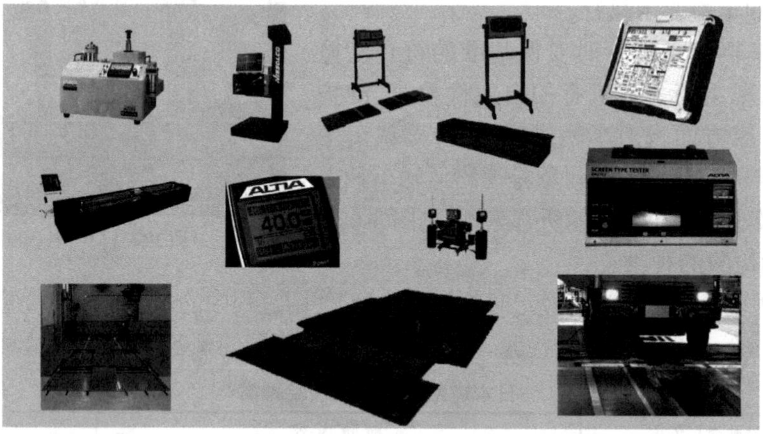

图 3-7　日本道路运输车辆检测设备

日本车辆检验形式如下：

①在认证工厂接受检修后，在统一格式的检修记录簿上填写必要事项并提出申请，将车送往车检所，由车检官验车，符合安保基准时发放检验合格证。

②在指定汽车维修厂事先实施必要的检查和维修，利用厂内的正规车检设施由车检员验车。合格后，将由定点汽车维修厂发放的安保基准合格证和检验合格证一并提交运输支局，办理检验合格证换证手续。在定点汽车维修厂进行延续性检验时，没有必要将车辆送往车检所。

③车主直接将车辆送到车检所，目前采用这种方式的数量逐渐增多，并占据一定的地

位。该种车检有两种模式，一种是由车主事先检修后再到车检所接受检验的“先检修，后车检”的模式，另一种是在检修之前接受车辆检验的“先车检，后检修”的模式，车辆检验不合格时，车主委托指定汽车维修厂对不合格项进行检修后需要进行复检，复检合格后，才能领取检验合格证。

第三节　德国商用车辆的管理

德国的道路交通十分发达，货运管理专业、规范，货物运输高效、快捷、安全。德国的道路交通运输管理分为联邦交通管理和州交通管理。

联邦货运管理局总部位于科隆，主要负责运输车辆市场准入、市场分析、民事上的紧急预防措施和监督管理等。

各州交通管理部门除贯彻执行道路运输法律、法规，进行集装箱安全检查等之外，主要负责对从事危险品运输的驾驶员从业资格证的培训、考核、发证，对机动车辆的注册登记、牌照发放，年检管理；对机动车驾驶员的培训、考核、发证管理。

在上路检查监管方面，主要对道路货运车辆、危险品运输车辆和少数从事经营性道路客运车辆进行监督检查。

一、法律法规

德国机动车辆的法律法规主要包括：《道路交通安全法》（StVG）、《道路交通安全法执行条例》（StVZO），机动车安全检测的相关要求包含在 StVZO 中（第 29、47 条）。由于德国是欧盟成员国，同时也执行欧盟准则和欧洲经济委员会（ECE）条例，在执行本国法规的同时必须以欧盟的准则为先。德国机动车辆检测的法律法规见图 3-8。

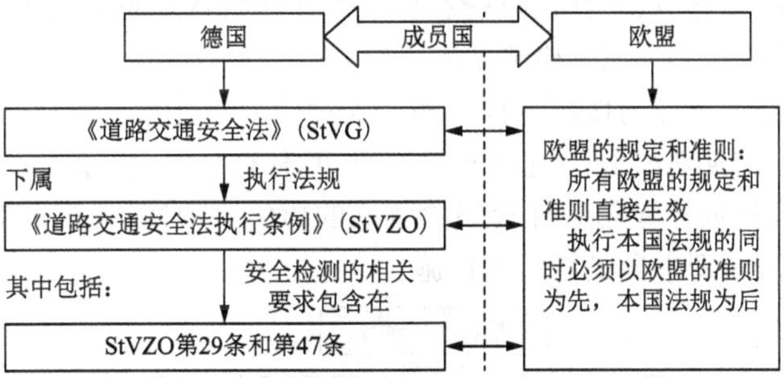

图 3-8　德国机动车辆检测的法律法规

二、车辆检测制度

为确保道路安全和良好的生态环境，在用机动车必须定期进行安全技术检测和环保检测。安全技术检测和环保检测受法律保护，自 2006 开始对附车载诊断系统（OBD）的车辆进行检测，两项检测合二为一。

目前，德国共有 5500 家左右的检测机构，已实现网络化检测经营，并且与德国交通主管部门联网，所有检测信息及检测数据自动汇总到交通部门信息中心，实现检测信息及检测数据共享。被检车辆在任何一家检测机构检测后，其检测结果是否符合法规要求，交通主管部门和其他监督管理机构、检测机构都能及时了解和掌握，杜绝了弄虚作假的行为。

另外，德国还拥有一批汽车产品鉴定专家，他们不仅可以检测车辆，还可以处理汽车维修业的质量纠纷与商品质量纠纷，他们出具的鉴定结果，法庭是予以认可的。

德国汽车检测项目分为九个大项目（含 133 个小项目），主要有：

（1）制动系统：检查制动性能、停车与应急制动、制动主缸、制动踏板、驻车制动装置、制动毂（盘）、ABS 等。

（2）转向系统：检查转向角、转向盘、转向节、连杆装置、转向助力系统等。

（3）人工检查项目：检查汽车前风窗玻璃、车辆门窗、内外后视镜、前刮水器等。

（4）灯光信号：检查前照灯、转向灯、制动灯、倒车灯、轮廓灯等。

（5）悬架装置：检查悬架装置、减振器、液压减振系统、轮胎、后桥等。

（6）车身结构：检查车架底盘、车身、货厢、前后车门、发动机舱盖等。

（7）整车装备：检查座椅、安全带、报警器、备胎装置、安全气囊等。

（8）机械部分：检查发动机、变速器、传动系系统、油路、燃油泵、排气管总成、蓄电池等。

（9）排气污染物：检查尾气 CO 含量、尾气不透光烟度、发动机参数、OBD 车载故障诊断系统等。

德国汽车检测机构的仪器设备主要有发动机综合测试仪、灯光检测仪、尾气分析仪、制动试验台、侧滑检验台、悬架振动试验台、汽车举升机等组成，检测仪器设备的配备必须符合汽车检测机构建站标准，设备条件满足车辆技术检测及性能的要求。

在管理方面，一是检测机构的资质管理。国家将车辆检测的任务委托具有资格的组织（官方认可的鉴定人或检测站的专职人员）和机构（官方授权的检测机构、检测工程师），操作人员必须满足加入该行业的必备先决条件，并且在接受专业培训，且通过官方考试后，方可从业；二是检测站建立的先决条件，包括授权、维护并证明有效的质量保证体系、设施设备配备以及检测人员的资格要求；三是检测站的监督。

德国的检查监督管理部门按规定程序和要求对检测站进行监督管理，见图 3-9。除此之外，还组织督察机构定期对检测站进行例行检查，具体做法是：将事先设置故障的车辆开到某一个检测站检验，根据检验结果评价该检测站的检验客观性、人员技能和设备状况，这是世界各国机动车检测管理中最具特色的措施。

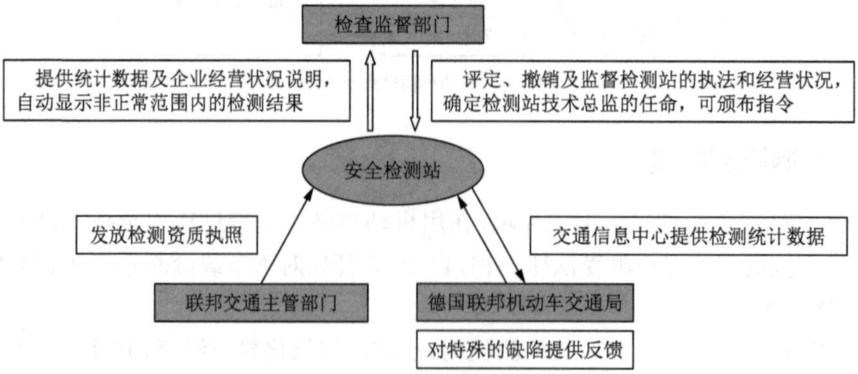

图 3-9　检测站的监督管理

三、缺陷评定

根据检测结果进行车辆缺陷评定，并按下列原则签发检测合格证(图 3-10)。

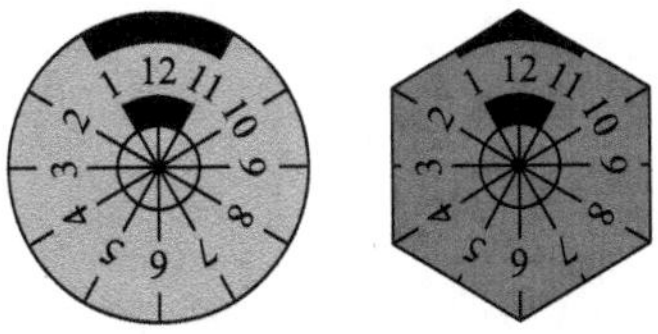

图 3-10　德国安检和环检合格标识

(1)OM 表示无损，发合格标识。

(2)GM 表示微损，距相关规定和准则稍有偏差，对交通安全无碍，应及时维护修理，不要求复检。可发放合格标识。

(3)EM 表示重损，严重不符相关规定和准则，严重威胁道路交通安全，需复检，不发放合格标识。

(4)VU 表示安全障碍，有直接威胁道路交通安全的损伤。没收合格标识，通知管理机构。禁止该车上路行驶。

四、检测频率及有效期限

德国机动车安全检测按照其车辆分类确定检测期限，见表 3-5。

检测频率及有效期限　　表 3-5

车　辆　分　类	检测间隔(年)
客运车辆(> 9 座以上，包括驾驶员位)	1, 1, 1, …
客运车辆(≤ 9 座以上，包括驾驶员位)	3, 2, 2, …
货运车辆($G_{VW} > 3.5$t)	1, 1, 1, …
货运车辆($G_{VW} \leq 3.5$t)	3, 2, 2, …
挂车($G_{VW} > 3.5$t)	1, 1, 1, …
出租车、救护车	1, 1, 1, …

总之，从国外情况看，美国、日本和德国等发达国家和地区机动车辆技术状况处于良好状态，除车辆更新换代速度快、车辆技术性能好等因素外，还与其健全的法律法规、保障制度、先进的技术手段以及对行车安全的重视程度有着密切关系。以美国、日本和德国为代表的机动车辆管理制度和方式，规范、严谨，具有比较典型的代表性，现在很多国家都在效仿和采用它们的管理模式。

第四章

汽车整车参数与检测设备

汽车整车参数与性能关系到汽车整车产品的一致性、唯一性。营运车辆整车参数的检测主要有整车外廓尺寸（长、宽、高）、轴质量及整备质量，用于营运车辆达标车型核查、车辆唯一性认定、整车制动率/轴制动率评价。为准确测量汽车排气污染物的指标，还需诊断发动机及排气系统故障（OBD）。结合人工检查，采用底盘间隙检测仪可全面检测诊断汽车底盘的技术状况及存在的安全隐患。

第一节 整车外廓尺寸测量

一、整车外廓尺寸

整车尺寸主要包括：车辆的外廓尺寸（长、宽、高）、轴距、轮距、前悬、后悬、最小离地间隙等，车辆超长、超宽、超高会给车辆行驶带来安全隐患，所以对车辆的外廓尺寸必须予以限制和严格检验。

（1）车长：是指垂直于车辆纵向对称平面并分别抵靠在车辆的最外端突出部位的两垂面之间的距离。

（2）车宽：是指平行于车辆纵向对称平面并分别抵靠在车辆的两侧固定突出部位（不包括后视镜、侧位灯、示廓灯、转向指示灯、可拆卸装饰线条、挠性挡泥板、折叠式踏板、防滑链以及轮胎与地面接触部分的变形等）的两平面之间的距离。

（3）车高：是指在车辆空载时，车辆支撑地面与车辆最高突出部位相抵靠的水平面之间的距离，车辆的所有固定部件均应包括在此两平面内。同时，车辆应处于可运行状态。在测量车辆高时，顶窗、换气装置等处于关闭状况。

营运车辆（特别是中重型货车及挂车）的外廓尺寸与行驶证、机动车登记证、道路运输证记载的内容应保持一致性，外廓尺寸的允许误差为车辆标称值 ±3% 或 ±150mm，车箱栏板高度的允许误差为其标称值 ±50mm。

货车及货车列车的外廓尺寸不得超过《汽车、挂车及汽车列车外廓尺寸、轴荷及质量限值》（GB 1589—2016）规定的最大限值，见表 4-1。中重型货车、中重型专项作业车、中重型挂车的外廓尺寸应使用符合标准的自动检测仪进行测量。

汽车、挂车及汽车列车外廓尺寸的最大限值（mm） 表 4-1

<table>
<tr><th colspan="4">车 辆 类 型</th><th>长度</th><th>宽度</th><th>高度</th></tr>
<tr><td rowspan="10">车辆分类</td><td colspan="3">低速货车</td><td>6000</td><td>2000</td><td>2500</td></tr>
<tr><td colspan="3">货车及半挂牵引车</td><td>12000</td><td>2550</td><td>4000</td></tr>
<tr><td colspan="3">两轴客车</td><td>12000</td><td>2550</td><td>4000</td></tr>
<tr><td rowspan="7">货车：
仓栅式
栏板式
平板式
自卸式</td><td rowspan="4">两轴</td><td>最大设计总质量≤ 3500kg</td><td>6000</td><td rowspan="4">2550</td><td rowspan="4">4000</td></tr>
<tr><td>最大设计总质量＞ 3500kg，且≤ 8000kg</td><td>7000</td></tr>
<tr><td>最大设计总质量＞ 8000kg，且≤ 12000kg</td><td>8000</td></tr>
<tr><td>最大设计总质量＞ 12000kg</td><td>9000</td></tr>
<tr><td rowspan="2">三轴</td><td>最大设计总质量≤ 20000kg</td><td>11000</td><td rowspan="2">2550</td><td rowspan="2">4000</td></tr>
<tr><td>最大设计总质量＞ 20000kg</td><td>12000</td></tr>
<tr><td colspan="2">双转向轴的四轴汽车</td><td>12000</td><td>2550</td><td>4000</td></tr>
</table>

续上表

车 辆 类 型			长度	宽度	高度
车辆分类	半挂车： 仓栅式 栏板式 平板式 自卸式	一轴	8600	2550	4000
		两轴	10000		
		三轴	13000		
	中置轴、牵引杆挂车		12000	2550	4000
	货车列车		20000	2550	4000

二、汽车外廓尺寸人工测量方法

1. 人工测量使用的工具

（1）钢卷尺：准确度等级为2级及以上。

（2）标尺、铅垂、水平尺。

（3）测量场地设施。

测量场地的长度和宽度应与受检车型相适应，其地面水平高度差：纵向不大于检测通道（或场地）长度的0.1%，横向不大于检测通道宽度（或场地）的0.05%。

2. 车辆长度、宽度的测量

将被测车辆停放在平整、硬实的地面上，在车辆前后和两侧突出位置，使用线锤在地面画出十字标记，如图4-1所示。

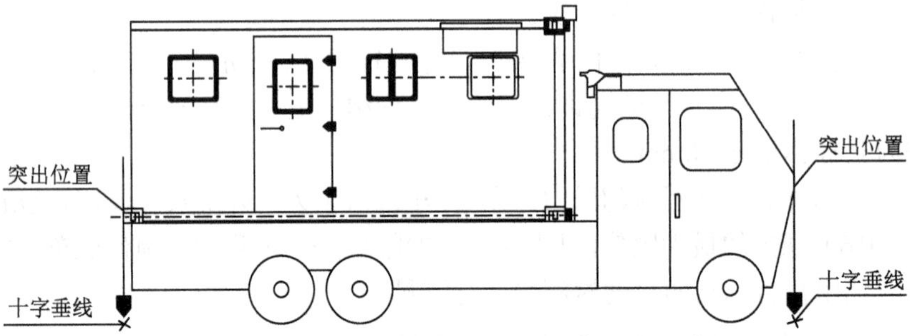

图4-1 被测车辆前后突出位置标记示意图

在测量过程中，为防止车辆前后突出位置不在同一中心线上，影响测试准确度，可将车辆移走，在地面的长宽标记点上分别画出平行线，在地面形成一个长方形框架（可用对角线进行校正）找出车辆中心位置，用钢卷尺分别测出长和宽的直线距离，作为整车的车长和车宽，如图4-2所示，但《汽车、挂车及汽车列车外廓尺寸、轴荷及质量限值》（GB 1589—2016）规定不计入测量范围的部件以及允许加装的部件（如车辆左、右两侧的外后视镜以及非固定突出部位）除外。

3. 车辆高度的测量

将被测车辆停放在平整、硬实的地面上，将水平尺放在车辆的最高处并保持与地面水平。在水平尺一端点放铅垂到地面画出十字标记，用钢卷尺测量水平尺该端点与地面十字标记之间的距离示值即为被测车辆的实际高度，如图4-3所示。

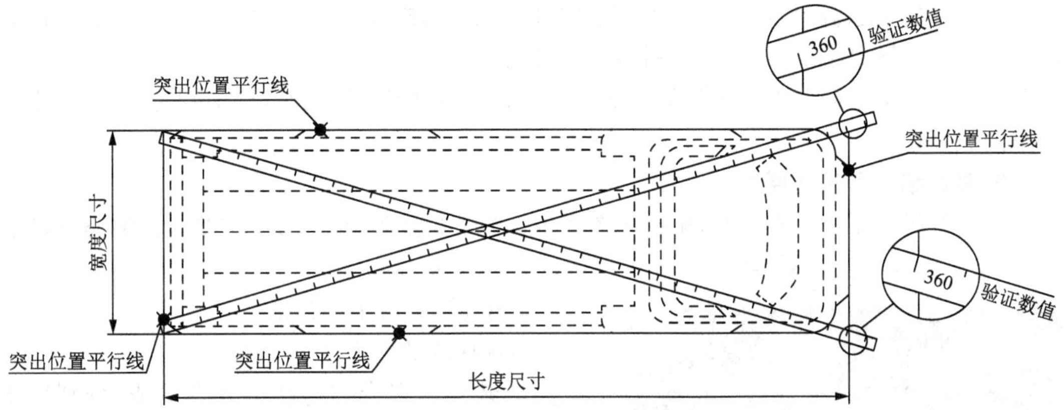

图 4-2 车辆长度、宽度测量示意图

4. 货车及挂车货箱栏板高度的测量

货车及挂车的货箱栏板高度采用专用设备或钢卷尺人工测量，将测量结果与机动车登记信息、驾驶室两侧喷涂的栏板高度数值进行比对，货车车箱栏板高度的允许误差为标称值 ±50mm。

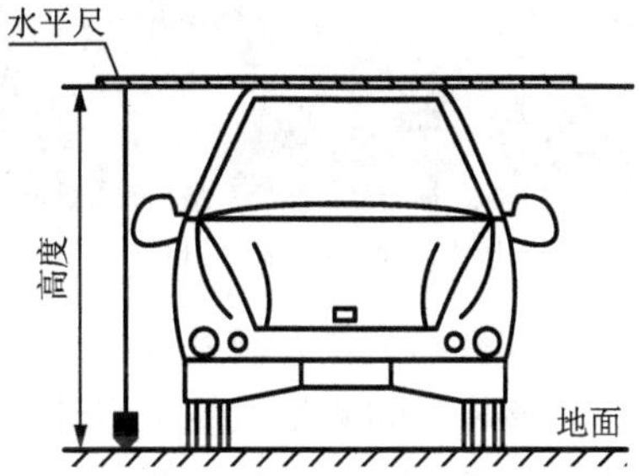

图 4-3 车辆高度的测量示意图

挂车及两轴货车的货箱栏板高度不得超过 600mm，两轴自卸车、三轴及三轴以上货车的货箱栏板高度不得超过 800mm，三轴及三轴以上自卸车的货箱栏板高度不得超过 1500mm。

三、汽车外廓尺寸自动检测仪

1. 功能

汽车外廓尺寸自动测量系统是基于传感探测元件动态扫描而研发的，测量程序主要包括系统标定、数据预处理、边缘点处定位和车辆外廓尺寸数据计算等内容。系统为全自动、非接触式测量，车辆驶出测试区域后，测量出车辆长度、宽度和高度数据，还可以测量货车车厢栏板高度，前、后悬等，检测状态见图 4-4。

图 4-4 汽车外廓尺寸动态检测示意

2. 主要特点

（1）产品适用于室内外环境，不增加基础建设成本。

（2）采用高端传感探测元件，工业控制机作为系统主机，抗干扰能力强，环境要求低，性能稳定可靠。

（3）车辆驶入检测区域系统自动测量外廓尺寸，包括普通客、货运车辆和危货运输车，以及各种特种工程车辆、挂车。

（4）检测分辨力应符合国家对车辆外廓尺寸管理要求（车辆外廓尺寸要求均精确到 mm），长、宽、高均应不大于 1mm。

（5）通过式快速测量。测量设备可以安装在现有的检测车间内，在检测其他项目的同时就可以自动测量出结果，更适应检测站实际情况。

（6）检测结果可以自动与车辆管理数据库中标准数据进行比对，得出判定结果，便于对车辆的监督管理。

3. 基本结构和工作原理

不同的机动车外廓尺寸检测系统，在结构、原理上存在一些差异，主要分为静态和动态两种，检测原理示意见图 4-5。

图 4-5 汽车外廓尺寸检测示意图

动态检测系统主要包括：

1）传感测量装置

该装置由多个传感探测元件组成，分别用于测量车辆的长、宽、高以及车速等。依据设计原理的不同，传感探测元件可分为激光、超声波、光栅、CCD 摄像、光电开关等多种测量方式。测量长、宽、高的传感探测元件一般安装在一个或多个门形框架上，测量车速的传感探测元件安装于地面，安装地面应处于水平。

2）数据采集处理装置

该装置的测量系统采用计算机将传感测量装置测取的数据信息进行分析、计算和修正，并显示、打印和存储，必要时与联网系统进行数据交互。

3）分析计算软件

分析计算软件负责处理传感测量装置测取的数据信息。由于外后视镜等非固定突出物不应计入车辆外廓尺寸，需要软件予以修正剔除，牵引车与挂车的数据分离以及车速也需要进行修正。因此，数据修正是较为关键的环节，软件修正能力的强弱，直接影响测量结果的准确性。

检测时，被检车辆以规定速度匀速、正直通过检测系统，传感测量装置分别测取车辆长、宽、高以及车速等信号，并由计算机采集和处理后，输出测量结果。

4. 技术要求

《汽车外廓尺寸检测仪》（JT/T 1012—2015）规定了外廓尺寸检测系统的功能要求和性能要求。

1）技术参数

测量方式：低速（3 ～ 5km/h）直线行驶通过。

（1）测量范围：整车长 0 ～ 20m。

（2）整车宽：0 ～ 4m。

（3）整车高：0 ～ 5m。

（4）测量误差：≤ 1%。

（5）最小示值：1mm。

（6）检测仪应具有测量结果显示和存储功能以及标准通信接口，并提供接口定义及相关通信协议。

2)性能要求

(1)检测仪的显示分度值为 1mm。

(2)检测仪的测量示值误差和重复性应符合表 4-2 的要求。

示值误差和重复性要求 表 4-2

测量参数	示值误差	重复性
长度	±0.8% 或 ±50mm	≤ 0.8%
宽度	±0.8% 或 ±20mm	≤ 0.8%
高度	±0.8% 或 ±20mm	≤ 0.8%

5. 使用注意事项

(1)机动车外廓尺寸检测系统多采用光学器件作为传感器件,在安装及使用时,应避免阳光直接照射。

(2)机动车外廓尺寸动态检测系统的测量准确度与软件处理有关,也与检测时的车速有关。为保证测量精度,测试车速应按使用说明书的规定,并尽可能保持匀速,同时被测车辆应正直行驶,其纵向轴线应与检测系统的纵向轴线尽可能保持平行。

(3)检测通道的长度和宽度应与受检车型相适应,其地面水平高度差:纵向不大于检测通道长度的 0.1%、横向不大于检测通道宽度的 0.05%。

(4)按照《汽车外廓尺寸检测仪校准规范》(JJF 1749—2019)和《汽车外廓尺寸检测仪》(JT/T 1012—2015)定期对系统进行外部校准和自校准。

第二节 汽车质量参数检测

一、汽车质量参数

汽车质量参数是车辆设计和使用中的重要参数。在设计车辆时,各承载总成和部件,如发动机、车架、悬架、轮胎、车轴等都是按车辆的整备质量和装载质量来设计。

为确保车辆产品一致性和防止车辆超载,对申请从事营运的车辆须按行驶证核定其整备质量。同时,要对在道路上行驶的车辆按该车辆核定的装载质量和总质量,随时抽检,防止车辆在运行中超载。汽车及列车的轴荷、总质量应符合《汽车、挂车及汽车列车外廓尺寸、轴荷及质量限值》(GB 1589—2016)的规定。

1. 车辆的整备质量

车辆的整备质量是指装备有车身、全部电气设备和车辆正常行驶所需要辅助设备的完整车辆的质量,此外应加上如下部分的质量之和。

固定的或可拆装的铰接侧栏板、机械的或已加注油液的液力举升装置和自卸车箱、连接装置、固定的作业装置、冷却液、燃料(不少于整个油箱容量的 90%)、备用轮胎、灭火器、标准备件、随车工具等。

整备质量是在车辆"整备"状态下空载时测得的质量。车辆的整备质量一般在该车辆出厂合格证或使用说明书等技术文件中标明。

为了防止车辆在改装或修理后任意改动原车的结构,保障车辆运行安全,应检测和控制车辆的整备质量。

在用汽车安全检验时，货车、中重型挂车的空车质量与机动车注册登记时记载的整备质量技术参数相比，误差应满足：中重型货车、中重型挂车不超过标称值 ±10% 或 ±500kg，轻微型货车不超过标称值 ±10% 或 ±200kg，且轻型货车的空车质量不应大于或等于4500kg。

2. 车辆的轴载质量

车辆的最大轴载质量分为厂定最大轴载质量和允许最大轴载质量。

厂定最大轴载质量是制造厂考虑到材料强度、轮胎的承载能力等因素而核定出的轴载质量，一般在车辆出厂合格证、使用说明书等技术文件中标明。

允许最大轴载质量是由交通主管部门根据道路使用条件而规定的轴载质量。

3. 车辆的总质量

车辆的总质量一般是以发动机的标定质量、厂定最大轴载质量、轮胎的承载能力、车厢面积及正式批准的技术文件进行核算后，从中取最小值核定。

最大总质量分为厂定最大总质量和允许最大总质量。

厂定最大总质量是制造厂根据特定的使用条件，考虑到材料强度、轮胎承载能力等因素而核定出的质量，一般在车辆使用说明书或维修手册中给出。

允许最大总质量是主管部门根据使用条件而规定的总质量。

汽车列车的最大总质量是牵引车与挂车（含全挂车或半挂车）最大总质量之和。对于半挂牵引车，半挂车分配在牵引座上的质量应计入最大总质量之内。

二、机动车检测用轴（轮）重仪

机动车轴（轮）重仪是用于测定汽车各轮、轴的垂直载荷的设备（图 4-6），并在制动检测时，计算整车、各轴的制动效能以及车轮阻滞率所需的轮荷、轴荷数据。

图 4-6　机动车轴（轮）重仪（独立式）

机动车轴（轮）重仪可分为轮重仪和轴重仪。轮重仪的承载台面为左、右两块相互独立的承载板，通过测取左、右轮的轮荷再计算轴荷。而轴重仪的整个承载台面为一刚性整体，左、右车轮停在同一台面上直接测取轴荷。

机动车轴（轮）重仪通常安装在独立工位，且与地面水平，称重方式为“水平称重”，称之为“独立式轮重仪”。与滚筒反力式制动检验台复合安装的轴重仪，称重方式为“复合称重”，称之为“复合式轴重仪”。

1. 基本结构和工作原理

1）基本结构

机动车轴（轮）重仪主要由机械部分和电子仪表组成。其中，机械部分又称为秤体，是轴（轮）重仪的主体部分，而电子仪表则主要起显示作用。显然，能独立测量和显示左、右车轮的轮重仪具有两个秤体，分别安装在左、右框架内。

秤体部分包括框架、承载台面、承载垫板及传感器装置等。承载台面四角分别固定四只应变压力传感器，基本结构如图 4-7 所示。

按允许承载轴荷，一般可将机动车轴（轮）重仪分为 3t 级、10t 级、13t 级三种规格。

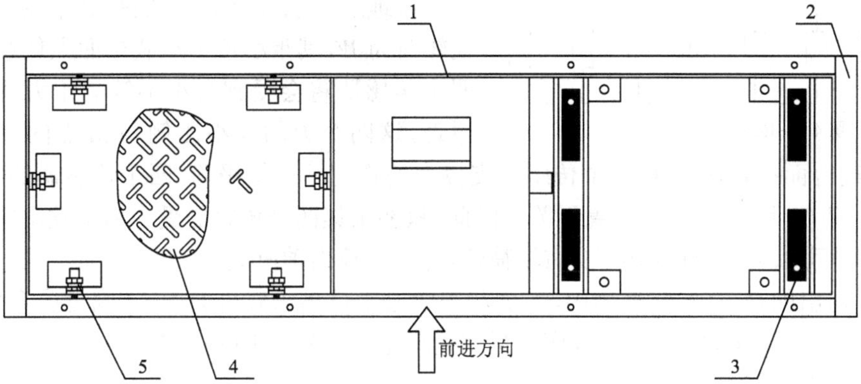

图 4-7 机动车轴（轮）重仪基本结构（独立式）

1- 铭牌；2- 框架；3- 传感器；4- 承载台面；5- 缓冲体

2）工作原理

机动车轴（轮）重仪常用的传感器为悬臂梁式，采用悬臂梁及电阻应变片作为敏感元件组成全桥电路。当传感器受到压力时，电阻应变片的阻值发生变化，从而能够输出一个与所受压力成正比的电压信号。下面以某一规格型号的轴（轮）重仪传感器为例介绍。

（1）四个阻值相同的电阻应变片粘贴在弹性载体上，并将四电阻连成如图 4-8 所示的电桥路。

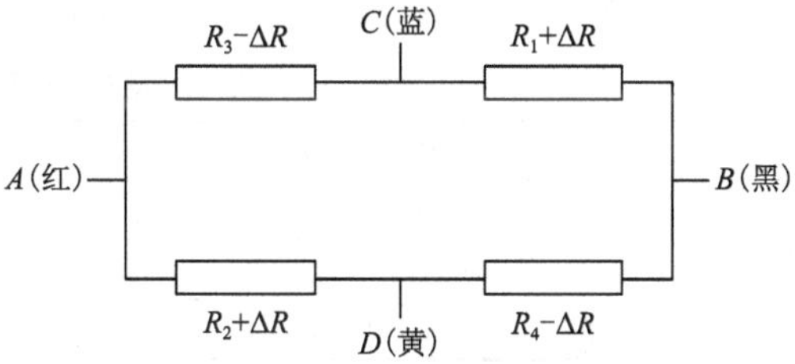

图 4-8 传感器桥路布置图

A- 电源 +；*B*- 电源 -；*C*- 信号 +；*D*- 信号 -

在 *AB* 端施加电压 V_{AB}（一般设计为 10V），当传感器不受力时，理论上 $R=R_1=R_2=R_3=R_4$，所以 $V_{CD}=0$，即没有电压信号输出。但实际上，传感器的四个电阻不可能完全相同，所以 V_{CD} 有微小电压差，称为零位电压。传感器向下受力时，由于 R_1、R_2 应变片受拉伸，电阻分别增大 ΔR，R_3、R_4 应变片受压缩，电阻分别减少 ΔR。

当上、下回路电流分别为 I（$I=V_{AB}/2R$）时，*C*、*D* 两点的电位差 V_{CD} 为电流 I 和 $2\Delta R$ 的乘积，即：

$$V_{CD}=2I\times\Delta R=2\times\frac{V_{AB}}{2R}\times\Delta R=V_{AB}\times\frac{\Delta R}{R} \tag{4-1}$$

由式（4-1）可知，施加在传感器对角线 *AB* 的电压 V_{AB} 越高，其输出电压灵敏度就越高，但由于受功率和温漂的制约，传感器工作电压不得超过 12V。

（2）将图 4-8 所示的传感器电路，按图 4-9 所示并联。为保证各传感器灵敏度一致，在每一个力传感器工作电流回路中串接一电阻，在承载台面各个位置施加同一载荷时，可保证仪表都能显示几乎一样的测量值。

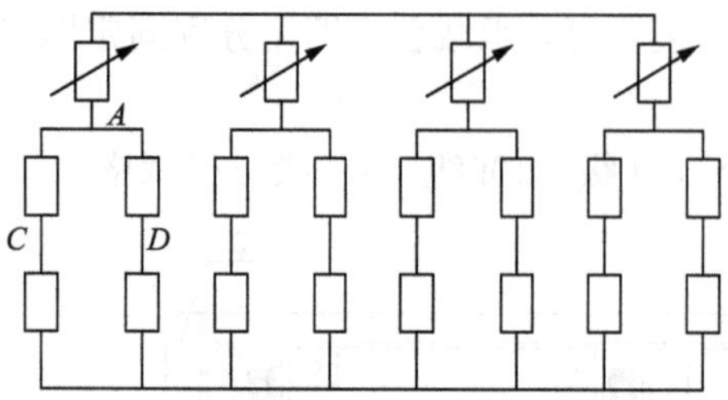

图 4-9　传感器并联示意图

基于上述传感器电路设计基础，可得出轴（轮）重仪的测量原理：

在进行轮、轴荷测量时，汽车停在承载台面上或缓慢地通过承载台面，台面受到车轮重力作用。设轮荷为 W，其重心位于承载台面上任意一点 M，四个传感器将会受到大小不等的压力，根据力学原理，这四个力的大小比例与 M 点的位置有关，此时，承载台面在轮荷 W 和四个传感器支撑力的作用下保持平衡，四个传感器的支撑力之和等于轮荷 W，且与 M 点的位置无关。因此，只要采集四个传感器受力后所发出的电信号，经过处理就可以准确地计算出左、右轮荷值，进而计算出轴荷值。

需要指出的是，在实际使用中，若被测车辆过于偏离承载台面中心，则可能会增大测量误差。所以实际测量轴（轮）重时，应尽量摆正车轮在检验台上中央位置。

2. 技术要求

轴（轮）重仪按照最大承载质量分为 3t、10t、13t 三种规格；按照结构形式可分为整体式和分体式。

1）*分辨力*

轴（轮）重仪的显示装置分辨力应符合表 4-3 的规定。

轴（轮）重仪的显示装置分辨力要求（kg）　表 4-3

最大称量质量 m	显示装置分辨力 d
$m \leqslant 3000$	$d \leqslant 1$
$3000 < m \leqslant 13000$	$d \leqslant 2$
$m > 13000$	$d \leqslant 5$

2）*主要性能要求*

（1）示值误差。

示值误差应符合以下要求：

①当示值≤ 10%（F·S）时，轴（轮）重仪的最大允许误差为 ±0.2%（F·S）。

②当示值＞ 10%（F·S）时，轴（轮）重仪的最大允许误差为 ±2%。

注：F·S 表示满量程。

（2）重复性。

在同一载荷下多次称量，轴（轮）重仪称量结果间的重复性应符合以下要求：

①当示值≤ 10%（F·S）时，应不大于该称量点最大允许误差绝对值的二分之一。

②当示值＞ 10%（F·S）时，应不大于该称量点最大允许误差绝对值的二分之一与该称量点实际加载值的乘积。

（3）示值间差。

在同一载荷下，轴（轮）重仪的左、右称重台的示值间差应不大于该称量点最大允许误差的绝对值。

（4）零位漂移。

轴（轮）重仪在 10min 内的零位漂移允许范围为 ±0.1%（F·S）或不大于 1d，两者取大值。

3. 使用注意事项与日常维护

1)使用注意事项

(1)超出台架额定载荷的汽车,禁止驶上轴(轮)重仪。

(2)为保证测试精度,应按使用说明书规定的时间预热(通常为 20min 以上)。

(3)静态检测时,被测车轮应尽可能停在承载台面的中央位置,并且停稳后应保持 3s 以上的时间再进行采样,车辆进出台面的速度一般要求小于 5km/h。动态检测时,被检车辆应以低速(制造商规定的速度)匀速通过承载台面。

(4)轴(轮)重仪应保持其传感器干燥,以保证其工作灵敏度。

(5)使用轴(轮)重仪测量时,将车辆依次逐轴(对并装双轴和并装三轴视为一轴)平稳缓慢行驶至称重台板上,等平稳静止后,测得该轴轴荷;计算所有轴荷之和,计为该车的整备质量。

(6)对三轴及三轴以上车辆测量时,应保证轴(轮)重仪有足够的有效测量长度,确保并装双轴、并装三轴的同侧车轮同时停在一块称重板上。安装时所有称重台板表面应水平,高差均不应超过 ±5mm。

(7)承载台面与框架间应留有适当间隙以避免相互接触摩擦,承载台面应避免受到撞击。

2)定期维护

(1)平时注意检查台面四角是否水平、台面与四个传感器是否完全接触、台面是否居中,并随时调整。

(2)使用 3 个月时,应检查轴(轮)重仪的承载台面四角是否平稳、有无翘曲,出现不平或翘曲时,抬出台面,调整传感器支撑台面的可调螺栓,使台面恢复平稳,翘曲严重时应考虑更换。

(3)使用 6 个月时,除进行第(1)项的工作外,还须对台架内各部位及线路进行检查、清洁。

(4)为了保证测量准确,应按《机动车检测专用轴(轮)重仪检定规程》(JJG 1014—2019)定期进行检定和自校准。检定周期:一次 /12 个月;自校准周期:一次 /6 个月。

4. 调整与维修

轴(轮)重仪示值误差产生的主要原因有可能是传感器性能变坏、承载台面与承载垫板不平以及仪表内的增益电位器失准。

传感器主要故障是由引线机械损伤,其次是传感器使用时间过久,零位漂移大、应变片脱胶引起。可采取在线检查、互换法检查、万用表测量电阻法、仪表观察法等方法进行排除。

1)在线检查

由图 4-9 可知,压力传感器工作电压如为 10V(V_{CB}=V_{DB}=5V),可用万用表测量 V_{CB} 和 V_{DB},若电压相等,且均为电源电压一半,表明传感器电路基本正常。

2)互换法检查

可将左、右传感器互换检查,如互换后仪表也出现故障,说明原来相对应的传感器有问题。

3）万用表测量电阻法

使用万用表测量传感器桥路两个对角线电阻，如与正常电阻值不一致，则需要更换轮重传感器。为保证轴（轮）重仪的准确性，应将同组的四个传感器一同更换。

4）仪表观察法

（1）加负荷后，如轴（轮）重仪的仪表显示值不变，多因传感器断线引起，一般可修复。

（2）验证过程中，如仪表显示值均向高或低一个方向变化（漂移），多因传感器使用时间过长或受潮引起，应更换传感器。

（3）如仪表显示值不规则、波动大，多因焊点松动或焊点受水浸泡引起。如变化量较小，也可能是因接地不良、导入干扰所致。

5）其他

（1）当承载台面（上承台）与承载垫板（下承台）不平时（如发现有大于 0.1mm 的间隙），可分别对平台的调整螺母进行调整，使台面四角高低一致。在调试时，可在台面四角轮换放置量值较小的砝码进行观察。

（2）一般左、右秤体各有一个调整用的增益电位器，增益电位器是电路上唯一需要和可能调整的元件。在承载台面上放置砝码，然后观察显示值，如不准确，可对电位器进行调整。

第三节 汽车 OBD 故障诊断

OBD 是英文 On Board Diagnostics 的缩写，译为“车载诊断系统”，其能有效监控汽车的运行性能状态，也是在用汽车排放管理的有效手段之一。

汽车排放控制是比较复杂的系统，在故障诊断时，要全面掌握控制系统的结构、原理，明确电控系统中各部分可能产生的故障以及故障对整个系统的影响，运用科学的故障诊断方法对系统故障现象进行综合分析、判断，确定故障的性质和可能产生此类故障的原因和范围，制定合理的诊断程序进行检查和故障排除，恢复汽车排放性能和 ECU 技术指标。

一、OBD 的组成与工作原理

OBD 由硬件和相应的软件构成。OBD 的硬件主要由传感器、执行器、ECU、OBD 连接接口、故障指示灯等与发动机排放控制相关的系统组成；OBD 的软件包括故障诊断策略、部件或功能监控器、发动机标定数据和发动机控制系统运行环境。传统的 OBD-II 的发动机管理系统见图 4-10。

1. OBD 的工作原理

汽车在正常运行时，汽车电控系统输入和输出的信号具有一定的变化规律，当某个信号出现异常且在规定的时间周期内持续时，ECU 则判断与该异常信号相关的部件或功能出现故障，故障指示灯点亮，同时监控器把该故障以代码的形式存储起来，在车辆检测时可以通过故障诊断仪读取，有针对性地进行检修。如果故障消失，监控器在规定的时间周期内未接收到相关异常信号，则故障指示灯熄灭，再经过规定的时间周期后，故障代码会被从存储器中清除。

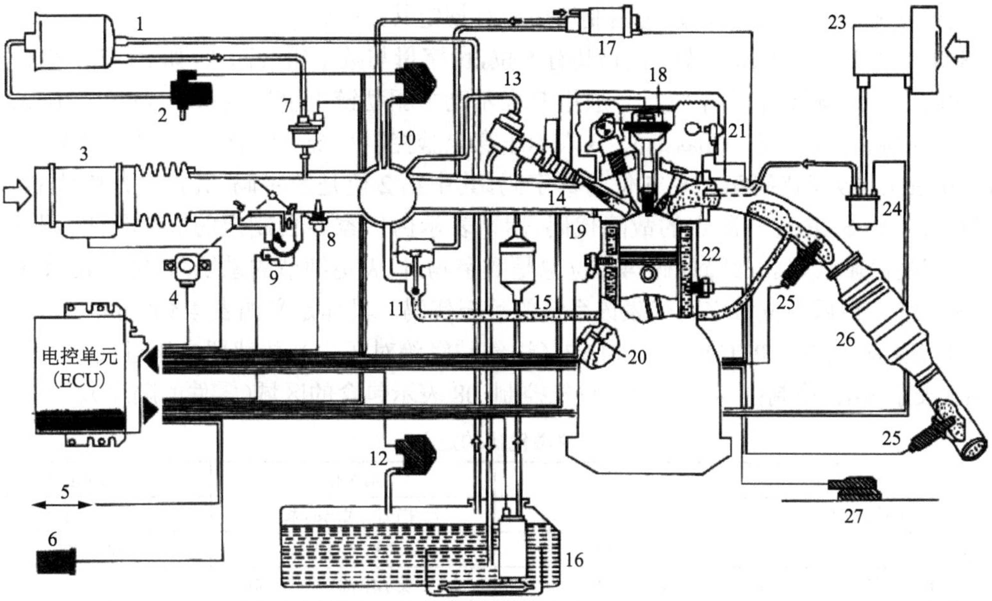

图 4-10 OBD-II 的发动机管理系统

1- 炭罐；2- 炭罐电磁阀；3- 空气流量计；4- 节气门位置传感器；5- 诊断接口；6- 故障灯；7- 清污阀；8- 进气温度传感器；9- 怠速阀；10- 真空度传感器；11- 废气再循环（EGR）电磁阀；12- 油箱压力传感器；13- 燃油压力调节器；14- 喷油嘴；15- 燃油滤清器；16- 燃油泵；17-EGR 压力控制器；18- 点火线圈；19- 爆震传感器；20- 曲轴位置传感器；21- 凸轮轴位置传感器；22- 冷却液温度传感器；23- 二次空气泵；24- 二次空气阀；25- 氧传感器；26- 催化器；27- 车身和底盘传感器

2. OBD 的监控与诊断对象

OBD 要求检测诊断每个与排放有关的部件或系统，监控重点为三元催化转换器、发动机失火、氧传感器（λ）、燃油喷射系统、EGR、二次空气系统、曲轴箱通风系统和燃油蒸发系统等。OBD 系统监控主要分为三类：

第一类为传感器或执行器的电路完整性，比如电路是否存在断路或短路。

第二类为功能性，比如输入、输出信号是否正常，执行器是否有动作。

第三类为系统测试，比如发动机是否有失火、三元催化转换器效率是否正常、EGR 控制是否满足要求、发动机怠速控制是否稳定等。

根据检测到的信号异常或功能丧失或系统性能超标，OBD 系统进行故障代码的储存或擦出、故障灯的点亮或熄灭。

3. OBD 诊断故障码

OBD 的自诊断目的是监测车辆尾气排放控制系统的工作情况。当排放控制系统出现故障时，位于仪表板上的故障指示灯（MIL）或检查发动机警告灯（CHECK ENGINE）点亮，同时动力总成控制模块（PCM）将故障信息存入存储器。当故障车辆进行检测维修时，检测诊断人员能通过 OBD 故障诊断仪将故障代码从 PCM 中读出。检测维修人员会根据故障代码的提示，可以快速准确地确定故障的部位和性质，有效地对故障进行修复。

故障指示灯的显示由制造厂规定，故障代码对检测诊断过程起重要的指导作用。美国汽车工程师协会（SAE）发表的各种诊断故障代码的定义（SAE J2012），规定了统一格式的工业标准。这个格式给制造厂分配了字母和数字代码，并对与这些代码有关信息进行了定义。

对于没有分配故障代码的故障，可由制造厂自行规定其故障代码。

SAE J2012 规定了标准故障代码共有 5 位，由字母与数字组合而成，如 P1352，第 1 位为英文代码 P，代表测试的大系统。一般用 P 表示动力驱动链电脑控制系统（Powertrain）、C 表示底盘电脑控制系统（Chassis）、B 表示车身电脑控制系统（Body）、U 表示未定义系统（Undefined）。故障代码第 2 ～ 5 位为数字码，其中第 2 位是数字码，其定义范围为 0 ～ 3，且用 0 表示由 SAE 统一制定的故障代码，用 1 表示由厂家各自制定的故障代码，用 2 ～ 3 表示预留的故障代码。故障代码第 3 位也是数字码，代表更细节的系统，如用 3 表示发动机的点火系统。最后两位数字码代表该系统的故障代码。具体定义如表 4-4 所示。

如出现故障代码：P0108，表示 MAP（进气歧管绝对压力）传感器电压过高。P 表示动力系；0 表示 SAE 控制；1 表示燃油 / 空气控制；08 表示包含的区域(零件的顺序)。

故障代码的定义 表 4-4

第 1 位	第 2 位	第 3 位	第 4 位和第 5 位
故障代码的功能	谁负责定义故障代码	产生故障代码的系统	包含的区域
P 表示动力系统	0 表示 SAE	0 表示所有系统	00 ～ 99
B 表示车身	1 表示制造厂	1、2 表示燃油 / 空气控制	
C 表示底盘		3 表示点火系统 / 失火	
U 表示未定义		4 表示辅助排放控制	
		5 表示发动机怠速 / 转速控制	
		6 表示 PCM 和输入 / 输出	
		7 表示变速器	
		8 表示非 PCM 动力系	

二、OBD 系统的故障诊断

1. OBD 系统对催化转换器劣化的诊断

当发动机排气中氧气的浓度较高时，氧气会与催化转换器中的氧化铈(CeO_2)结合；浓度低时，氧气会被释放出来。因此，催化转换器扮演的是氧气罐的角色，将排气的混合比例调整到最佳。OBD 对催化转换器的诊断就是基于对其储氧能力（OSC）的监控，通过比较上游和下游氧传感器的电压输出值，从而监测催化转换器的转换效率。催化转换器的转换效率和储氧能力必须具有良好的对应关系，催化器转换器储氧能力的耐久性直接影响到诊断的精确性。新的催化转换器具有很好的储氧能力，对于正常状态下含有足够氧的催化转换器，下游氧传感器的输出转换循环与上游氧传感器相比较长，甚至接近于一条直线，如图 4-11 所示。

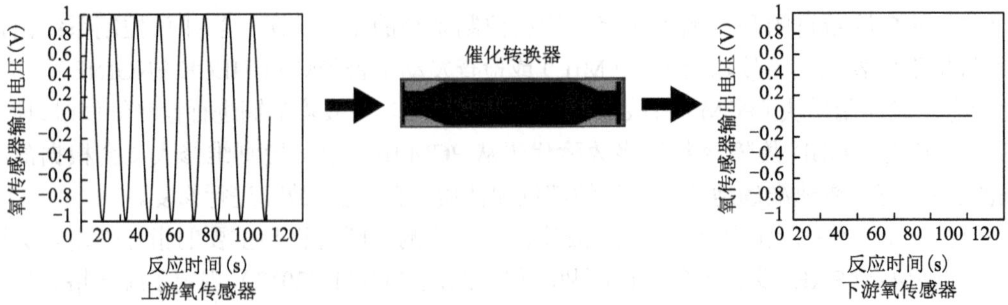

图 4-11　催化转换器工作正常时，上、下游氧传感器信号对比

但是当催化转换器恶化时，储氧能力会降低，下游氧传感器的输出转换循环将变短，甚至接近上游氧传感器的输出，如图 4-12 所示。

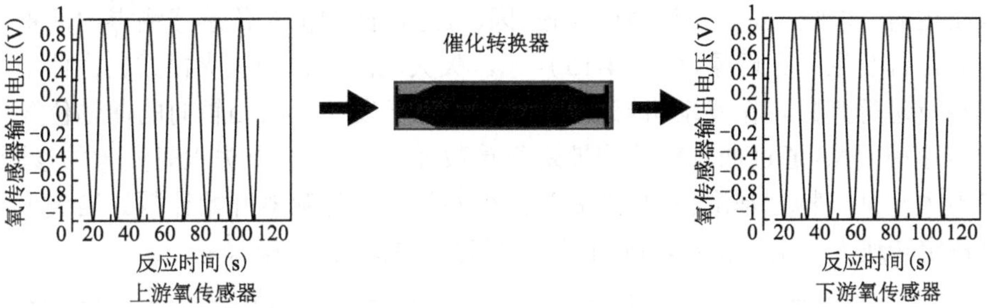

图 4-12　催化转换器工作不正常时，上、下游氧传感器信号对比

另外，还可通过突然改变空燃比（A/F），观察下游氧传感器对空燃比的反应时间，也可以监测催化转换器是否丧失储氧能力。储氧能力好时，空燃比由稀变浓时下游氧传感器反应时间滞后，如图 4-13 所示。而当催化转换器储氧能力不足时，空燃比由稀变浓时下游氧传感器反应较快，如图 4-14 所示。

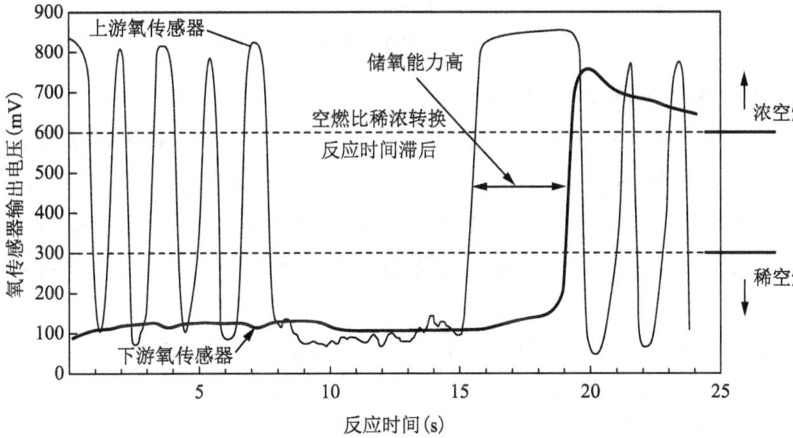

图 4-13　催化转换器工作正常时，下游氧传感器对空燃比反应时间曲线

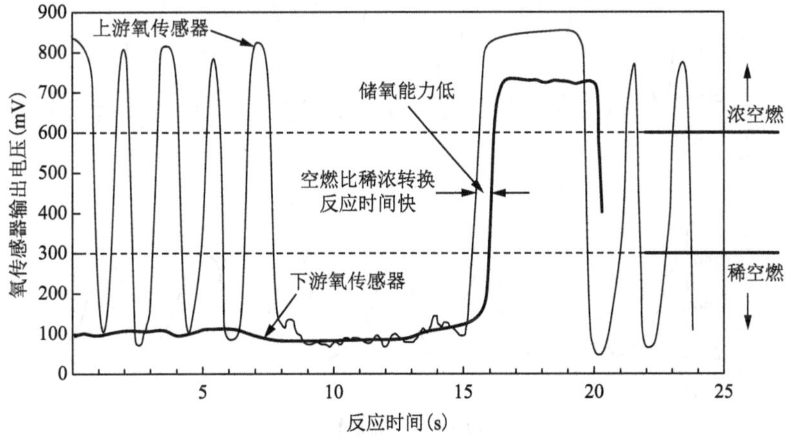

图 4-14　催化转换器工作不正常，下游氧传感器对空燃比反应时间曲线

2. OBD 系统对发动机失火的诊断

OBD 系统必须能够监测到造成 HC 排放突变的任何失火，包括单缸或多缸失火。当发动机失火发生时，曲轴会因失去动力而减速，因此，通过曲轴位置传感器测得的曲轴转速变化可以诊断是否发生失火现象，如图 4-15 所示。失火汽缸特征和失火模式也由曲轴转速周期改变或相位进行判断。在发动机燃烧过程中，由位于发动机曲轴轴向的曲轴位置传感器测量曲轴转速周期角，通过曲轴转速周期进行算数处理，生成一个失火时变大的诊断参数。当诊断参数大于某一特定基准值时，判断为失火并且失火计数器开始计数。当失火计数器在发动机特定转速大于某一特定基准值时，判断为发动机失火故障。

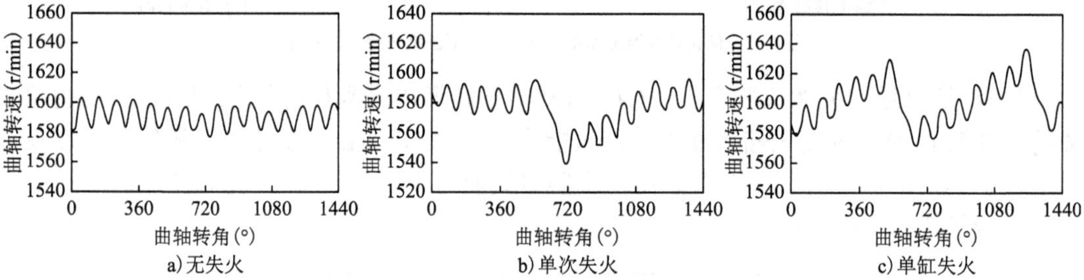

图 4-15 发动机失火造成的曲轴转速变化曲线

3. OBD 系统对氧传感器劣化的诊断

当氧传感器中毒或性能劣化后，其响应速度降低，空燃比（A/F）控制能力变差，结果会导致尾气排放增加。当劣化的氧传感器造成排放超过 OBD 限值时，必须点亮故障指示灯并记录故障代码。氧传感器输出转换周期的电压平均值被用来作为表述传感器响应的诊断参数。当此值大于某一特定值时，判断为氧传感器故障。诊断方法是对氧传感器输出波形进行观测，有两个方法：

一是当混合气由浓到稀，测量氧传感器输出电压转换的平均时间。

二是测量在一定时间内，氧传感器输出在浓与稀之间的转换次数。

如上述平均时间过长，或转换次数过少，表明氧传感器已劣化，变化曲线如图 4-16 所示。

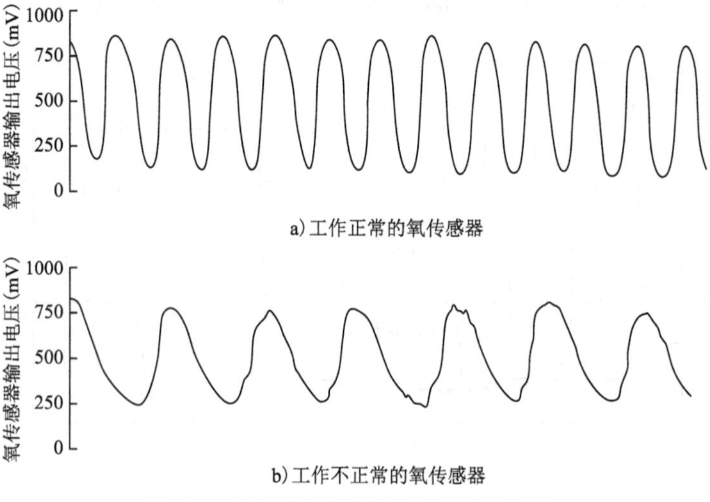

图 4-16 氧传感器工作正常与不正常的变化曲线

三、汽车故障电脑诊断仪

汽车故障电脑诊断仪(又称汽车解码器或 OBD 诊断仪,简称诊断仪)是按照汽车自诊断系统遵循的通信协议与汽车自诊断系统进行通信,获得汽车自诊断系统中与汽车有关数据参数并解析的仪器,如图 4-17 所示。可以利用它快速地读取汽车电控系统和排放系统中的故障,并通过液晶显示屏显示故障信息,查明发生故障的部位及原因。

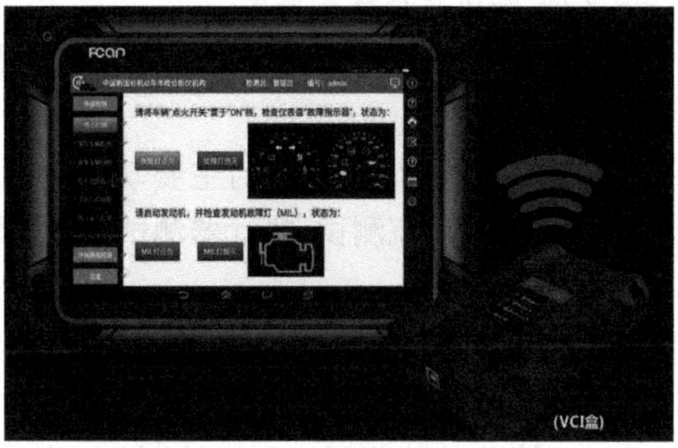

图 4-17 汽车故障电脑诊断仪

汽车故障电脑诊断仪分为专用型和通用型。专用型是针对某一特定汽车厂商开发,一般诊断单一车系,不能检测其他公司生产的汽车,主要在汽车 4S 店内使用。通用型一般适用于检验检测机构,可以检测诊断多种不同汽车制造厂家所生产的多款汽车。

1. 汽车故障电脑诊断仪原理与要求

1)工作原理

汽车故障电脑诊断仪可诊断汽车电子控制系统的传感器、执行器以及 ECU 的工作状态,通过诊断 ECU 的输入和输出电压,判断电子控制系统工作是否正常。当电子控制系统中的某一电路出现超出规定的信号时,该电路及相关的传感器反映的故障信息以故障代码的形式存储到 ECU 内部的存储器中,检测或维修人员可利用该诊断仪来读取故障代码。

用于汽车排放故障检测诊断的诊断仪一般由主机、VCI、接头、延长线、充电器等配件组成。其工作原理是,主机通过 VCI 蓝牙设备与车辆相连,见图 4-18a)。通过协议自动扫描与被检车辆建立通信连接并读取车辆数据,主机通过协议对接与检测线设备无线网络相连,同时调取数据到检测站内部信息管理平台。

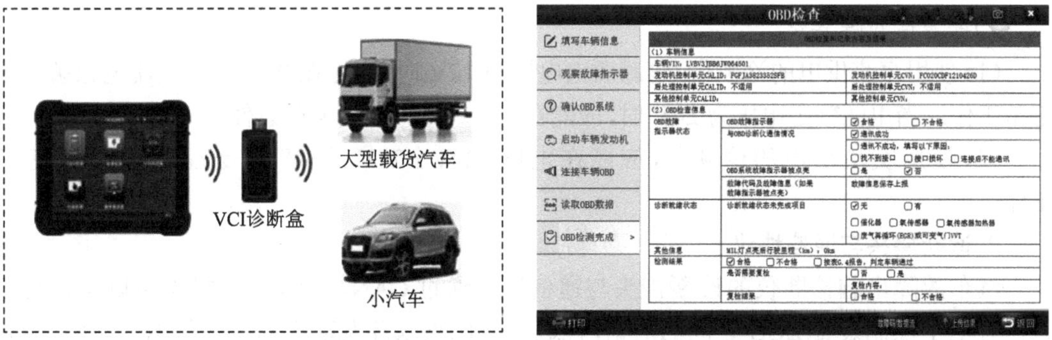

a) b)

图 4-18 用于汽车排放故障检测诊断的系统

对配置有 OBD 系统的在用汽车,在完成车辆外观检验后,连接车辆 OBD,将诊断仪诊断头接入车辆 OBD 接口,如选择不符时,检测结果不合格;在读取 OBD 数据时,界面显示出读取出来的 OBD 数据信息。

OBD 数据信息分为七类：车辆信息、OBD 信息、故障代码、就绪状态、IUPR 数据、实时数据流、冻结帧数据。检测未发现故障时，表明已到达检查记录内容及结果界面，如发现故障时，再进行复检，最后 OBD 系统检测完成并生成检测报告，如图 4-18b)所示。

2)主要功能与技术要求

汽车故障电脑诊断仪产品执行交通运输行业标准《汽车故障电脑诊断仪》（JT/T 632—2018）。

汽车故障电脑诊断仪的主要功能包括读取故障代码和清除故障代码，特殊测试功能还包括动态数据流测试、执行器测试、功能设置、快速学习（自适应）数据记录和动态波形显示等。

（1）读取故障代码。可将存储在车用电脑中的故障代码和含义显示在屏幕上，以便阅读。

（2）清除故障代码。利用诊断仪，通过简单的操作即可清除存储在车用电脑上的故障代码。

（3）数据流测试。利用诊断仪可对传感器和执行器的动态参数进行实时监测。例如发动机转速、节气门开度、喷油脉冲宽度、点火提前角、车速以及发动机怠速开关、空调开关、继电器、变速器挡位状态等。

（4）动作元件测试。利用诊断仪可通过车用电脑向执行元件发出指令，并执行相应动作。例如，喷油器喷油、节气门打开、散热器风扇运转等。

（5）系统匹配。利用诊断仪可对汽车电子控制系统进行基本调整和设置。例如，发动机的怠速设定、节气门开度的初始化、匹配钥匙等。

（6）电脑编码。诊断仪的编码功能随测试软件的版本而异，也随被测车系和年款不同而不同，有的能检测几个系统，有的能检测一个系统。

（7）其他功能。某些诊断仪具有万用表、示波器、汽车维修数据库、打印输出和网络升级等。

3)电源适应性要求

（1）使用直流供电的诊断仪，电源额定电压为 12V 时，应能在 9 ～ 16V 直流电源条件下正常工作。当电源额定电压为 24V 时，应能在 18 ～ 32V 直流电源条件下正常工作。

（2）使用交流供电的诊断仪，应能在电压 220V±22V，频率 50Hz±1Hz 条件下正常工作。

2. 诊断接头与通信协议

汽车故障电脑诊断仪的诊断接头与通信协议通过 CAN、LIN 通信模块可以实现与车载内各电子控制装置 ECU 之间的对话，传送故障代码以及发动机的状态信息。因此，需要统一汽车故障电脑诊断仪的诊断接头与通信协议，并与国际接轨。

1)诊断接头

诊断接头是指汽车故障电脑诊断仪与汽车数据链路连接器（DLC）连接的部分。诊断仪应至少配备符合《诊断连接器》（SAE J1962）要求的诊断接头。符合 SAE J1962 的诊断接头的引脚定义应满足图 4-19 和表 4-5 的要求。

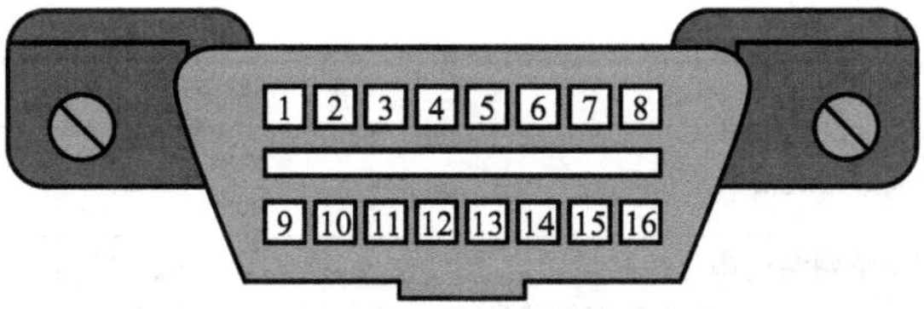

图 4-19 SAE J1962 诊断接头(OBD-II DLC16)引脚定义示意

符合 SAE J1962 的诊断接头的引脚定义 表 4-5

引脚号	常规定义
1	保留,由汽车制造商定义
2	SAE J1850（B 类数据通信网络接口)的 BUS+ 信号线
3	保留,由汽车制造商定义
4	车身搭铁
5	信号地
6	ISO 15765-4［道路车辆　控制器局域网络的诊断通信（DoCAN）　第 4 部分:排放相关系统的要求］的 CAN_H 信号线
7	ISO 9141-2（道路车辆　诊断系统　第 2 部分:数字信息交换的 CARB 要求） ISO 14230-4（道路车辆　诊断系统　关键词协议 2000　第 4 部分:相关排放系统的要求)的 K 线
8	保留,由汽车制造商定义
9	保留,由汽车制造商定义
10	SAE J1850（B 类数据通信网络接口)的 BUS- 信号线
11	保留,由汽车制造商定义
12	保留,由汽车制造商定义
13	保留,由汽车制造商定义
14	ISO 15765-4［道路车辆　控制器局域网络的诊断通信（DoCAN）　第 4 部分:排放相关系统的要求］的 CAN_L 信号线
15	ISO 9141-2（道路车辆　诊断系统　第 2 部分:数字信息交换的 CARB 要求）; ISO 14230-4（道路车辆　诊断系统　关键词协议 2000　第 4 部分:相关排放系统的要求)的 L 线
16	蓄电池电压

2)通信协议

诊断仪通信协议应具备将检测、诊断等数据和结果输出的功能以及查询与显示汽车检测诊断相关技术信息的功能。具体性能要求应满足表 4-6 的规定。

通信协议类型和指标 表 4-6

序号	通信协议类型	指标
1	ISO 9141 SAE J1978 通信协议	道路车辆　诊断系统:对数字信息交换的要求;数字信息交换的 CARB 要求;车辆和 OBD-Ⅱ扫描工具之间的通信验证
2	ISO 14230 通信协议	道路车辆　K-Line（DoK-Line)诊断系统:物理层;数据链路层 道路车辆　诊断系统　关键词协议 2000:应用层;相关排放系统的要求
3	ISO 15031 通信协议	道路车辆　车辆和外部设备之间的排放相关诊断通信:一般信息与使用实例定义;术语、定义、缩写词和首字母缩略语导则;诊断连接器和相关电路的规范及使用;外部测试设备;排放相关的诊断服务;故障诊断编码定义;数据链路安全性
4	ISO 15765 通信协议	道路车辆　控制器局域网络的诊断通信（DoCAN）:一般信息和用例定义;传输协议和网络层服务;排放相关系统的要求 道路车辆　控制器局域网络的诊断(CAN）:统一标准诊断服务的实施

续上表

序号	通信协议类型	指标
5	SAE J1850 通信协议	B 类数据通信网络接口
6	ISO 27145 SAE J1939 通信协议	重型车辆网络的串行控制与通信：顶层文件；物理层——250kbps，屏蔽双绞线；非车载诊断连接器；物理层——250kbps，非屏蔽双绞线（UTP）；波特率自动检测过程；数据链路层；网络层；车辆应用层；应用层——诊断；网络管理；遵循协议；重型组件和车辆的 OBD 通信符合性测试案例

3. 选配与使用

营运车辆检验检测规定：装有 OBD 的车辆不应有与发动机排放控制系统、ABS 和 EPS 及其他与行车安全相关的故障信息。因此，除满足汽车排放检测要求外，从事营运车辆检测和技术等级评定时，还需要对这些项目进行诊断和检测。在选配汽车故障电脑诊断仪时，应注意以下几点：

（1）选配通用型。为使用方便起见，可选用柴 / 汽油发动机功能通用版。

（2）具有 OBD 检测诊断、故障排除、故障存储功能。

（3）车型数据库完备，车型覆盖广泛，更新及时。

（4）车辆系统支持全面，至少能读取发动机排放控制系统、ABS 和 EPS 及其他与行车安全相关的故障信息。

（5）侧重读取和清除故障码功能。

4. 日常维护

（1）及时进行升级维护，通过无线连接网络实现机器的正常升级，配有升级视频。

（2）使用后，确保机器处于关机状态，并把配件接头放入安全的工具箱内。

（3）注意保持仪器的清洁度，定期检查电池容量。

（4）在接入设备启动发动机前，确认被检车辆在空挡位置。

（5）远离火源和电磁、振动、潮湿环境。

第四节 汽车底盘部件检查

按照机动车运行安全技术条件以及营运车辆检验要求，对大型客车、中重型货车及专项作业车、货车列车（挂车）进行人工检查时，应借助汽车悬架转向系统间隙检查仪、检验锤等辅助设备工具，利用地沟等设施，对汽车底盘的转向系统、传动系统、行驶系统、制动系统及其他可看到、触摸到的部件、配合间隙等进行检查（检视），及时发现存在的故障与安全隐患，确保汽车行驶安全。

一、汽车底盘部件检查项目

汽车底盘部件检查时，被检车辆应停放在地沟上方的指定位置，由车辆检测引车员与底盘部件检验员配合进行。其检查项目及要求如下：

1. 转向系统部件

转向系统部件满足以下要求：

（1）各部件不应松动、变形、开裂。

（2）横、直拉杆和球销总成不应有拼焊、损伤、松旷、严重磨损等情况。

（3）转向节臂、转向球销总成等连接部位不应松旷。

（4）转向过程中不应有干涉或摩擦现象。

（5）转向器、转向油泵、转向油管等不应有漏油现象。

2. 传动系统部件

传动系统部件应满足以下要求：

（1）变速器等部件应连接可靠，不应有漏油现象。

（2）传动轴、万向节及中间轴承和支架不应有可视的裂损和松旷现象。

3. 行驶系统部件

行驶系统部件应满足以下要求：

（1）车桥不应有可视的裂纹、损伤及变形。

（2）车架纵梁、横梁不应有明显变形、损伤，铆钉、螺栓不应缺少或松动。

（3）钢板吊耳及销不应松旷，中心螺栓、U 形螺栓螺母应齐全紧固、不松旷。

（4）车桥与悬架之间的拉杆和导杆不应松旷和移位，减振器不应漏油，杆衬套不应出现开裂、与销轴分离等现象。

（5）空气悬架的控制管路和空气弹簧不应漏气，空气弹簧不应有可视的裂损。

4. 制动系统部件

制动系统部件应满足以下要求：

（1）制动系统应无擅自改动，不应从制动系统获取气源作为加装装置的动力源。

（2）制动主缸、轮缸、管路等不应漏气、漏油，制动软管不应有明显老化、开裂、被压扁、鼓包等现象。

（3）制动系管路与其他部件无摩擦和固定松动现象。

5. 其他相关部件

其他相关部件应满足以下要求：

（1）发动机的固定应可靠。

（2）排气管、消声器应安装牢固、不应有漏气现象，客车排气管、危险货物运输车辆的排气管（口）及导静电橡胶拖地带的布置与安装符合规定。

（3）电器导线应布置整齐、捆扎成束、固定卡紧，并无破损现象。

（4）燃料箱应固定可靠、不漏油；燃料管路不应有明显老化，与其他部件不应有碰擦。

（5）承载式车身底部应完整，不应有影响车身强度的变形和破损。

（6）轮胎内侧不应有不规则磨损、割伤、腐蚀。

二、汽车悬架转向系统间隙检查仪

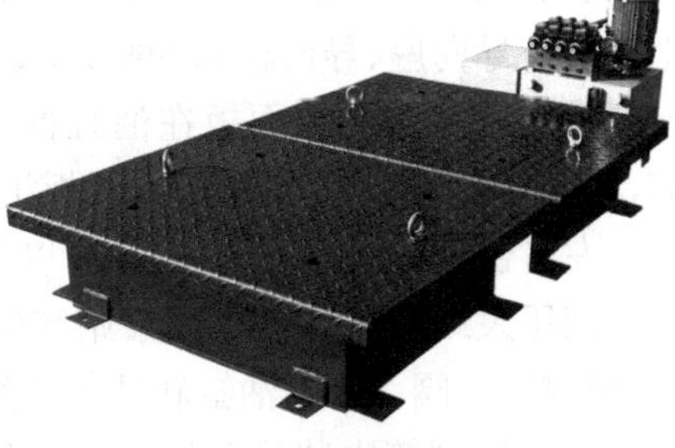

图 4-20　底盘间隙仪

汽车悬架转向系统间隙检查仪，又称汽车底盘间隙检查仪（简称底盘间隙仪，见图 4-20），是一种辅助底盘间隙动态检查的装置和工具，而非计量检测设备。底盘间隙仪可使位于其上的汽车左、右转向车轮以不同的方向移动，结合人工检查，用于快速检测诊断转向系统及悬架系统等相配零部件之间的间隙及安全隐患并予以排除，从而保证车辆的安全运行。

1. 基本功能

底盘间隙检查仪，一般安装在地沟两侧用来辅助人工检测汽车底盘各零件、总成部分间隙是否合适，底盘间隙仪只提供一个平台让轮胎可以左右、前后移动，在移动过程中检验员靠目测或其他手动工具检测底盘转向系统、悬架系统等零部件是否安装间隙合理，车辆在长期使用过程中某些零件由于长期磨损变形，可能导致间隙增加，会加剧磨损，为此通过对底盘间隙检查可对某些零件进行重新装配或者调整、维修。

2. 结构与工作原理

1）结构组成

汽车底盘间隙检查仪基本结构如图4-21所示。结构由滑动平台和液压泵站系统及其电气控制系统所组成。

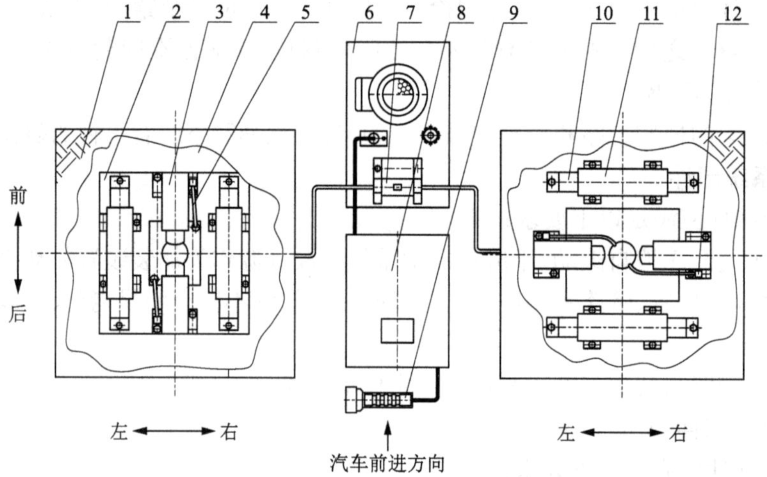

图4-21　汽车悬架转向系间隙检查仪结构示意图

1-台面板；2-滑动板；3-油缸；4-底板；5-油管；6-液压管；7-电磁换向阀；8-电气箱；9-手动控制盒；10-导向柱；11-导向座；12-油管接头

台面板底框安装在地基上，用地脚螺栓紧固，导向座安装在底框上，导向柱在导向座中滑动，右台面板安装在导向柱上，油缸安装在底框上，油缸在液压传动油的作用下，推动台面板左右运动，这是右边总成。左边总成的底层与右边总成结构相同，在底层上增设了滑动板。它装在底层的导向柱上，该滑动板在油缸的推动下，使台面板左右方向运动。在滑动板上安装有导向座、导向柱和油缸，安装方向与底层安装方向垂直。左台面板安装在滑动板的导向柱上，因此，左台面板在油缸推力作用下，还能做前后方向的运动，即左滑板机构可沿前、后、左、右四个方向移动；右滑板机构可沿前、后两个方向移动。

左右台面板的运动速度相同，以便检验人员的观察和判定间隙。

液压泵站系统包括液压泵站和电气控制箱。液压泵站由电动机、齿轮泵、溢流阀、压力表、电磁换向阀、油箱、油缸和油管等组成。

电气控制箱内装控制板、接触器，用于控制油泵电机的运转和控制滑板的工作台面移动；控制箱右侧面为电源总开关，控制电源通断。

2）工作原理

底盘间隙仪通过电控按钮，将控制信号发送到工作泵站，工作泵站的液压系统通过电机、油泵、电磁阀和油缸等，产生一定的工作压力，使左、右滑板油缸动作，从而推动左、右滑板横向或纵向运动，以带动车轮的运动。通过手持光源（如手电筒）的光线，检验员可清晰地观察车辆转向系统及悬架系统的状态，从而完成汽车底盘部件和其他间隙的检查。

3. 主要技术要求

产品制造执行标准：交通运输行业标准《汽车悬架转向系间隙检查仪》（JT/T 633—2005），主要性能要求如下：

（1）每边台面板最大单向位移量 20 ～ 50mm。

（2）每边台面板总位移量 40 ～ 100mm，滑板移动速度 20 ～ 30mm/s。

（3）单侧台面板推力不小于 20 ～ 40kN。

（4）液压系统工作正常、无异响、无漏油现象。

（5）液压站工作压力：9 ～ 12MPa。

（6）最大承载质量：13000kg。

4. 使用与日常维护

1）使用注意事项

（1）使用前需检查油路管道和电路导线是否完好，以保证使用中的安全。

（2）不允许超过额定载荷的车辆驶入设备，以防止压坏或损伤易损机件。

（3）被检车辆车轮不得夹带任何石子及硬物、油污及杂物。

（4）被检车辆以低于 5km/h 的速度直线平稳到达底盘间隙仪，确保转向轮停留在两组滑板中央位置，禁止在台面滑板上紧急制动。检查结束后，两滑板必须回到原位置。

（5）每天使用完毕后，应断掉所有动力电源，以避免因长时间通电而造成设备损坏。

2）日常维护

底盘间隙仪是一个由电磁阀控制的液压系统，在使用过程中应认真做好日常维护。

（1）底盘间隙仪的泵站和控制设备应布置安装在便于操作和维护的地方。

（2）新设备使用 6 个月以后，每 12 个月更换一次液压油，并清洗滤油器及溢流阀，清除铁屑、杂质等异物，严禁油路内进入异物。

（3）做好清洁维护工作。保持外部环境清洁，防止杂物、油、水等进入台板和滑板内。

（4）维护、调试后油管路中若进入空气应排除。同时，检查压力表的指示压力，若不符合规定应调整。

（5）定期检查油缸、油管及接头、阀体等各部件是否渗漏；定期检查液面高度并及时添加液压油；定期清洗过滤器。

（6）不得随意拆卸滑板机的滑板，禁止拆卸滑板机内部配件。

第五章
营运车辆安全性能与检测设备

汽车安全性能包括主动安全和被动安全两个方面，在采用设备检测时，主要检测车辆的主动安全性能，营运车辆安全性能检测主要包括制动性能、转向轮横向侧滑量、车速表校验、前照灯性能以及规定的客运车辆悬架特性等项目。使用符合标准要求的检验检测设备，按照规定的检测方法进行检测、技术等级评定，才能保证检测结果的规范性、公正性和准确性。

第一节 汽车制动性能与检测设备

在用汽车制动性能检测有路试法和台试法。台试法检测制动性能经济、安全、快捷、重复性好,不受外界环境条件限制,能定量测得各轴(轮)的制动全过程,有利于分析轴制动力及轮制动力的平衡状态、制动协调时间等参数,并为制动系统故障诊断提供可靠依据,所以台试法已成为在用汽车制动性能检测与诊断的发展方向,在国内外得到广泛应用。对于部分无法在制动检验台检测的车辆,以及对台式制动性能检验结果有质疑的汽车,应采用路试检验制动性能。

一、汽车制动性能与检测评价指标

1. 汽车制动系统检查要求

制动系统是汽车最重要的主动安全装置,由制动缸及气(油)路、储气筒、制动踏板等多个部件组成。在营运车辆的各个系统或总成中,制动系统是保证车辆运行安全的关键要素,在车辆检验时应首先进行制动系统检查,此项检查通过后,再按符合规定的操纵力进行性能检测。

1)制动系统分类

汽车制动时,制动介质传递制动动力源的压力、制动执行机构完成制动。按制动系统介质不同,制动系统分为气压制动和液压制动,基本结构原理如图 5-1、图 5-2 所示。

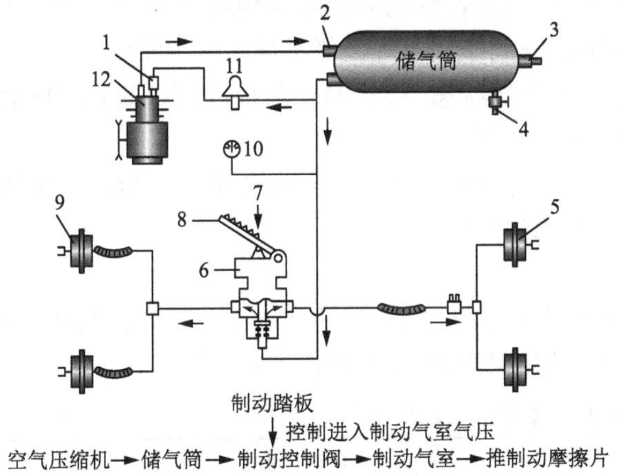

图 5-1 气压制动系统示意图

1- 卸荷阀;2- 单向阀;3- 安全阀;4- 油水放出阀;5- 前制动室;6- 制动控制阀;7- 制动踏板;8- 制动开关;9- 前制动室;10- 气压表;11- 调压器;12- 空气压缩机

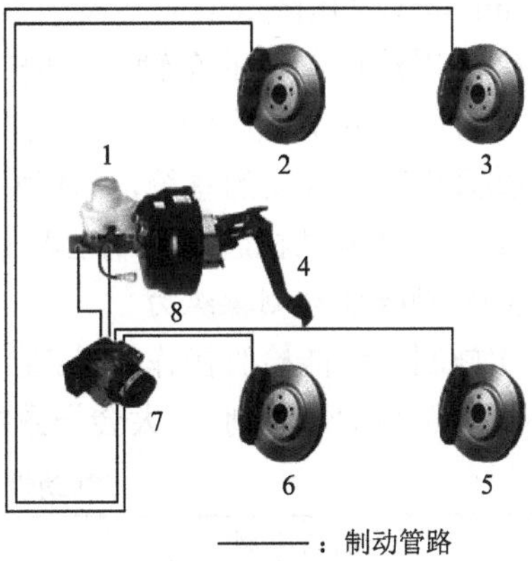

图 5-2 液压制动系统示意图

1- 制动主缸及储液罐;2- 右前轮制动;3- 右后轮制动;4- 制动踏板;5- 左后轮制动;6- 左前轮制动;7-ABS 泵;8- 真空助力器

2)营运车辆制动系统检查项目与要求

(1)行车制动。

①制动管路。

制动管路稳固，转向及行驶时，金属管路及软管不应与车身或底盘产生运动干涉。

②制动缸及气（油）路。

制动缸及气（油）路应符合以下要求：

A. 制动主缸、制动轮缸、各类阀门及制动管路无漏气、漏油现象。

B. 制动金属管及软管无弯折、磨损、凸起和扁平等现象，接头处的连接可靠。

C. 液压制动助力系统的真空软管不应有磨损、折痕和破裂，接头处的连接可靠。

③制动报警装置。

气压制动系统的低气压报警装置工作正常，制动系统故障报警装置无报警信号输出。

④弹簧储能装置。

装有弹簧储能制动器的气压制动车辆，弹簧气室气压低时，弹簧储能制动器自锁装置应有效。

⑤储气筒。

储气筒安装稳固，不应有锈蚀、变形等损伤，储气筒排污（水）阀畅通。

⑥制动踏板。

制动踏板无破裂或损坏，防滑面无磨光现象。

（2）驻车制动。

驻车制动装置机件齐全完好，操纵灵活有效，拉杆无过度摇晃现象。

（3）制动系统密封性要求。

①采用气压制动的车辆，当气压升至 750kPa 时，空气压缩机停止运转 3min，其气压降低值应不大于 10kPa。

在气压 750kPa 的情况下，空气压缩机停止运转，将制动踏板踩到底，待气压值稳定后观察 3min，单车气压降低值应不大于 20kPa；汽车列车气压降低值不得超过 30kPa。

②采用液压制动的车辆，发动机在怠速运转状态下，将制动踏板踩下，保持 700N 的踏板力并持续 1min，踏板不应有缓慢向前移动的现象。

③采用真空辅助的系统，当残留的真空耗尽且在制动踏板上持续施加 220N（乘用车为 110N）的力，在发动机起动时制动踏板应轻微地下降。

3）制动性能检测操纵力

实施制动性能检验操作时，应适当控制制动操纵力，并符合表 5-1 的规定。制动操纵力过小会引起制动性误判、过大会导致操纵力超标而须重新检测。

制动性能检验时规定的制动操纵力 表 5-1

制动类型			操纵力限值
行车制动	气压制动	空载检验	气压表指示气压应不大于 600kPa
		满载检验	气压表指示气压应不大于额定工作气压
	液压制动	空载检验	乘用车不大于 400N，其他机动车不大于 450N
		满载检验	乘用车不大于 500N，其他机动车不大于 700N
驻车制动	手操纵		乘用车不大于 400N，客车、货车不大于 600N
	脚操纵		乘用车不大于 500N，客车、货车不大于 700N

2. 汽车制动性能指标

检测车辆制动性能可在制动器“冷态”和“热态”等不同的情况下进行。“冷态”一般是指制动器温度不超过100℃时进行的车辆制动试验测量。而在车辆高速制动、短时间重复制动或下长坡连续制动时，制动器的温度很高，出现热衰退现象，测量车辆的制动性能，即制动抗热衰退性，此时视为“热态”试验，一般抗热衰退性能试验在汽车定型试验时进行。对在用营运车辆采用“冷态”检测车辆的制动性能。

1）汽车制动过程

制动效能是指车辆在行驶中能强制地减速以致停车或下长坡时维持一定速度的能力。评价制动效能的指标有制动距离、制动减速度、制动力和制动时间。

为了更好地理解制动效能的评价指标，需对车辆的制动过程进行分析。图5-3是根据实测的汽车制动过程中的制动减速度j_a随制动时间t的变化而绘制的理想的制动减速度随制动时间变化的曲线。

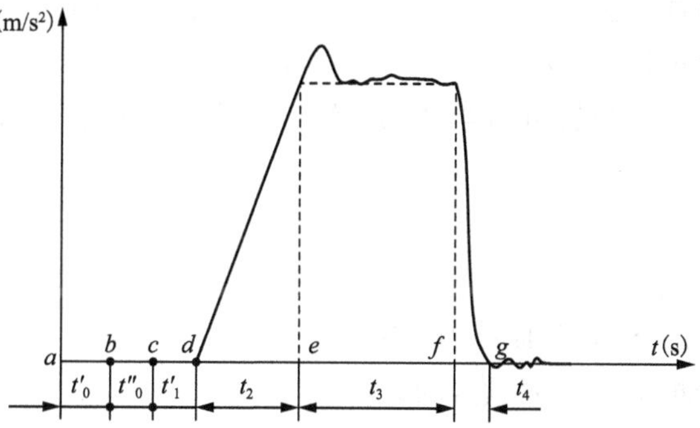

图5-3 制动减速度随时间变化的曲线

当驾驶员接收到需进行紧急制动的信号时（即图5-3中的a点），并没有立即采取行动，而要经过t_0' s后才意识到应进行紧急制动，从b点移动右脚，经过t_0''s后到c点，开始踩制动踏板。从a点到c点的时间($t_0'+t_0''$)称为驾驶员的制动反应时间。

到c点后，驾驶员踩下制动踏板，踏板力迅速增加以致达到最大值。但由于制动踏板有一定的自由行程，而且要克服制动蹄摩擦片复位弹簧的拉力，所以要经过t_1 s后到达d点，这时制动器才开始产生制动作用，使汽车开始减速。这段时间t_1称为制动系的反应时间。

由d点到e点是制动器的制动力的增长过程，车辆从开始产生减速度到最大稳定减速度所需要的时间t_2，一般称为制动减速度（或制动力）上升时间。

从e点到f点为持续制动时间t_3，此间制动减速度基本不变或变化很小。

到f点时，制动减速度开始消减到g，但制动解除还需要一段时间t_4。这段时间可称为制动释放时间。

综上所述，制动的全过程包括驾驶员发现信号后作出行动的反应、制动器开始起作用、持续制动和制动释放四个阶段。而驾驶员的反应时间只与驾驶员自身有关，与车辆无关。在检验车辆时，可暂不考虑。驾驶员松开制动踏板后，制动释放时间t_4对下次起步行车会带来影响，而对本次制动过程没有影响，所以，在评价制动性能时，可着重计算从驾驶员踏着制动踏板开始到车辆停住这段时间($t_1+t_2+t_3$)内车辆的制动过程。

2）制动距离

制动距离是指车辆在一定的速度下制动，从脚接触制动踏板（或手触动制动手柄）时起至车辆停住时为止，车辆驶过的距离。包括了制动系统反应时间 t_1、制动减速度上升时间 t_2 和以最大稳定减速度持续制动的时间 t_3 内经过的全过程车辆行驶的距离。

制动距离是反映车辆制动效能的比较简单而又直观的指标。车辆制动系统调整的好坏，制动系统反应时间的长短，制动力上升的快慢及制动力使车辆产生减速度的大小等，均包含在这一指标中。它是较为综合直观的制动性能指标，为大多数国家评价制动性能所采用。

3）制动减速度

制动减速度按测试、取值和计算的方法不同，可分为制动稳定减速度和充分发出的平均减速度。

（1）制动稳定减速度 j_a（m/s^2）。

采用路试法，根据制动减速度仪测取的制动减速度随时间的变化曲线（图 5-3），取其最大稳定值 t_3 范围对应的稳定减速度值为制动稳定减速度，以 j_a 表示。

假设脱开发动机进行制动，并且车辆的各轮同时制动到全滑移状态，根据制动平衡方程式，则有：

$$F_\mu = F_{ja} \tag{5-1}$$

式中：F_μ——制动力，N；

F_{ja}——在制动状态下，车辆惯性力，N。

由于车轮同时制动到全滑移状态，因此：

$$F_\mu = \varphi \times G \tag{5-2}$$

由于 $F_{ja}=mj_a$、$G=mg$，可得：$mj_a=\varphi \times mg$ 即：

$$j_a = \varphi \times g \tag{5-3}$$

式中：j_a——车辆的制动稳定减速度，m/s^2；

φ——轮胎与路面间附着系数；

G——车辆总重量，N；

m——车辆总质量，kg；

g——重力加速度，$9.8m/s^2$。

因此，当汽车制动到全滑移状态时，制动稳定减速度等于路面的附着系数 φ 和重力加速度 g 的乘积。

（2）充分发出的平均减速度。

采用路试法，充分发出的平均减速度 MFDD 是指，车辆制动试验中用速度计测得从 V_b 到 V_e 速度间隔车辆驶过的距离，并根据下列公式计算的平均减速度：

$$\text{MFDD} = \frac{V_b^2 - V_e^2}{25.92(S_e - S_b)} \tag{5-4}$$

式中：MFDD——充分发出的平均减速度，m/s^2；

V_b——车辆的速度为 $0.8V_0$，km/h；

V_e——车辆的速度为 $0.1V_0$，km/h；

V_0——制动初速度，km/h；

S_b——在速度 V_0 和 V_b 之间车辆驶过的距离，m；

S_e——在速度 V_0 和 V_e 之间车辆驶过的距离，m。

当制动过程比较平稳，制动减速度相对稳定时，也可以认为充分发出的平均减速度MFDD是采样时段的平均减速度，即为：

$$\text{MFDD}= V_b - V_e /(3.6t_{be}) \tag{5-5}$$

式中：t_{be}——汽车速度由 V_b 降低至 V_e 所用的时间，s。

上式中的速度和距离应采用速度精度为 ±1% 的仪器进行测量。充分发出的平均减速度 MFDD 亦可用其他方法来确定，无论用哪种方法，MFDD 的测试误差应在 ±3% 以内。

4）制动力

车辆在行驶中，能强制地减速以致停车，最关键的因素是制动器所产生的摩擦阻力，也就是制动力。因此，“制动力”这个参数从本质上是评价制动性能的主要指标。

当车轮同时制动到全滑移状态时，制动力 F_μ 与制动减速度 j_a 的关系如式（5-6）所示：

$$F_\mu=F_{ja} = mj_a = G/g \times j_a \tag{5-6}$$

因此：

$$j_a=F_\mu \times g/G \tag{5-7}$$

式中：F_μ——制动力，N；

F_{ja}——在制动状态下，车辆惯性力，N；

j_a——车辆的制动稳定减速度，m/s²；

G——车辆总重量，N；

m——车辆总质量，kg；

g——重力加速度，9.8m/s²。

从式(5-7)可以看出，制动减速度是随制动力的增加而增大的。

用制动力这一指标来评价车辆的制动性能，不仅可以规定整车制动力的大小，而且可对前、后轴制动力的合理分配及每轴车轮制动力不平衡提出要求，从而保证车辆各轮制动良好和制动稳定性，并且使各轮的附着质量得到合理的发挥。

5）制动时间

从图 5-3 可以看出，用测量制动系统反应时间 t_1、制动减速度上升时间 t_2 和在最大减速度下持续制动时间 t_3、制动释放时间 t_4 也可以评价车辆制动性能的好坏，其中主要是持续制动时间 t_3。但制动系统的反应时间 t_1 和制动减速度上升时间 t_2，也就是制动协调时间（t_1+t_2）对制动距离的影响也是不可忽视的。制动系统反应时间 t_1 的长短可反映出制动系调整的状况，特别是制动踏板自由行程调整是否合适。制动力（或制动减速度）上升时间 t_2 可以反映出制动力（或制动减速度）上升快慢，从而间接地反映出制动性能的优劣。制动释放是时间

t_4 可以反映出从松开制动踏板到制动完全消除所需要的时间，从而看出制动释放是否满足使用要求。

制动时间是一个间接评价制动性能的指标，一般很少将它作为一个单独的参数来评价车辆的制动性能，但是它作为一个辅助的评价指标，有时还是不可缺少的，一般采用整车制动协调时间来评价。

6）制动稳定性

汽车在制动过程中有时会出现制动跑偏、侧滑而使汽车失去控制离开原来的行驶方向，甚至发生驶入对方车辆行驶轨道、冲下沟或滑下山坡等的危险情况。一般汽车在制动过程中维持直线行驶的能力或按预定弯道行驶的能力称为制动时稳定性。

制动稳定性通常用制动时按给定轨迹行驶的能力来评价，即按汽车制动时维持直线行驶或预定弯道行驶的能力来评价。路试检验法通常通过在一定的速度下制动时，不偏离规定的试车通道来评价。

在台试检验汽车的制动性能时，通常用汽车各轴左、右轮制动力的差（或制动不平衡率）来评价汽车的制动稳定性，车辆的制动稳定性差主要表现为“制动跑偏”和“车轮侧滑”。

3. 营运车辆制动性能检测评价指标

营运车辆制动性能采用台架检验和路试检验两种方法。

台架检验采用滚筒反力式制动检验台或平板式制动检验台检验，并根据所检验车辆的轴荷选择相应承载能力的制动检验台，对于前轮驱动的乘用车更适合采用平板式制动检验台检验制动性能。对于部分无法在制动检验台检测的车辆，以及对台式制动性能检验结果有质疑的汽车，采用路试检验制动性能。

1）台架检验法

（1）行车制动性能检测。

①检验项目与要求。

A. 最大行车制动力：为测得的汽车及列车各轴最大制动力之和。

B. 整车制动率：为测得各车轮的最大制动力之和与整车重量（各轴静态轴荷之和）的百分比。

C. 轴制动率：为测得的同轴左、右车轮最大制动力之和与该轴静（动）态轴荷的百分比。

采用平板制动检验台检验时，对小（微）型载客汽车、总质量小于或等于 3500kg 的其他汽车，轴荷取左、右轮制动力最大时刻所分别对应的左、右轮动态轮荷之和。

D. 制动不平衡率：在制动力增长全过程中同时测得的左、右轮制动力差的最大值，与全过程中测得的该轴左、右车轮最大制动力值中大者（当后轴制动力小于该轴荷的 60% 时，为该轴静态轴荷）之比。

整车制动率、轴制动率和制动不平衡率应符合表 5-2 的要求。对于三轴及三轴以上的货车，总质量大于 3500kg 的并装双轴及并装三轴的挂车，计算空载轴制动率和轴制动不平衡率时，静态轴荷取滚筒反力式制动检验台检测得到的空载轴荷；计算整车制动率、驻车制动率时，取轴（轮）重仪测得的各轴静态轮（轴）荷之和。

E. 整车制动协调时间：从触动制动踏板至所有车轮同时刻的制动力之和达到表 5-2 规定的整车制动力值的 75% 所需的时间。

台架检验制动性能要求　　表 5-2

<table>
<tr><th colspan="2" rowspan="2">车辆类型</th><th colspan="2">整车制动率(%)</th><th colspan="2">轴制动率(%)</th><th rowspan="2">制动不平衡率(%)</th></tr>
<tr><th>空载</th><th>满载</th><th>前轴①</th><th>后轴①</th></tr>
<tr><td colspan="2">M_1 类乘用车</td><td>≥ 60</td><td>≥ 50</td><td>≥ 60②</td><td>≥ 20②</td><td rowspan="7">前轴≤ 24
后轴≤ 30 或 10④</td></tr>
<tr><td colspan="2">M_2、M_3 类客车</td><td>≥ 60</td><td>≥ 50</td><td>≥ 60②</td><td>≥ 50③</td></tr>
<tr><td colspan="2">N_1 类货车</td><td>≥ 60</td><td>≥ 50</td><td>≥ 60②</td><td>≥ 20②</td></tr>
<tr><td colspan="2">N_2、N_3 类货车</td><td>≥ 60</td><td>≥ 50</td><td>≥ 60②</td><td>≥ 50③</td></tr>
<tr><td colspan="2">牵引车</td><td>≥ 60</td><td>≥ 50</td><td>≥ 60</td><td>≥ 50</td></tr>
<tr><td rowspan="2">O_3、O_4 类挂车</td><td>全挂车</td><td>—</td><td>—</td><td>≥ 55⑤</td><td>≥ 55⑤</td></tr>
<tr><td>半挂车</td><td>—</td><td>—</td><td>—</td><td>≥ 55⑤</td></tr>
</table>

注：①前轴是指位于机动车（单车）纵向中心线中心位置以前的轴，除前轴之外的其他轴均为后轴；第二转向桥视为前轴；挂车的所有车轴均视为后轴；

②空载和满载状态下测试均应满足此要求；

③满载测试时不做要求，空载用平板制动检验台检验时应大于或等于 35%；总质量大于 3500kg 的客车，空载用滚筒反力式制动检验台检验时应大于或等于 40%，用平板制动检验台检验时应大于或等于 30%；

④对于后轴，当轴制动率大于或等于该轴轴荷 60% 时，不平衡率不大于 30%；当轴制动率小于该轴轴荷 60% 时，不平衡率不大于 10%；

⑤满载状态下测试时应大于或等于 45%。

制动协调时间对液压制动的汽车不应大于 0.35s，对气压制动的汽车不应大于 0.60s，对汽车列车不应大于 0.80s。

F. 车轮阻滞率。

车轮阻滞力过大是汽车制动器常见的故障，一般是更换车轮轴承、制动摩擦材料或间隙调整不当所致。过大的车轮阻滞力，会使车辆行驶阻力增加，引起制动器过热，加快制动热衰退，制动蹄摩擦片烧蚀，降低车辆制动性能，不利于车辆安全运行。车轮阻滞力的检验在滚筒反力式制动检验台上与行车制动同步进行，先检测同轴车轮阻滞力，再检测该轴的行车制动和驻车制动。

车轮阻滞率是测取的车轮阻滞力与静态轴荷的百分比，对于多轴及并装轴车辆，由于滚筒反力式制动检验台的副滚筒上母线与地面水平面存在高度差，故静态轴荷采用复合式轴重仪测取。

采用滚筒制动台检验制动力时，营运车辆各车轮的阻滞力均不应大于车轮所在轴静态轴荷的 3.5%。

G. 货车列车制动时序。

货车列车制动时序是货车列车各轴产生制动动作的时间次序。以制动踏板开关的触发时刻为起始时标，计算货车列车各轴制动力分别达到静态轴荷的 5% 的时间及时间差。

货车列车的制动时序应满足：挂车各轴的制动动作不应滞后于牵引车各轴的制动动作，货车列车的制动协调时间不大于 0.80s。

H. 货车列车制动力分配。货车列车制动力的分配应满足：牵引车（挂车）整车制动力与货车列车整车制动力的比值不应小于牵引车（挂车）质量与汽车列车质量比值的 90%，也即牵引车(挂车)的整车制动率不应小于货车列车整车制动率的 90%。

②台架加载制动检验。

为有效地解决半挂牵引车、重型货车等多轴车辆“重载使用、空载检测”的不匹配问题，参照国外的成功经验，宜采用加载（或满载）方式检验制动性能，此时所加载荷应计入轴和整车质量。加载至满载时，整车制动力百分比应按满载检验考核；若未加载至满载，则整车制动力百分比应根据轴荷按满载检验和空载检验的加权值考核，也就是说，要根据加载的程度确定整车制动力的要求。多轴车的典型结构如图 5-4、图 5-5 所示。

图 5-4　双转向轴（四轴）货车

图 5-5　并装三轴挂车

对于三轴及三轴以上的多轴货车，加载制动检验应采用具有举升加载功能的滚筒反力式制动检验台进行检验，通过举升台体对测试轴加载，举升至副滚筒上母线离地 100 ～ 200mm（或轴荷达到 11500kg）时分别测试、计算加载轴制动率和加载轴不平衡率。对于三轴及三轴以上的多轴货车，加载轴的轴制动率应大于或等于 50%，对于总质量大于 3500kg 的并装双轴、并装三轴挂车，加载轴的轴制动率应大于或等于 45%，加载轴制动不平衡率应符合表 5-2 的要求。

（2）驻车制动率检验。

驻车制动率为测得的驻车制动轴的最大驻车制动力之和与该车整车重量（各轴静态轴荷之和）的百分比。

台架检验时，在空载状态下，乘坐一名驾驶员，驻车制动力的总和不应小于测取的整车质量的 20%，总质量为整备质量 1.2 倍以下的车辆应不小于 15%，如果是多轴驻车制动的车辆，应分别测出各制动轴的驻车制动力，并取其之和作为该车的驻车制动力，用作判定被检车辆的驻车制动力是否合格的依据。

2）路试检验法

（1）行车制动性能检验项目与要求。

试验检测应在纵向坡度不大于 1%、轮胎与地面间的附着系数不小于 0.7 的硬实、清洁、干燥的水泥或沥青路面上进行。

试验通道应设置标线，标线的宽度：乘用车、总质量不大于 3500kg 的车辆为 2.5m，货车列车及其他车辆为 3m。

①制动距离。

在规定的初速度下急踩制动时，从脚接触制动踏板（或手触动制动手柄）时起至汽车完全停止时汽车驶过的距离。

②制动稳定性。

在制动过程中汽车的任何部位（不计入车宽的部位除外）不允许超出规定宽度的试验通

道的边缘线。当受检车辆的宽度超出 2.5m 时，按受检车型宽度 +0.5m 的通道宽度来判定。

路试检验制动距离和制动稳定性应符合表 5-3 的要求。

路试检验制动距离和制动稳定性 表 5-3

车辆类型	制动初速度(km/h)	空载制动距离(m)	满载制动距离(m)	试验通道宽度①(m)
M_1 类乘用车	50	≤ 19.0	≤ 20.0	2.5
N_1 类货车	50	≤ 21.0	≤ 22.0	2.5
M_2、M_3 类客车，N_2、N_3 类货车(含半挂牵引车)	30	≤ 9.0	≤ 10.0	3.0
汽车列车	30	≤ 9.5	≤ 10.5	3.0

注：①制动过程中车辆的任何部位(不计入车宽的部位除外)不超出规定宽度的试验通道的边缘线。

③充分发出的平均减速度 MFDD。

汽车在规定的初速度下紧急制动时，充分发出的平均减速度 MFDD 及制动稳定性应符合表 5-4 的规定。

路试检验充分发出的平均减速度(MFDD)和制动稳定性 表 5-4

车辆类型	制动初速度(km/h)	空载平均减速度(m/s^2)	满载平均减速度(m/s^2)	试验通道宽度①(m)
M_1 类乘用车	50	≥ 6.2	≥ 5.9	2.5
N_1 类货车	50	≥ 5.8	≥ 5.4	2.5
M_2、M_3 类客车，N_2、N_3 类货车(含半挂牵引车)	30	≥ 5.4	≥ 5.0	3.0
汽车列车	30	≥ 5.0	≥ 4.5	3.0

注：①制动过程中车辆的任何部位(不计入车宽的部位除外)不超出规定宽度的试验通道的边缘线。

④整车制动协调时间。

制动协调时间是指在紧急制动时，从脚接触制动踏板（或手触动制动手柄）时起制动减速度达到表 5-4 规定的充分发出的平均减速度 MFDD 值的 75% 时所需的时间。

制动协调时间要求，对液压制动的汽车不应大于 0.35s，对气压制动的汽车不应大于 0.60s，对汽车列车不应大于 0.80s。

（2）驻车制动检验要求。

①坡道法。

试验坡道坡度为 20% 和 15% 两种规格，见图 5-6。试验坡道的长度应与被检验车型相适应，净宽不少于 3m，轮胎与路面间的附着系数不小于 0.7 的水泥或沥青路面。将车辆驶上坡度为 20%（半挂牵引车单车、总质量为整备质量的 1.2 倍以下的车辆为 15%）的坡道上，驻车制动装置按正、反两个方向保持固定不动，其时间不少于 2min。检验汽车列车时，牵引车和挂车的驻车制动装置均起作用，检验时手操纵力不大于 600N，脚操纵力不大于 700N。

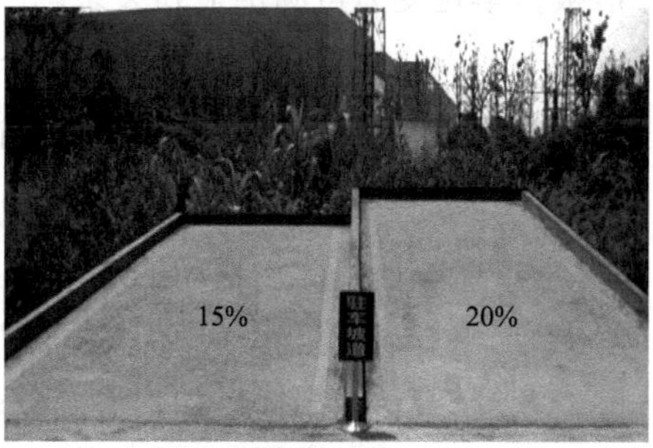

图 5-6 驻车制动试验坡道

②牵引力法。

在不具备试验坡道的情况下，采用测力传感器来测量汽车驻车制动力，以实现通过机械装置将在坡道上的驻车制动方式转换为平坦路面制动方式。测试状态为空车状态，采用车辆整备质量对应坡度计算的牵引力。对驻车制动专用检测设备的要求如下：

A. 测力传感器的量程能达到计算的牵引力的 120%，最大误差不应超出 ±2%，显示器的分辨力应达到 0.01kN。

B. 配备符合规定的称重仪，测取驻车制动力检测状态时的整车质量，用以计算合格阈值。

C. 能够在牵引力达到合格阈值时及时报警并自动停止施加牵引力。

二、滚筒反力式汽车制动检验台

滚筒反力式汽车制动检验台主要由左、右相同的两套车轮制动力测试单元和一套指示、控制装置等组成，每一车轮制动力测试单元设置一对主、副滚筒，检测车辆制动性能时，被检机动车驶上制动检验台，车轮置于主、副滚筒之间，滚筒相当于一个活动的路面，用来支承被检车辆的车轮，并承受和传递制动力，通过测定作用在测力滚筒上的车轮制动力的反力而得到车轮制动力。按承载轴荷，一般将滚筒反力式汽车制动检验台（简称滚筒制动台）分为 3t 级、10t 级和 13t 级，见图 5-7。主要用于检测汽车左、右轮的制动力及车轮阻滞力；左、右轮的制动力差及最大过程差；轴制动力占该轴轴荷的百分比；制动协调时间等。

a）　　　　b）

图 5-7　滚筒反力式汽车制动检验台

1. 检测原理

图 5-8 所示为被检车轮在滚筒制动台上进行制动检验的受力状态。依据力学平衡原理，被检车轮受力可满足下列关系：

$$F_{N1}(\sin\alpha+\varphi\cos\alpha)-F_{N2}(\sin\alpha-\varphi\cos\alpha)=F \quad (5\text{-}8)$$

$$F_{N1}(\cos\alpha-\varphi\sin\alpha)+F_{N2}(\cos\alpha+\varphi\sin\alpha)=G \quad (5\text{-}9)$$

式中：F_{N1}、F_{N2}——滚筒对车轮的支反力，N；

F——车轮滚动的水平推力，N；

G——车轮所受的载荷，N；

φ——滚筒滑动附着系数；

α——安置角，°。其中，安置角 α 为：

$$\alpha=\sin^{-1}[L/(D+d)] \tag{5-10}$$

式中：L——滚筒中心距，mm；

D——被检车轮的直径，mm；

d——滚筒直径，mm。

由式(5-8)和式(5-9)解得：

$$F_{N1}=\frac{F(\cos\alpha+\varphi\sin\alpha)-G(\varphi\cos\alpha-\sin\alpha)}{(\varphi^2+1)\sin2\alpha}$$

$$F_{N2}=\frac{G(\varphi\cos\alpha+\sin\alpha)-F(\cos\alpha-\varphi\sin\alpha)}{(\varphi^2+1)\sin2\alpha}$$

当车轮制动时，滚筒制动台所能提供的附着力(F_φ)为：

$$F_\varphi=\varphi(F_{N1}+F_{N2})=\varphi\frac{G+F\varphi}{(\varphi^2+1)\cos\alpha} \tag{5-11}$$

式中：F_φ——车轮在滚筒上的附着力，N。

受安置角 α、滚筒滑动附着系数 φ、车轮滚动的水平推力 F（与非检测车轮的制动性能有关）等三个因素影响，当安置角 α、滚筒滑动附着系数 φ、水平推力 F 增加时，滚筒制动台所能提供的附着力相应增大。安置角 α 与被检车轮的直径 D、滚筒中心距 L、滚筒直径 d 有关，当 D、d 减小，L 增大时会使安置角 α 增大。

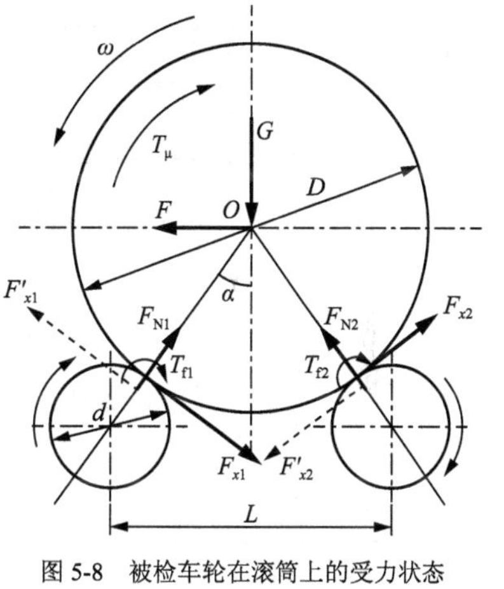

图 5-8　被检车轮在滚筒上的受力状态

T_μ- 制动力矩；F_{x1}、F_{x2}- 滚筒对车轮的切向摩擦力；F'_{x1}、F'_{x2}- 车轮对滚筒的切向反作用力；T_{f1}、T_{f2}- 车轮滚动阻力矩

为防止检测制动力时整车滑移，保障受检车轮不能脱离前滚筒，即 $F_{N1}\geqslant 0$，且 $F=0$，则可推得：$\sin\alpha-\varphi\cos\alpha\geqslant 0$，即 $\tan\alpha\geqslant\varphi$。当滚筒滑动附着系数 $\varphi=0.7$ 时，则对应的安置角 α 为 35°。

通过以上被检车轮的受力分析，可以得出：

(1)适当增大安置角 α 对检测车轮最大制动力有利，但并不是越大越好。因为当安置角增大时，车轮轮胎相对变形增大，迟滞损失增加，滚筒带动车轮旋转的附加转矩增大，影响检测精度，同时增加车轮驶离滚筒的困难。因此，理论上安置角应小于 35°，根据国内外滚筒制动台实际，安置角设计一般在 22°～25°。

(2)汽车制动器产生的制动力大小受道路路面附着系数制约，其最大值不可能超过路面附着力。滚筒制动台检测到的车轮最大制动力。当车轮与滚筒接触处于良好状态时，理论上应等于受检车轮在制动台滚筒上的附着力 F_φ。

(3)滚筒直径 d 与滚筒中心距 L 的大小，对滚筒制动台的性能有较大影响。滚筒直径增大有利于改善滚筒与车轮之间的附着状态，使检测过程更接近实际制动状况，但滚筒直径越大，同样的制动力所产生的制动力矩 T_μ 就越大，必须相应增加驱动电机的功率。随着滚筒直径增大，两滚筒间中心距也需相应增大，才能保证合适的安置角，这将使制动台结构尺寸相应增大，制造成本提高。

（4）实际检测制动力时，滚筒表面线速度 V_t 较低，将影响所检车轮制动力上升速度，延长制动协调时间，若与制动采样时间不能很好匹配，将影响所检制动力值，因此，确定滚筒表面线速度时，要考虑制动协调时间对它的影响。

2. 基体结构

目前，检验机构、维修企业所用的滚筒反力式制动检验台，是将各车轴依序逐个检测的，它由结构完全相同、左右两套对称的车轮制动力测试单元和一套指示控制装置组成。每一套车轮制动力测试单元由框架（多数检验台将左、右测试单元的框架制成一体）、驱动装置、滚筒机构、举升装置、测量装置等构成，如图 5-9 所示。复合结构的滚筒反力式制动检验台是将轴重仪与其组合安装[轴（轮）重仪位于滚筒制动台下方]，可在同一工位完成制动力和轴荷等参数的检测与测量，如图 5-10 所示。

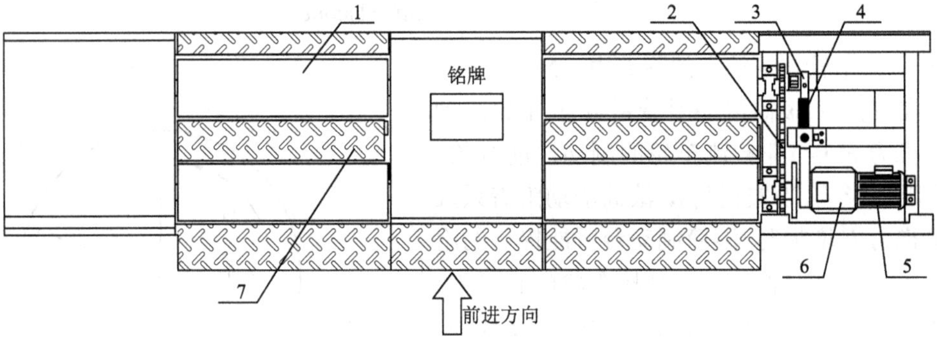

图 5-9 滚筒反力式制动检验结构

1- 滚筒；2- 链条；3- 传感器；4- 力臂；5- 电动机；6- 减速器；7- 举升器

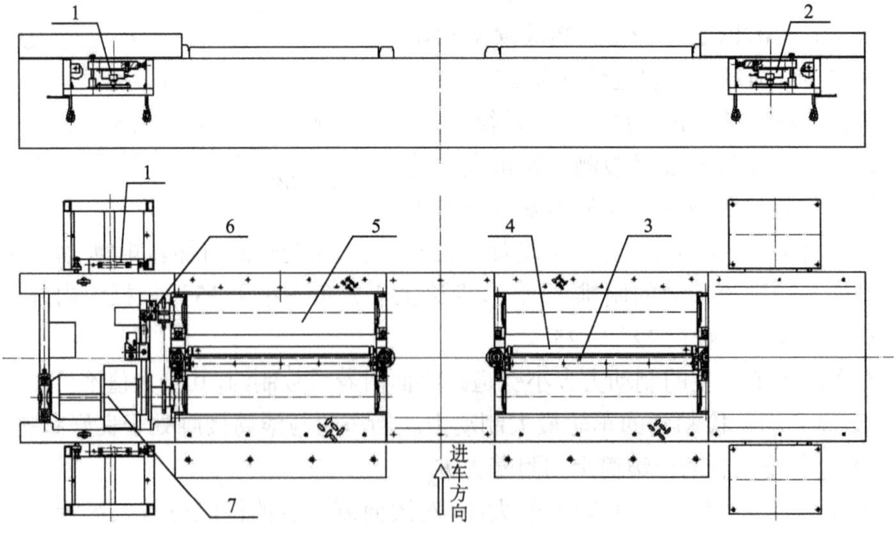

图 5-10 复合式滚筒反力式制动检验台结构

1、2- 称重传感器；3- 举升器；4- 第三滚筒；5- 滚筒；6- 制动传感器；7- 电动机减速器

1）驱动装置

滚筒反力式制动检验台的驱动装置由电动机、减速器和链传动带组成。电动机经过减速器减速后驱动主动滚筒，主动滚筒通过链传动带动副滚筒旋转。减速器输出轴与主动滚筒同轴连接或通过链条、传动带连接，减速器壳体为浮动连接，即可绕主动滚筒轴自由摆动。减速器的作用是减速增矩，其减速比根据电动机的转速和滚筒测试转速确定。由于制动检验台的测试车速较低（日式滚筒制动台一般为 0.1 ～ 0.18km/h；欧式滚筒制动台相对较高，为 2.0 ～ 5.0km/h），滚筒转速也较低，一般在 40 ～ 100r/min（日式滚筒制动台转速甚至低于 10 r/min）。因此，减速器减速比较大，一般采用两级齿轮减速或一级蜗轮蜗杆减速与一级齿轮减速。

测试车速较低的电动检验台的优点是驱动电机的功率可较小，如日式低速滚筒制动检验台其电动机功率通常仅（2×0.7 ～ 2×2.2）kW，而测试车速相对较高的欧式制动检验台驱动电动机的功率为（2×3 ～ 2×11）kW。理论分析与试验表明，滚筒表面线速度过低的日式制动检验台的测力能力难以满足前轴驱动乘用车前轴测力的实际需要，因此推荐使用滚筒表面线速度较高的欧式制动检验台。当然，滚筒表面线速度越高，驱动电机的功率也越大。因此，实际使用的制动检验台滚筒表面线速度按《滚筒反力式汽车制动检验台》（GB/T 13564—2005）规定，以 2.5km/h 为宜。

试验表明，如果滚筒制动检验台的驱动电机功率不够，在车轮制动力的作用下，会产生短时的“丢转”，导致车轮滑移率控制出现偏小误差，使得轴荷质量较大的车辆，检测制动力偏小（如后置发动机客车）。由于制动力检测加载时间短，故可以充分利用电动机的短时过载能力和堵转转矩，检测轴制动率大于 60% 时，会使电动机在短时间内的堵转电流过大。故合理确定电动机额定功率，既可确保滚筒制动检验台的检测能力，保证检测无错检错判，又可避免使用功率过大的电动机造成成本和能源的浪费。因此，规定滚筒制动检验台单边滚筒驱动电机的额定功率为：

$$P_d \geqslant \frac{0.3 \times m_e \times g \times V_t}{1.9 \times 3600} \tag{5-12}$$

式中：P_d——单边滚筒驱动电机额定功率，kW；

m_e——制动台额定承载轴质量，N；

g——重力加速度，取 9.81m/s^2；

V_t——滚筒表面线速度，km/h。

统计表明，我国电动机的堵转转矩系数通常为 2.2，为不使电动机堵转转动，需留有一定的安全系数，故取为 1.9。目前，国内现有的 3t、10t、13t 额定承载质量的滚筒制动检验台，按式（5-12）计算，当滚筒表面线速度 V=2.5km/h 时，则 P_{3t}=3.22kW、P_{10t}=10.74kW、P_{13t}=13.97kW，根据我国三相电动机类型，3t、10t、13t 额定承载质量的滚筒制动检验台可分别选择 5.5kW、11kW 和 15kW。

2）滚筒机构

每一车轮制动力测试单元设置一对主、副滚筒组。每个滚筒的两端分别用轴承座支承在框架上，且保持两滚筒轴线平行。滚筒相当于一个活动的路面，用来支承被检车辆的车轮，并承受和传递制动力。

（1）滚筒表面要求。

汽车制动过程中，制动器所产生的制动力受道路路面附着系数制约，在滚筒制动台上，当汽车制动器具有足够的制动能力时，其测量值主要受制动台滚筒表面附着系数的影响。滚筒表面的附着系数大，所测得的制动力就大；反之，测得的制动力就小。《滚筒反力式汽车制动检验台》（GB/T 13564—2005）要求，滚筒表面滑动附着系数不应小于 0.70。为了增大滚筒与轮胎间的附着系数，滚筒表面都进行了相应的加工与处理。

①表面粘有熔烧铝矾土砂粒的金属滚筒。这种滚筒，表面无论干或湿时，其附着系数可达 0.8 以上。

②表面具有嵌砂喷焊层的金属滚筒。喷焊层材料选用 NiCrBSi 自熔性合金粉末及钢砂，这种滚筒的表面附着系数可达 0.9 以上，其耐磨性也较好。

（2）滚筒直径。

滚筒直径是滚筒制动台的主要结构参数之一。统一滚筒直径意味着决定安置角的滚筒直径成为常量，可以在一定程度上解决不同滚筒制动检测台检测中的数据可比性问题。大直径滚筒相对于小直径滚筒，具有轮胎与滚筒接触面积大、轮胎变形小，更利于检测。目前，除日本还在生产和采用低速、小滚筒制动检测台外，我国以及欧美国家都是以高速（滚筒表面线速度，相对于日式）、大直径滚筒制动检测台在市场中占据主导地位，欧美国家滚筒制动检测台的滚筒直径要求均大于 200mm。

多年的应用实践表明，滚筒制动检测台滚筒直径不小于 240mm，可保证检测时轮胎与滚筒的接触面积，采集到最大制动力。目前，国内各设备生产企业普遍依据《滚筒反力式汽车制动检验台》（GB/T 13564—2005）标准组织设计、生产和产品检验，考虑到我国钢材市场管型材直径及设备生产成本，确定滚筒直径为 245mm ± 5mm。

（3）滚筒中心距。

滚筒中心距指主、副滚筒中心轴线之间的距离，是滚筒制动台的主要结构参数之一。由式（5-10）可知，当滚筒直径和滚筒中心距确定后，滚筒制动检测台的安置角基本上就得以确定，车轮直径成为唯一变量。在滚筒直径一定的条件下，根据滚筒制动检测台的额定承载质量确定车轮直径，并对滚筒中心距的限值提出要求，可以提高同车不同台检测结果的可比性。根据上述原则确定的安置角，与国外滚筒制动检测台的安置角范围基本吻合。

针对滚筒中心距对制动力检测的影响，选择乘用车、重型车进行了专项试验研究。试验数据表明，随着滚筒中心距及安置角增大，测取的制动力同步增大，且拟合曲线呈非线性增长，显然，滚筒中心距及安置角增大有利于提高制动检测台的检测能力。

为适应不同车辆检测的需求，以被检车辆车轮直径（$D \leqslant$ 620mm、D=620 ～ 900mm、$D \geqslant$ 900mm）为基准，利用式（5-10），综合实车试验数据与分析，确定额定承载质量为 3t、10t、13t 级的滚筒制动台，滚筒中心距及误差范围分别为 430mm ± 10mm、450mm ± 10mm、470mm ± 10mm。

（4）滚筒表面线速度。

从理论上分析，由于滚筒制动检测台在车辆检测时不存在车辆重心转移，只要制动检测台驱动电机的转矩相对于受检车辆制动器的摩擦力矩（制动力矩）足够大，不论测试速度高低，制动器都可以发挥出最大效能，制动台可以测得最大制动力，即滚筒制动台测试速度的高低对制动力值产生影响较小，但会对制动协调时间带来影响。日式齿槽式滚筒表面线速度一般为 0.1 ～ 0.18km/h、欧式滚筒表面线速度大于 2.0 ～ 5.0km/h。

为验证滚筒表面线速度与制动力、制动协调时间之间的关系，分别选择乘用车和重型货车进行了实车试验，试验结果表明：

①滚筒表面线速度对制动力的影响不大，滚筒制动检测台测得的制动力随着滚筒表面线速度的变化窄幅波动，制动力值基本控制在一个相对稳定的范围内。

②滚筒表面线速度与制动协调时间相关，滚筒表面线速度越高，测得的协调时间越短；反之则越长。线速度达到 2.0km/h 后，制动协调时间不再随制动台滚筒线速度的变化而产生明显变化。

③提高滚筒表面线速度能较为真实地反映制动响应过程，固然对制动性能检测有益，但并非越大越好，随着滚筒表面线速度的增加，导致滚筒制动检测台机械系统的振动加大，振动引起的系统误差也会随之增大。

综合考虑制动力、制动协调时间以及制动过程，确定滚筒表面线速度为 2.5km/h±0.3km/h 是合理的。

（5）主、副滚筒高度差。

主、副滚筒存在的高度差可在车辆制动时防止被检车辆后移，同时便于被检车辆检测结束后驶离制动台。就不同主、副滚筒高度差对车轮制动力的影响进行了试验，试验结果表明，主、副滚筒高度差在 30mm 时对车轮制动力示值的影响较小，因此，确定主、副滚筒高度差为 30mm±2mm。

3）第三滚筒与滑移率

滚筒反力式制动检验检测台的主、副滚筒之间通常设置一直径较小，既可自转又可上下摆动的第三滚筒，见图 5-11。非检测状态时，由弹簧使其保持在最高位置，在第三滚筒上装有转速传感器。检验时，被检车辆的车轮置于主、副滚筒上，同时压下第三滚筒并与其保持可靠接触，控制装置通过转速传感器即可获知被测车轮的转动情况。当被检车轮制动，车轮转速下降至接近抱死时，控制装置根据转速传感器送出的相应电信号，计算车轮滑移率。车轮滑移率是主滚筒线速度和第三滚筒线速度之差与主滚筒线速度的比值，当车轮滑移率达到 25% ～ 35% 时，使驱动电机停止转动，以防止滚筒剥伤轮胎并保护驱动电机。第三滚筒除了上述作用外，还可作为安全保护装置使用，当两个车轮制动测试单元的第三滚筒同时被压下时，检验台驱动电机电路才能接通。

图 5-11 滚筒制动台上的第三滚筒

4）制动力测量装置

制动力测量装置主要由测力杠杆和传感器组成。测力杠杆一端与传感器连接，另一端与减速器壳体连接。被测车轮制动时，测力杠杆与减速器壳体将一起绕主滚筒（或绕减速器输出轴、电动机枢轴）轴线摆动，传感器将测力杠杆传递的且与制动力成比例的力（或位移）转换为电信号输送到指示控制装置，见图 5-12。传感器有应变测力式、自整角电机式、电位计式、差动变压器式等多种类型。早期的日式制动台多采用自整角机式测量装置，而欧式以及近期国产制动检验台多采用应变测力式传感器。

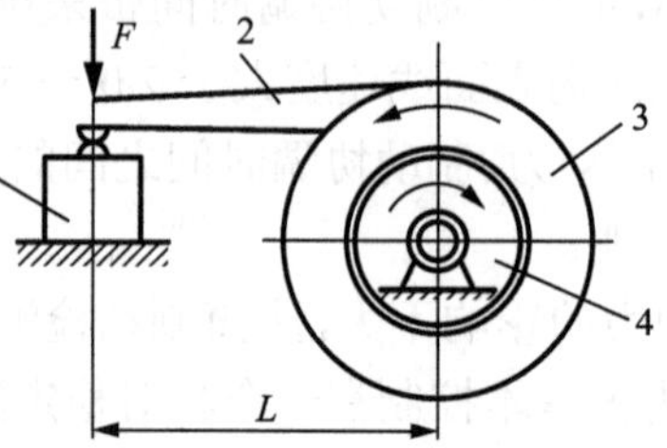

图 5-12 制动力测量装置

1- 传感器；2- 测力臂；3- 电动机（或变速器）定子；4- 电动机转子

实际测量时，测力传感器受力点受力的大小与滚筒表面制动力的关系为：

滚筒表面制动力(N) = 测力传感器受力(N) × 测力臂水平长度(mm) / 滚筒半径(mm)

定期标定时，加载力的大小与滚筒表面制动力的关系为：

滚筒表面制动力(N) = 标定加载力(N) × 标定杠杆水平长度(mm) / 滚筒半径(mm)

5）举升装置

为了便于车辆出入滚筒制动检验台，有些制动台在主、副滚筒之间设置有举升装置。该装置通常由举升器、举升平板和控制开关等组成。举升器常用的有气压式、电动螺旋式、液压式 3 种形式。

气压式是用压缩空气驱动气缸中的活塞或使气囊膨胀完成举升动作；电动螺旋是由电动机通过减速器带动丝母转动，迫使丝杠轴向运动完成举升动作；液压式是由液压举升缸完成举升动作。但有些带有第三滚筒的制动检验台未装举升装置。

为保证安全，滚筒制动台在设计上应做到：在接通电源，汽车到位后，一定要在举升装置与被测车轮完全脱离后，方可进行测试；制动台进行检测时，禁止升起举升装置。

6）指示与控制装置

目前，滚筒反力式制动检验台的控制装置大多采用电子式。为提高自动化与智能化程度，控制装置配置计算机。指示装置有指针式和数字显示式两种，采用计算机的控制装置多采用数字显示。

3. 加载式滚筒制动检验台

《机动车安全技术检验项目和方法》(GB 38900—2020) 中规定，三轴及三轴以上的货车，以及采用并装双轴或并装三轴挂车，对部分轴（最后一轴及货车第一轴除外）应在加载状态下检测加载轴制动率和加载轴制动不平衡率，一般采用举升加载方式进行检测，见图 5-13。因此，对重型车辆检测的滚筒制动检验台的安装方式和加载举升高度提出了新的要求。

图 5-13 滚筒制动检验台加载检测制动性能

1）滚筒制动台的安装高度

按《机动车运行安全技术条件》(GB 7258—2017) 中“机动车（单车）纵向中心线中心位置以前的轴为前轴”的规定，双转向轴车辆的第一、第二转向轴均为前轴，空载轴制动率应大于或等于 60%。

以制动性能良好的双转向轴车辆（三轴重型货车）为例来分析，见图 5-14。若滚筒制动台常规安装时（即水平安装，副滚筒上母线和地平面在一个水平面），由于第一转向轴受到第二转向轴和后轴的部分架空作用，即车轮下母线在制动台两滚筒上相对地平面有一个下沉量 H，导致在两滚筒上附着的轴荷质量减小，使检测到的最大制动力和轴制动率减小（相对水平称重），造成轴制动性能检测误判。类似情况还有牵引车及并装轴半挂车在牵引车拖挂下检测，被检轴的轴荷和整车的附着轴荷质量也会减小，从而影响了整车制动率检测的准确性。

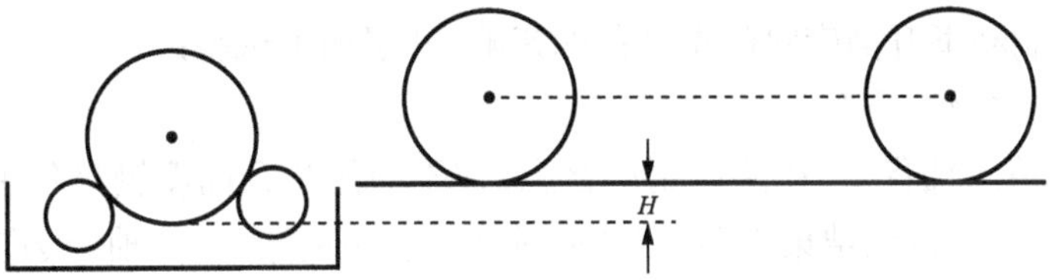

图 5-14 多轴车在水平安装滚筒台的车轮状态示意图

因此，需规范重型滚筒制动检验台的安装方式，即副滚筒上母线应高于地平面，适当提高被测轴轴心高度，使多轴车被测轴的车轮下母线略高于地平面，可以增加附着轴荷质量，以符合车辆实际状态，能有效解决多轴车的制动检测问题。

多轴车多为重型车辆，车轮直径一般为 900 ～ 1200mm，研究表明，车辆空载时，当车轮直径为 1000mm 时，在地面上的转向轮静力半径减小约 20mm，驱动轮（并装两车轮）半径减小约 10mm。

由图 5-8 所示检测原理，当不同直径的车轮位于两滚筒之间时，考虑主、副滚筒高差的影响，车轮下母线到副滚筒上母线的高度 H 为：

$$H \approx \frac{(1-\cos\alpha)(d+D)}{2} \tag{5-13}$$

根据《滚筒反力式汽车制动检验台》（GB/T 13564—2005），选择滚筒制动台：滚筒直径为 245mm，主、副滚筒高差为 30mm。由式（5-10）和式（5-13）计算不同直径的车轮，在不同滚筒中心距时，车轮下母线到副滚筒上母线的高度 H 的计算结果见表 5-5。

不同直径车轮下母线到副滚筒上母线的高度 H（mm） 表 5-5

车轮直径（mm）	主、副滚筒高度差：30mm		
	滚筒中心距（mm）		
	450	460	470
800	37.2	39.6	42.0
900	32.4	34.5	36.7
1000	28.6	30.5	32.4
1100	25.3	27.1	28.9
1200	22.6	24.2	25.8

以重型多轴车辆车轮直径为 1000mm 时产生的 H 来确定副滚筒上母线相对地平面的安装高度，以车轮直径为 1200mm 时产生的 H 来验算和控制其车轮轮心不宜过高。根据上述计算，当滚筒中心距为 460mm 时，副滚筒上母线高出地平面 40mm（误差控制在

0 ～ 5mm）时，可确保 900 ～ 1200mm 直径的车轮轴心相对地面水平面上升约 10mm，相对相邻车轮轴心上升约 20mm（按相邻车轮静力半径减小 10mm 计算）。滚筒直径越大，车轮轴心上升高度越大；主、副滚筒高差越大，车轮轴心上升高度也越大。

需要说明的是，当提高副滚筒上母线安装高出地面 40 ～ 45mm 时，加载式滚筒制动台只需要举升一次即可完成加载检测，当副滚筒上母线与地面平齐安装时，加载检测需要进行二次举升。

2）加载制动举升高度

为验证加载制动举升高度对静态轴荷的影响，开展如下试验：

（1）四轴（双转向轴）货车。

选择双转向轴四轴货车，在滚筒制动台上，按不同的举升高度测量各轴静态轴荷，测得的试验数据见表 5-6。试验结果表明，双转向轴四轴货车的第一、二轴（转向轴）的静态轴荷随举升高度增加而大幅增加，第三轴和第四轴（双后轴）为平衡轴，随着举升高度的增加，其静态轴荷变化不大。

四轴（双转向轴）货车举升高度对轴荷的影响 表 5-6

项目		第一轴	第二轴	第三轴	第四轴
水平测量空载轴荷		3241	3232	3309	3161
0（不举升）	轴荷（kg）	2425	2010	3002	3019
43mm	轴荷（kg）	3488	3836	3712	3418
100mm	轴荷（kg）	4385	4788	3845	3506
200mm	轴荷（kg）	5107	5206	3938	3624
250mm	轴荷（kg）	5152	5233	3977	3805

（2）三轴（双后轴）货车。

选择双后轴三轴货车，在滚筒制动检验台上，举升高度分别为 40mm、100mm 时测量各轴静态轴荷，测得的试验数据见表 5-7。试验结果表明，双后轴三轴货车的所有轴的静态轴荷随举升高度增加变化相对较小。

三轴（双后轴）牵引车举升高度对轴荷（kg）的影响 表 5-7

项目		举升至 40mm	举升至 100mm
第一轴	第一次	4883	5173
	第二次	4887	5172
	第三次	4883	5177
第二轴	第一次	6073	6466
	第二次	6067	6463
	第三次	6086	6458
第三轴	第一次	5825	6073
	第二次	5817	6069
	第三次	5810	6065

（3）并装三轴挂车（由牵引车拖挂）。

选择由牵引车拖挂的并装三轴挂车，在滚筒制动台上，按不同的举升高度测量各轴的静态轴荷，通过计算轴荷比（加载轴荷与水平称重轴荷之比），得到的试验数据曲线见图 5-15。试验结果表明，并装各轴的轴荷随举升高度的增加而增加，加载举升初期，且轴荷比增长较快，当举升 200mm（副滚筒上母线距水平地面高度）以上时，轴荷比接近于最大状态，并呈现缓慢增长趋势。因此，加载制动检测举升高度应不小于 200mm。德国重型车辆由于车轮直径普遍比我国使用的车轮直径小（可降低车辆重心高度），故多轴车辆的加载制动检测举升高度为 250mm。

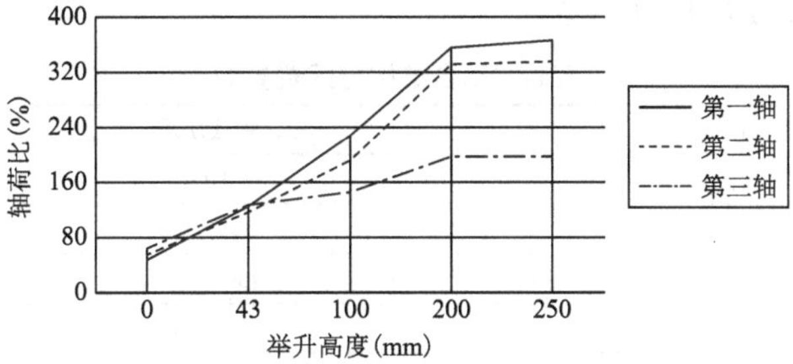

图 5-15 三并装轴加载轴荷比试验曲线

综合以上试验研究结果，得到以下结论：

(1)用于检验多轴及并装轴车辆的滚筒制动台应符合：当滚筒直径为 245mm，滚筒中心距为 460mm，主、副滚筒高差为 30mm 时，副滚筒上母线与地面水平面的安装高度差为 40 ～ 45mm。

当滚筒中心距增大或减小 10mm，副滚筒上母线与地面水平面的高度差相应增大或减小 2mm，当主、副滚筒高差减小 10mm，副滚筒上母线与地面水平面的高度差相应增大 4mm。

(2)加载制动台的举升高度不同，测取的轴荷也不同，举升高度误差会对制动检测结果产生影响。当滚筒制动台安装副滚筒上母线与地面水平面的高度差为 40mm 时，一次举升高度 200mm 可实现加载检测，在不小于 50% 额定承载质量负荷下，加载制动台的举升高度误差不大于 +5mm。

(3)在举升状态，被检车轮附着质量增大。对于三轴及三轴以上的货车和并装双轴或并装三轴挂车，加载制动检测合格，表明其制动器具有合格的制动效能，而车轮制动力为车轮附着质量与附着系数的乘积，空载制动检测只是车轮附着质量减小，行车制动效能仍为合格，无需进行空载检测。

(4)在最大举升高度条件下，对于双转向轴四轴货车，应对第一、二转向轴进行加载制动检测，第三、四轴(双后轴)举升加载制动检测的意义不大。同理，对于双转向轴三轴货车，只需对第一、二转向轴进行加载制动检测；对于三轴（双后轴）货车的所有轴，举升加载制动检测的意义不大；对于并装轴车辆，应对所有并装轴实施举升加载检测。

(5)被检轴在最大举升高度 100mm 时，其相邻轴的附着质量没有明显减小，不适应采用空气悬架的轴的加载检测。故加载制动检测举升高度应不小于 200mm，使被检轴的相邻轴接近或完全脱离地面，从而增大被检轴的静态轴荷，可解决采用空气悬架车辆的加载检测问题。此时，应对多轴及并装轴车辆的所有轴进行加载检测。

4. 主要技术要求

滚筒反力式制动检验台的产品设计、生产制造执行国家标准《滚筒反力式汽车制动检验台》（GB/T 13564—2005）。

1）结构与配置技术参数

通过汽车制动性能检测理论分析与台架法检测汽车制动性能试验研究，综合考虑全国在用汽车的车型与用途，对不同的滚筒制动台承载能力，提出了滚筒反力式汽车制动检验台的结构与配置技术参数要求，见表 5-8。

滚筒制动台结构与配置参数 表 5-8

技术参数	额定承载质量（t）		
	3	10	13
滚筒直径（mm）	245±5		
滚筒中心距（mm）	430±10	450±10	470±10
滚筒表面线速度（km/h）	2.5±0.3		
主、副滚筒高度差（mm）	30±2		
车轮滑移率（%）	25 ~ 35		
驱动电机功率（kW）	2×5.5	2×11	2×15
加载式滚筒制动台举升高度（mm）	滚筒制动台安装：副滚筒上母线距地水平面高度为 40^{+5}_{0}mm		
	一次举升高度：200^{+5}_{0}mm		

2）性能参数

（1）静态示值误差。

滚筒制动台的静态示值误差应符合表 5-9 的要求。

静态示值误差 表 5-9

测量范围（daN）	静态示值误差
≤ 10%（F·S）	±0.5%（F·S）
＞ 10%（F·S）	±3%

注：1daN=10N。

（2）示值间差。

在同一载荷的作用下，制动台左、右滚筒组的制动力加载和减载示值间差应不大于该校准点最大允许误差的绝对值。

（3）重复性误差。

在同一校准点试验，各试验结果间的重复性应不大于该校准点最大允许示值误差绝对值的二分之一。

（4）零位漂移。

30min 内，制动台的零位漂移为 ±0.1%（F·S）或不应超过显示装置分辨力 1*d*，两者取大值。

（5）数据采样。

滚筒制动台制动力的采样频率不应低于 100Hz。

（6）数据处理。

在第三滚筒停机控制不起作用的条件下，制动力的连续采样时间不少于 3s。最大制动力应在制动检测全过程中所采集到的全部采样点中甄别并显示。

3）机械阻力

滚筒反力式制动检验台台架的阻力主要来自支承轴承和减速器旋转部件。在滚筒旋转过程中，滚筒等旋转部件空转阻力会影响制动力和车轮阻滞力的检测结果，因此，该机械阻力越小越好。滚筒制动检验台空载动态零值误差，见表5-10。

滚筒制动检验台空载动态零值误差　　表5-10

额定承载质量	空载动态零值误差
3t	±0.6%（F·S）
10t	±0.2%（F·S）
13t	±0.2%（F·S）

4）台架加工及装配质量

滚筒制动台的台架加工装配质量是影响测试准确性的主要因素之一，加工装配质量不良会使检测结果不准确，造成制动性能评价误判。台架的加工装配，应保证制动台运转时，尽可能减小台体的振动，以避免将振动产生的力叠加到检测结果中。因此，应重点控制以下几个关键点：

（1）台体结构的规整度，包括强度、刚度、平面度、几何尺寸公差等。

（2）各轴承位置的平面度。

（3）滚筒及旋转部件动不平衡量。

（4）减速器的加工精度及传动平稳性。

（5）同轴滚筒同轴度、前后滚筒的平行度。滚筒平行度应不大于1mm/m，滚筒表面径向圆跳动应不大于2mm。

（6）主滚筒上母线的高度差应不大于2mm。

5. 使用注意事项与日常维护

1）使用注意事项

（1）在电动机启动前，务必保证行车制动、驻车制动处于解除状态，以防电动机超负荷起动损坏设备。

（2）检测过程中如果出现车轮被抱死而检验台未及时停机或车轮与滚筒打滑、被向后拖移时，应即时松开车辆制动器，以保护轮胎及设备。

（3）若实测制动力过小或停机过早，则可能第三滚筒速度传感器失效，应适当调整位置、距离或更换传感器。

（4）超出制动检验台额定载荷的车辆，禁止驶上制动检验台。

（5）为保证检测结果的准确性，被检车辆的轮胎气压和轮胎胎冠花纹深度应符合规定。

（6）受检车辆进入检验台前，应将轮胎上的油污、石子等杂物清理干净，以免降低滚筒表面附着系数及损伤滚筒表面。

（7）进行检测时应尽可能使车辆沿引车线平稳驶入，并使车轴与滚筒保持平行。当被测车轴为转向轴时，应使车轮与滚筒垂直。

2）定期维护

（1）每天需要检查的主要项目：

①检查仪表的功能键是否正常，如果仪表不能正常回零位，则需要校准。

②检查举升器动作是否灵活，检查压缩空气气压是否正常，是否有漏油、漏气现象。

③清理滚筒上的泥沙、油污、水等杂物。

（2）使用3个月，除进行上述工作外，还需要检查以下项目：

①检查滚筒轴承的润滑情况并适量加油润滑。

②检查滚筒、减速器、电动机的支撑轴承座的螺栓是否有松动，并紧固。同时检查测力臂与锁紧螺栓的间隙并调整使其达到规定要求。

③检查导线及线路有无损伤或接触不良现象。

（3）使用6个月，需检查滚筒运转有无异响或损伤，查找原因修复；必要时拆下链条，清洗链条和链轮，并调整链条张紧度。

（4）减速器首次运行3个月后应换润滑油，以后每12个月换一次油。注意检查减速器的润滑油液位，不足时按规定补充润滑油。

（5）为了保证测量准确性，滚筒制动台应按《滚筒反力式制动检验台检定规程》（JJG 906—2015）定期进行检定和自校准。检定周期：一次/12个月；自校准周期：一次/6个月。

3）故障维修与调整

（1）静态零位漂移超标。

故障现象为在空载时显示仪表零位漂移超标，其主要原因及检查方法为：

①若左、右测力单元零位漂移均超标，应检查电源工作是否正常，屏蔽、接地是否良好，显示仪表端A/D通道的信号调理及转换有无问题。

②确认显示仪表端无问题，则更换放大器，检查是否为放大器工作不稳定所致。

③若更换放大器后零位漂移仍超标，则可左、右互换传感器，检查传感器是否工作正常。

（2）标定时示值误差超标。

故障现象为标定时，仪表示值与加载力关系非线性，某些标定点示值误差超标。其主要原因及检查方法为：

①检查标定力臂及制动测力臂传力装置是否异常，传感器安装部位是否变形。

②检查力传感器是否损坏，必要时进行更换。

三、平板式制动检验台

为满足汽车行驶状态的制动要求、提高制动稳定性、减少制动时后轴车轮侧滑和汽车甩尾，应考虑汽车制动时质量及重心会发生前移运动状态。一般采用平板式制动检验台模拟实际道路制动过程进行检测，见图5-16。利用该方法，在实际检测过程中还能够反映制动时的轴荷转移及车辆其他系统（如悬架结构、刚度等）对制动性能的影响，可以较为准确地反映整车的制动效能。

图5-16 平板式制动检验台（四板式）

1. 检测功能

（1）测量各轮制动力、最大制动力、左右轮最大制动过程差，并根据标准进行判定。

（2）测量汽车各轮（轴）轮荷，乘用车测取轴荷时为动态轴荷。

（3）测量汽车驻车制动力。

（4）测量汽车制动减速度、制动协调时间及前后轴制动力分配。

（5）显示并打印整车及各轮（轴）制动力—时间曲线、驻车制动力—时间曲线。

2. 基本结构与原理

1）典型结构

平板式制动检验台是一种低速动态惯性式制动检验台，目前按照长度分为 6m 板、8m 板、10m 板，按照测试方式可分为两板式和四板式或多板组合式，四板式可一次测试汽车两轴或三轴的轴荷与制动力。典型的四板式平板制动检验台由四块表面轧花或喷砂的平板、传感器和指示装置组成，基本结构见图 5-17。

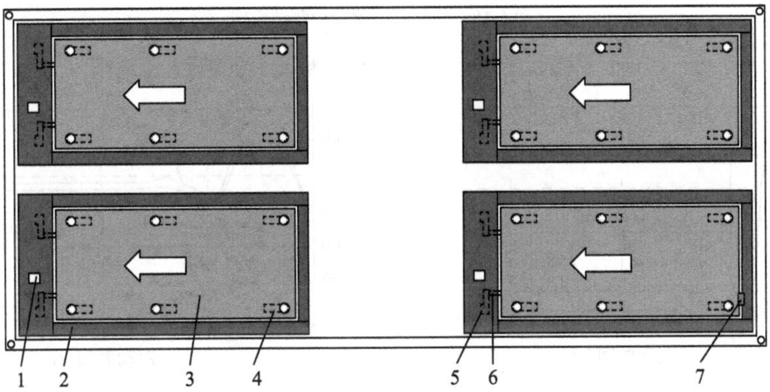

图 5-17　平板制动检验台（四板式）结构示意图

1- 信号调理盒；2- 机架；3- 制动板；4- 轴重传感器；5- 制动传感器；6- 力臂；7- 调整螺栓

主要结构部件作用：

（1）信号调理盒：对各轴重、制动传感器的数据进行采集并进行放大、滤波等前置处理。

（2）机架：用于安装各传感器并承受制动板传递的制动力及轮荷。

（3）制动板：模拟一定附着系数的汽车行驶路面，传递汽车制动力及轮荷。

（4）轴重传感器：测量汽车的轮（轴）质量。

（5）制动传感器：测量汽车制动时车轮对踏板的水平力。

2）测试原理

平板制动检验台是一种低速动态检测车辆制动性能的设备，其检测原理基于牛顿第二定律“物体运动的合外力等于物体的质量乘以加速度”，即制动力等于质量乘（负）加速度，检测时只要知道轴荷与制动减速度即可求出制动力。

从理论上讲，制动力与检测时车速无关，与制动后的减速度相关，测试原理见图 5-18。检验时汽车一般以 5 ～ 10km/h 速度驶上平板，变速器置于空挡（或 D 挡）并紧急制动。汽车在惯性作用下，通过车轮在平板上附加与制动力大小相等方向相反的作用力，使平板沿纵向位移，经传感器测出各车轮的制动力、动态轮荷并由数据采集系统处理计算出轮荷、制动力的各参数值，并显示检测结果。

汽车制动过程中，当车辆空挡驶上台面时，台面水平方向的测力传感器测取车辆当前轴空挡滑行阻力，称重传感器同步测取当前车轴的载荷，即可计算出车辆空挡滑行阻力与载荷之百分比。车辆驶上台板后实施制动，此时前轴因为轴荷前移而制动力（图 5-19a）与轴荷均快速增加，同时后轴轴荷减少，制动力增长相对前轴较小；前轴轴荷达到最大后，前轴向上反弹，轴荷减小，后轴轴荷增加；经几个周期振荡后前、后轴轴荷处于稳定（图 5-19b）。

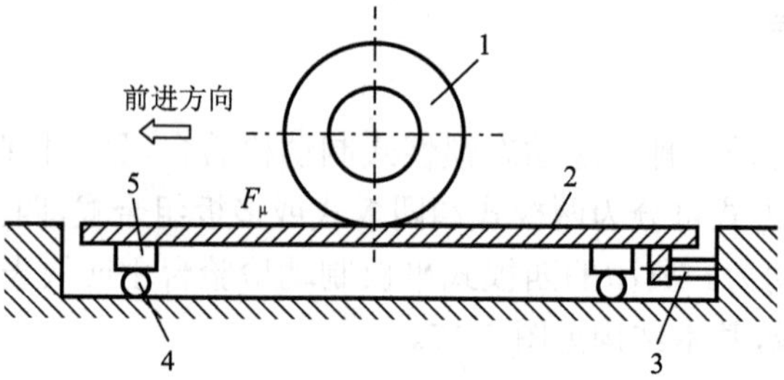

图 5-18　平板制动检验台测试原理

1- 车轮；2- 平板；3- 拉力传感器；4- 钢球；5- 承重传感器

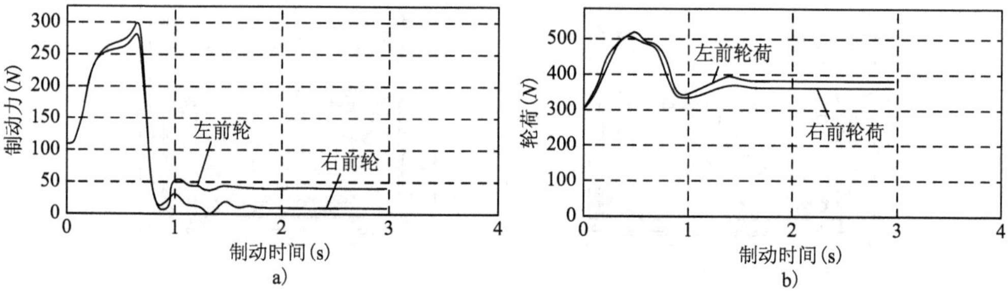

图 5-19　平板制动检验台检测轮制动力、轮荷变化过程曲线

3. 主要技术要求

平板式制动检验台按照允许最大承受轴质量分 3t、10t、13t 三个吨位级，产品制造执行交通运输行业标准《平板式制动检验台》（GB/T 28529—2012）。

1)检测能力

平板制动检验台检测能力要求见表 5-11。

平板制动检验台检测能力　　表 5-11

额定承载质量(t)	轮制动力(daN)	最大称量(t)
3	≥ 1350	≥ 1.5
10	≥ 4000	≥ 5
13	≥ 4550	≥ 6.5

2)计量性能

平板制动检验台基本计量性能参数要求见表 5-12。

平板制动检验台基本计量性能参数　　表 5-12

项　目		额定承载质量(t)		
		3	10	13
制动力	分辨力(daN)	1		
	鉴别力［阈］(daN)	±3	±7	

续上表

项　目		额定承载质量(t)		
		3	10	13
制动力	零点漂移(daN)	±2	±5	
	示值误差(%)	±2		
	零值误差(daN)	±5	±8	
	示值间差(%)	2		
轮荷	分辨力(kg)	1		
	鉴别力［阈］	±3	±7	
	零点漂移(kg)	±2	±5	
	示值误差(%)	±2		
	零值误差(kg)	±2	±5	
	示值间差(%)	2		
	偏载	0.2%（F·S）		
	重复性(%)	1		

3）加工及装配要求

（1）合理选材，使底板、测试平板等部件具有足够的强度和刚度，尽量减小由于车辆载荷导致的结构变形对传感器的附加影响；强化拉力传感器与测试平板的连接强度，减小受力时的弹性变形。

（2）提高加工精度，保证各台面和各基准面的平面度，底板、测试平板等部件无翘曲；拉力传感器的连接机构不应产生分力，受力方向为水平方向。

（3）装配时，底板上的4个压力传感器与测试平板同时可靠接触，拉力传感器与测试平板和底板的连接机构稳固、无松旷。

4. 使用与日常维护

1）使用注意事项

（1）超出平板制动检验台额定载荷的车辆，禁止驶上检验台。

（2）被检车辆正直驶上平板，不得偏斜，否则制动时会产生制动分力，造成侧向力过大，制动力减小，影响检测结果的真实性。

（3）检测过程中，被测车轮没有全部停在平板上，则该次制动检测无效，应重新检测。

（4）在使用平板式制动检验台前，应清除所有盖板及台面上的油、水、泥、砂，使用中应注意清洁，避免油污、泥沙及其他异物等进入检验台内，以免影响检测结果。

2）定期维护

（1）定期检查测试平板的水平度和平稳性，以免底板、测试平板变形造成检测结果失真，必要时予以更换。

（2）定期检查各传感器及钢球，以免落入太多灰尘影响测量精度。

（3）使用3个月后，拆开面板检查拉力传感器连接机构有无松旷和变形，拉力传感器受力方向是否为水平、有无分力；检查设备上的所有螺栓螺母和电气接线端子，是否有松动现象并加固。

(4)使用 6 个月,对台架内各部位进行清洁,同时检查线路是否完好,对左、右限位轴承和轮重传感器座进行润滑。

(5)为了保证测量准确性,应按《平板式制动检验台检定规程》(JJG 1020—2017)定期进行检定和自校准。检定周期:一次 /12 个月;自校准周期:一次 /6 个月。

四、便携式制动性能测试仪

对于无法进行台架制动性能检验的车辆,如全时四驱车辆和最大轴重超过设备额定载荷的车辆,或经台架检验后对其制动性能检验结果有质疑的车辆应进行路试检验。

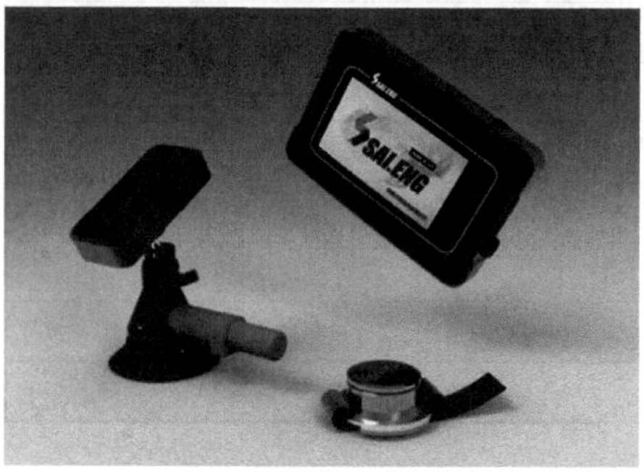

图 5-20 便携式制动性能测试仪

目前路试检验设备主要使用便携式制动性能测试仪,见图 5-20,用于检测车辆制动充分发出的制动平均减速度 MFDD 和协调时间。该仪器通过所采用的高灵敏度的加速度传感器和高性能微处理机,可将短时间内的制动过程的数据全部记录,并快速计算出检测结果。为路试检验制动性能提供了一种方便准确的检测手段。

进行路试制动性能检验时,制动初速度应在规定的范围内, M_2、M_3 类客车和 N_2、N_3 类货车(含半挂牵引车)及货车列车为 30km/h, M_1 类客车、N_1 类货车为 50km/h。

1. 基本结构和技术要求

1)基本结构

便携式制动性能测试仪主要组成部分包括传感器、智能化信息处理单元、制动踏板开关和微型打印机等,其结构原理如图 5-21 所示。

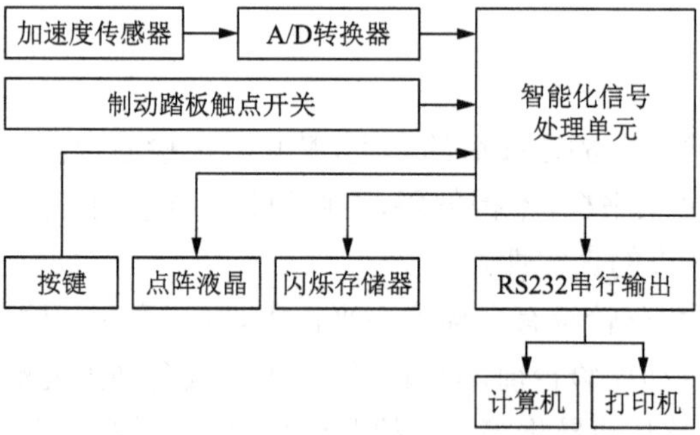

图 5-21 便携式制动性能测试仪结构原理

便携式制动性能测试仪以加速度传感器作为探测元件,由制动踏板开关提供制动起始信号,通过对加(减)速度以及时间的测量,经过智能化信息处理单元的高速运算,输出充分发出的平均减速度 MFDD、制动协调时间、制动初速度等参数,输出数据界面见图 5-22。此外,有些还可测试车辆的加速性能及路面的摩擦系数和道路坡度等。便携式制动性能测试仪的测试结果可储存在仪器内,由微型打印机打印输出,也可通过 RS232 串行通信与计算机连接后对测试数据作进一步分析,并绘出制动全过程及曲线。

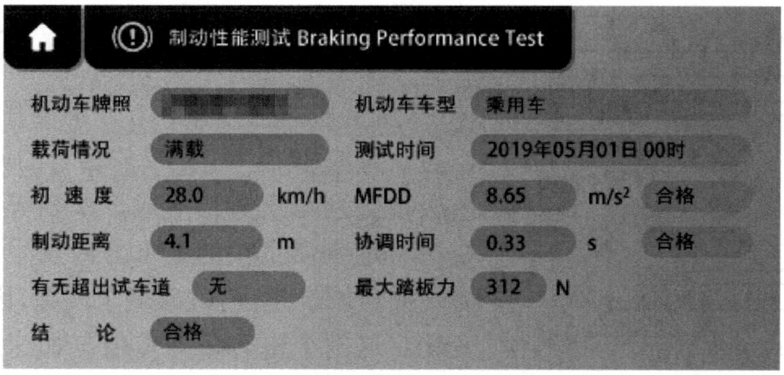

图 5-22 便携式制动性能测试仪输出数据

2)主要技术要求

便携式制动性能测试仪产品执行《便携式制动性能测试仪》(GB/T 28945—2012)标准。测试结果应包括:车牌号、车辆类型、载荷情况、日期、时间、MFDD、制动协调时间、制动初速度、合格性判定等。

(1)分辨力和准确度。

检测参数的分辨力和准确度应符合表 5-13 的要求。

分辨力和准确度要求 表 5-13

加速度检测主要参数			
测量范围	$\pm 19.6m/s^2$		
准确度	2.0 级	分辨力	$0.01m/s^2$
其他检测主要参数			
速度检测准确度	5.0 级	速度显示分辨力	0.1km/h
距离检测准确度	5.0 级	距离显示分辨力	0.1m
温度显示分辨力	0.5℃	时间显示分辨力	0.01s

(2)示值误差。

减速度测量值为 0 ~ $5m/s^2$ 时,示值误差为 $\pm 0.10m/s^2$;减速度测量值为其他值时,示值误差为 ±2.0%。

(3)重复性。

检测参数不超过示值误差绝对值的 50%。

(4)零位漂移。

不大于 $0.05m/s^2$。

(5)动态检验。

充分发出的平均减速度 MFDD 示值误差为:±3.0%。

2. 测试原理

便携式制动性能测试仪检测系统主要由加速度传感器和嵌入式微处理机单元组成,直接提供充分发出的平均减速度、制动协调时间的测试结果。

1)加速度传感器

便携式制动性能测试仪所采用的是硅微电容式固态加速度传感器,其结构如图 5-23 所示。

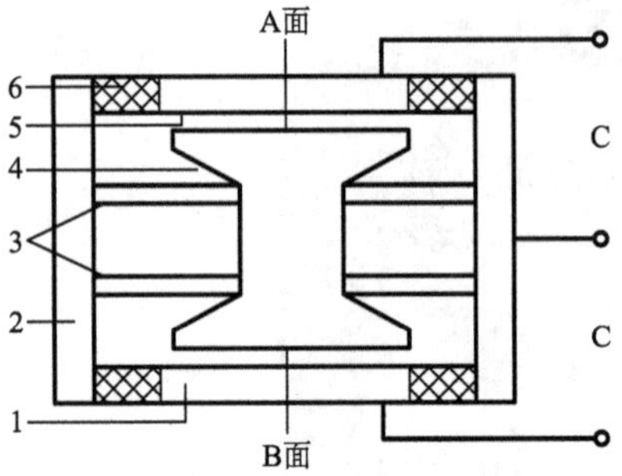

图 5-23 加速度传感器结构图

1、5-固定极板；2-壳体；3-簧片；4-质量块；6-绝缘体；A 面、B 面 - 电极

加速度传感器内部有一个对加速度敏感的“质量块”，质量块通过具有弹性的悬臂固定在敏感器壳体上，质量块的上方和下方分别设置一个电极板，它们与质量块相隔一个很窄的相等的间隙，这样，这两个极板分别与质量块形成一个相等的电容，当壳体在沿着这个质量块的上下方向发生加速度时，惯性力使质量块产生位移，改变了间隙，因而电容量发生变化。这两个电容量的差值与加速度成正比，这就构成了电容式加速度传感器。传感器是以硅为基本材料，用微光刻和蒸汽沉积技术制成的，具有温度漂移小的特点。传感器在工作时，利用电容与位移的关系，使惯性元件和两个固定电极组成可变电容器，振动时惯性元件经电容测量电路转化为加速度量输出。

根据牛顿第二定律：物体的加速度与物体所受的合外力成正比，与物体的质量成反比，加速度的方向与外力合力的方向相同。

加速度传感器的工作原理正是牛顿第二定律中力与运动的关系的体现，反映了与（负）加速度有关的因素，大小决定于 F/m，方向决定于 F（+ 或 -）的方向：

$$F_{合力}=m_{质量}\times a \quad (5\text{-}14)$$

式中：a——（负）加速度，m/s^2；

$F_{合力}$——物体所受外力，N；

$m_{质量}$——物体质量，kg。

将加速度传感器应用到汽车道路试验中，从运动学角度分析，可以从加速度可以进一步获得初速度、速度、时间、距离，至此可以应用的运动学公式有：

$$V_t=V_0+at \quad (5\text{-}15)$$

$$S=V_0t+\frac{1}{2}at^2 \quad (5\text{-}16)$$

$$V_t^2=V_0^2+2aS \quad (5\text{-}17)$$

由公式(5-17)，转换如下：

$$a=\frac{V_t^2-V_0^2}{2} \quad (5\text{-}18)$$

公式(5-18)即是 MFDD 的物理原型公式。

式中：a——（负）加速度，m/s^2；

V_t——过程速度，m/s；

V_0——初始速度，m/s；

S——距离，m；

t——制动时间 s。

2)微处理机单元

微处理机单元是便携式汽车制动性能测试仪的数据采样和分析的部分。在检测制动性能过程时,需要仪表的响应时间足够快,而且要有比较大的数据存储量,才能够实现对车辆在行驶过程中的动态测量过程数据完整记录。在制动测试模式下,微处理机在接收到制动踏板信号后,即刻开始将采集加速度传感器的数据,然后,根据微处理机内置的计算公式计算出制动协调时间、制动初速度、充分发出的平均减速度、制动距离、总的制动时间。

车辆行车制动是一个短时间的过程,驾驶员将车辆由静止开始加速,行驶到规定速度后,踩制动踏板制动,车辆滑行一段距离后停止运动。制动开始后,车辆行进方向加速度变化如图 5-24 所示,车辆制动瞬间,减速度陡然增加,维持几秒后,又迅速回到零值。

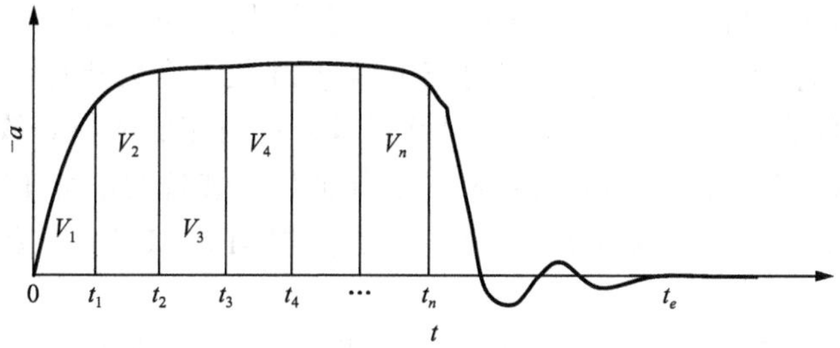

图 5-24 制动过程加速度变化曲线

从图中曲线可以观察到,(负)加速度从制动开始到制动结束不断累加得制动初速度值 V_0:

$$V_0 = a_1 \times \Delta t + a_2 \times \Delta t + a_3 \times \Delta t + \cdots + a_e \times \Delta t + = \sum_{i=1}^{e} a_i \times \Delta t \tag{5-19}$$

式中:a_i——车辆制动过程中的实时加速度,m/s²;

Δt——采样时间间隔,s。

相邻两个采集点之间的速度平均值为:

$$V_i' = \frac{V_{i-1} + V_i}{2} \tag{5-20}$$

两个采集点之间的平均速度,即为这两点之间的速度。则制动距离 S 为:

$$S = \sum_{i=1}^{e} V_i' \times \Delta t \tag{5-21}$$

式中:V_i'——每个采集点的速度,m/s;

Δt——采样间隔,s。

根据所记录的制动全过程的加速度和时间可确定 MFDD 所要求的相关参数。从而得到行车制动性能所要求的制动协调时间和充分发出的平均减速度 MFDD。

3. 使用与日常维护

1)使用注意事项

(1)检测制动性能应在平坦、干燥并且清洁的硬路面(轮胎与路面之间的附着系数不小于 0.7)上进行。

（2）在进行测试之前，用配有的专用吸盘，将加速度传感器安装在机动车正前方或侧方风窗玻璃位置。使制动性能测试传感器上箭头方向所标注的行驶方向与机动车行驶方向保持一致。同时，为了保证测试准确性，尽量保证传感器处于水平姿态。

（3）踏板开关，是用于记录机动车路试过程中操作员踩踏制动踏板时间点的专用装备。在进行测试前，需要将该硬件按要求与制动踏板固定。若需要测量制动踏板力则无需安装踏板开关，只需将踏板力传感器以同样方式安装在制动踏板上，使用搭扣牢固固定即可。

（4）对未经过台式测试的小型车辆要求车速大于 50km/h，大型车辆大于 30km/h，略超过车速要求后，空挡滑行至规定的车速后（带有自动变速器的汽车应置于 D 挡），用力踩下踏板，实施车辆紧急制动。

2）*日常维护*

（1）在使用前，对主机和打印机进行充电。传感器、仪表和打印机均为锂电池供电，为保证仪器正常使用当电量低于 20% 时应及时充电，以免电池永久性损坏。

（2）仪器及其配套的传感设备，均属于精密仪器，使用完后应将其放入仪器防护箱。并应尽量避免其遭遇进水、跌落、磕碰等意外情况，保证仪器装备的正常使用。

（3）在仪器使用完毕后，应将防尘塞合上，以保护 Micro USB 等接口暴露在外部的设备，避免受潮和进尘。

（4）为保证检测准确性，按《便携式制动性能测试仪校准规范》JJF 1168—2007，每 12 个月进行校准，每 6 个月进行期间核查。

五、货车列车制动性能动态检测技术

随着现代物流业的快速发展，我国道路货物运输车辆呈现重型化特征，特别是多轴式货车列车在道路运输中的占比呈现快速上升趋势，这种货运汽车列车轴数一般多达到六轴，其中五轴列车、六轴列车占了大多数。在鼓励开展甩挂运输技术研究和推广应用的背景下，牵引车与挂车的匹配及其制动效能的优劣对道路运输安全尤为重要。除制动力、制动协调时间和制动力不平衡等常规评价参数外，由于货车列车的不同结构以及牵引车与挂车之间的特殊连接，货车列车的制动协调性和稳定性问题更加突出。

1. 货车列车制动性能检测存在的问题

货车列车相对于其他普通运输车辆，具有以下突出特点：

（1）外廓尺寸大，行驶车体重心高，其外部特征远超普通车辆。

（2）多轴底盘行走系统，制动系统和制动参数要求较为复杂。

（3）各轴制动时序不正确时，易产生“摆尾”和“折叠”等恶劣现象。

（4）整备质量和总质量相对较大，制动距离长。

对于多轴货车列车而言，由于制动管路长，各轴制动不同步，造成挂车制动滞后，严重时导致车辆颠覆、车毁人亡的事故。因此，在不能保证所有轴同步抱死的情况下，各轴的制动顺序、制动时差对货车列车制动效能以及制动协调性和稳定性有相当大的影响。

货车列车制动折叠和摆尾的主要原因是：

（1）牵引车与挂车的选配组合不合理，牵引车的设计制造与挂车的设计制造脱节，忽略了组合后的制动匹配性能。

（2）制动控制管路布置不合理，主缸和分配阀至挂车制动轮缸管路过长，导致制动时序不正确。

（3）挂车与牵引车的质量比过大，制动滞后的挂车对牵引车形成推动冲击，在推力偏角分力作用下导致折叠，挂车重载或超载时，问题更为严重。

（4）牵引车与挂车制动力分配不当，挂车制动力不足，紧急制动或弯道制动时，导致折叠。

（5）安全配置不足，挂车后轴抱死滑移，导致摆尾。

2. 货车列车制动性能的特殊要求

货车列车由牵引车和挂车组合而成，制动性能即与牵引车和挂车的制动性能相关，同时也受到牵引车和挂车组合匹配性能的制约。因此，货车列车的制动性能除满足《机动车运行安全技术条件》（GB 7258—2017）中对汽车列车的制动性能规定为："空载和满载条件下，整车制动率分别不小于 55% 和 45%"要求外，还应该满足以下要求。

（1）制动时序、制动协调时间。

根据目前我国货车列车的技术水平和使用现状，牵引车和挂车无论是否装有防抱制动装置，在不能保证各轴同步制动的情况下，挂车的制动不应滞后于牵引车，为防止各轴制动产生过大的时间差，以制动协调时间加以约束。货车列车的制动时序应满足："挂车各轴的制动动作不应滞后于牵引车各轴的制动动作，货车列车的制动协调时间不大于 0.80s"。

（2）制动力分配。

货车列车除应符合上述制动时序要求外，还应满足制动力分配要求。

对于新生产车辆。满载条件下，货车列车制动力的分配应满足：仅使用牵引车（挂车）制动器时产生的制动减速度与使用牵引车和挂车全部制动器时产生的制动减速度的比值不应小于牵引车（挂车）质量与货车列车质量比值的 95%。

对于在用车辆：牵引车（挂车）整车制动力与货车列车整车制动力的比值不应小于牵引车（挂车）质量与货车列车质量比值的 90%，也即：牵引车（挂车）的整车制动率不应小于货车列车整车制动率的 90%。

3. 货车列车制动性能动态检测技术

由于受结构、原理的制约，滚筒反力式制动检验台同时检测货车列车每轴、每车轮的制动力在操作方面存在局限性：需要加装制动踏板开关，分别对各个车轴进行检测，且踩下制动踏板的动作力度很难保证一致。普通平板式制动检验台虽然可以同时测量每个车轮的制动性能，但主要应用于双轴车辆，不能满足货车列车制动性能的检测需求，因此，应使用货车列车制动性能动态检验台，见图 5-25。

图 5-25 货车列车制动性能动态检验台

1)检测系统组成

货车列车制动性能检验台由检测台架(机械单元)、计算机数采集处理系统(测控单元)、提示系统(引导单元)、网络系统组成,如图 5-26 所示。

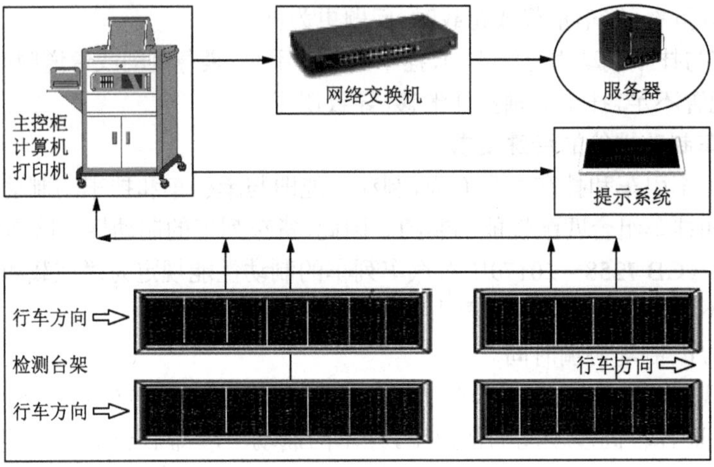

图 5-26 货车列车制动性能检测系统

(1)检测台架:由独立的检测单元组成检验台架,形成一段模拟路面,通过轮重传感器和制动力传感器将车辆轮胎传递的力转换成电信号,经放大滤波后,送往 A/D 转换器转换成数字信号,由计算机进行处理转换成相应的物理量。

(2)控制系统:由控制柜、计算机、打印机及电气测量系统组成,同步采集来自各检测板的电信号,并处理转换成各检测板对应的物理量(垂直载荷及水平制动力、时间),进行限值判断。

(3)提示系统:由控制系统通过串行通信口传输操作指挥信号到 LED 显示屏,提示驾驶员操作。

(4)网络交换机、服务器:根据需要,通过网络交换器与外部数据服务器进行数据通信交互。

2)测力单元

货车列车制动性能检测系统测力单元的结构与普通平板式制动检验台的测试原理基本相同,如图 5-27 所示。

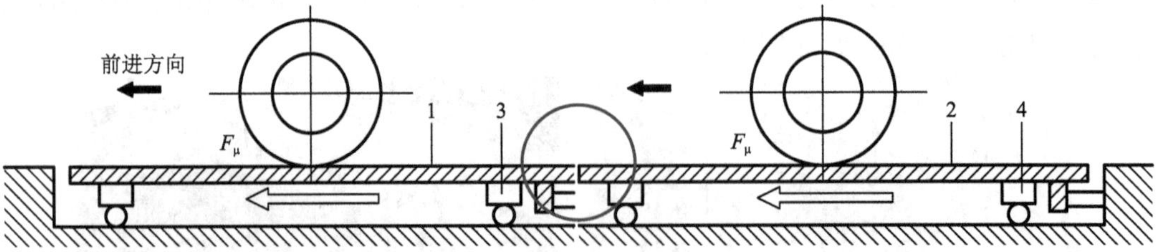

图 5-27 测力单元的结构

1、2- 测力单元;3、4- 拉力传感器

测力单元是车轮制动力和车轮垂直力的承受与传递装置。测试面板为一长方形钢板,面板的宽度设计适应双胎宽度并有余量,而长度设计则保证在任何情况下,不会出现同侧

前、后两个车轮的制动力和垂直力同时作用于同一测力单元的情形。由于货车列车一般装有并装轴，而并装轴的轴距相对较小（通常为 1300mm 左右），故各测力单元紧密排列，用以检测各车轮的作用力。

3）测试原理

货车列车以 5 ～ 10km/h 的速度（或按出厂说明书允许的速度）驶上制动台，变速器置于空挡。急踩制动踏板后，货车列车在惯性力的作用下，通过各车轮在各个测力单元上附加与制动力大小相等、方向相反的作用力，使测力单元沿纵向产生刚性位移。数据采集系统测量并处理各车轮的制动力、轮荷等参数，并显示、输出检测结果，测试原理如图 5-28 所示。

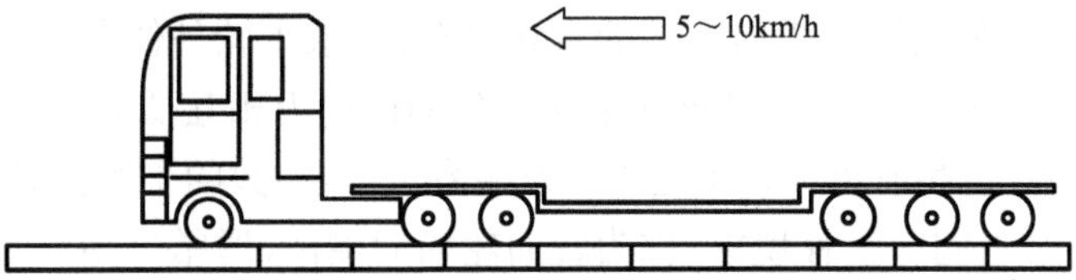

图 5-28　货车列车制动测试原理

4）检测功能

（1）牵引车、挂车和列车的整车制动率。

（2）牵引车、挂车和列车的各轴制动率。

（3）牵引车、挂车和列车各轴制动不平衡率。

（4）动（静）态轮荷。

（5）货车列车制动时序。

（6）货车列车制动协调时间。

（7）货车列车制动力分配。

（8）货车列车轴数自动识别。

（9）车辆行驶速度的判定。

货车列车的制动是一个非常复杂的过程。满载时，要使得整车在各种路面制动时，各轴都同时达到最大制动力，其制动器的制动力分配关系复杂。目前，对于具有固定分配比值的货车列车，通过合理选择分配系数或完善制动管路系统，不仅能保证制动时的稳定性，而且可保持较高的制动效能。

在我国现阶段，货车列车的制动协调性和稳定性可通过以下方法加以解决：

（1）牵引车和挂车制造厂在产品制动系统设计上应协调统一，可采取在半挂牵引车以及 O_3、O_4 类挂车安装防抱制动装置，安装可变比例分配阀，将储气筒和制动主缸后移等改进措施。

（2）在吸收国外先进技术的基础上，在牵引车上安装列车制动系统同步装置，使列车制动时能快速向挂车提供气源，确保牵引车与挂车同步产生同等强度、同等速度的制动，从而减少和避免制动“折叠”形态。

（3）进一步推动先进、成熟的车辆安全装置的普及应用，解决货车列车制动协调性和稳定性问题的途径是实现制动系统的电子控制。

第二节 汽车侧滑检验台

车辆在行驶中，当车轮在偶然受外力作用或转向盘稍微转动而偏离直线行驶时，转向车轮应有自动回正恢复直线行驶的能力。当转向车轮摆转一定的角度后，在放松转向盘时，转向车轮应有快速回正直线行驶的能力，转向车轮具有的保持自动返回直线行驶的能力，称为转向车轮的稳定效应。

一、汽车转向轮横向侧滑量

为保证汽车转向车轮做无横向滑移的直线滚动，要求车轮外倾角和车轮前束有适当配合，转向轮外倾角产生的外张力与转向轮前束产生的内向力相互抵消，保持转向轮正直方向行驶。当转向轮外倾角和前束在使用过程中发生变化，两参数的平衡被破坏时，车轮处于边滚边滑的状态，将产生侧向滑移现象，称为转向轮横向侧滑，通常采用汽车侧滑检验台检测转向轮横向侧滑量。

转向轮横向侧滑量是指在不施加转向力的条件下，汽车以规定的车速居中正直驶过汽车侧滑检验台，车轮在滑板纵向有效测量范围内滚动所引起的滑板横向位移量(mm)与纵向有效测量长度(m)之比值，计量单位换算为 m/km。

《机动车运行安全技术条件》(GB 7258—2017)规定：汽车转向轮横向侧滑，用汽车侧滑检验台进行检测时，前轴采用非独立悬架的汽车(包括采用双转向轴的汽车)，转向轮横向侧滑量值不应大于 5m/km。

汽车前轮横向侧滑量过大会使汽车的行驶阻力增加，对汽车的动力性、燃油经济性及制动性能均带来不利影响，而且会引起轮胎不均匀磨损。

研究表明，当前轮横向侧滑量从 0.2m/km 增至 5.2m/km，滚动阻力增加约 30%，加速性能降低约 7.5%，等速行驶燃料消耗量增加 5% 左右。同时，车轮侧滑直接影响汽车的操纵稳定性，表现为跑偏、高速时方向发抖、发飘。当前轮横向侧滑量每增大 1m/km，汽车直线行驶偏移量增加 34 ～ 36cm/100m。

汽车前轮横向侧滑检验的主要目的是为了判断汽车前轮前束和外倾这两个参数配合是否恰当，而非测量这两个参数的具体数值。

二、测量原理

汽车前轮产生横向侧滑原因主要是由于前轮前束和外倾角配合不当所引起的汽车行驶偏移。

1)滑板仅受到转向轮前束的作用

转向轮有了前束角后，在滚动过程中力向内收拢，只是由于转向轴不可能缩短，因此，在实际滚动过程中必然加剧轮胎内侧的磨损，假设让两个只有前束没有外倾的转向轮驶过两滑动板，由于前束的作用必然使滑板向外移动。单边转向轮产生外侧滑量，如图 5-29 所示，此时产生的外侧滑量 $\Delta S_1 = (L'-L)/2$。

2）滑板仅受到转向轮外倾角的作用

转向轮有了外倾角后，在滚动过程中力向外张开，转向轴不可能伸长，因此在实际滚动过程中必然加剧轮胎外侧的磨损，假设让两个只有外倾没有前束的转向轮驶过两滑动板，由于外倾角的作用必然使滑板向内移动，单边转向轮产生内侧滑量，如图 5-30 所示。此时产生的内侧滑量 $\Delta S_2=(L-L')/2$。

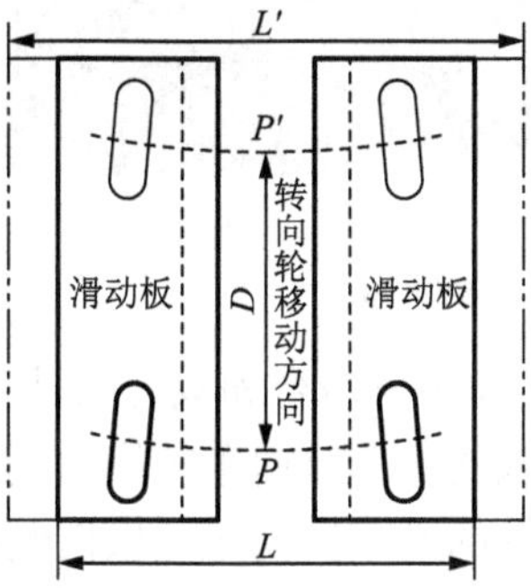

图 5-29　由车轮前束角引起的侧滑示意图

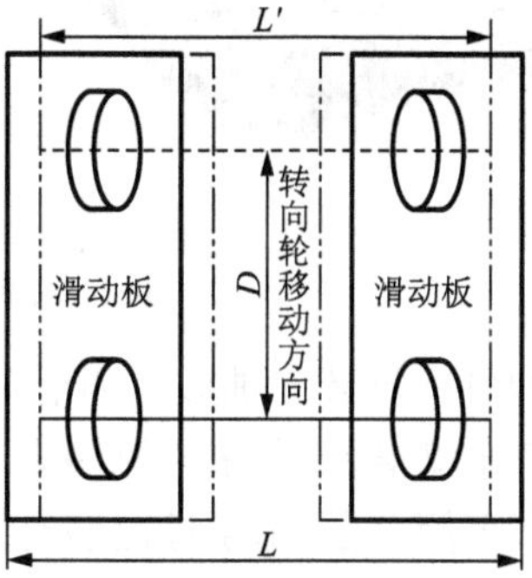

图 5-30 由车轮外倾角引起的侧滑示意图

3）滑板同时受到车轮外倾角和前束角的作用

汽车转向轮同时具有外倾角和前束角，汽车在前进时由外倾所引起的侧滑分量与由前束所引起的侧滑分量的方向相反，实际产生的横向侧滑量为两值之差值，即 $S=\Delta S_1-\Delta S_2$。

侧滑量值为正时，滑板向外移动，可能是前束值过大或前轮外倾角与该车外倾角基准值相比偏小；侧滑量值为负时，滑板向内移动，可能是前轮前束值偏小（或为负值）或前轮外倾角过大。侧滑检验台就是应用上述滑板运动原理来检测出转向轮横向侧滑量的。

设车轮在前进时通过侧滑检验台所产生的侧滑量为 A，在后退时的侧滑量为 B，假设车轮前进时的侧滑量就是由车轮外倾所引起的侧滑分量与由前束所引起的侧滑分量之间的叠加或抵消，试验研究得到车轮侧滑的运动规律如下：

（1）若前进时的侧滑量 A 大于一定的正数，后退时的侧滑量 B 大于另一正数，则侧滑量主要是由车轮外倾所引起的。

（2）若前进时的侧滑量 A 小于一定的负数，后退时的侧滑量 B 大于某一正数，则侧滑量主要是由车轮前束所引起的。

此时，由车轮外倾角引起的侧滑量为 $(A+B)/2$；由前束引起的侧滑量为 $(B-A)/2$。

根据上述分析，可以进一步从车轮外倾、车轮内倾、车轮前束和车轮前张四个因素中判断出是哪些因素引起车轮侧滑的故障，能有效地指导检测维修、调整转向轮前束及外倾角。

三、基本结构与主要技术要求

1. 分类

汽车侧滑检验台（简称侧滑台）是用于检测汽车转向车轮横向侧滑量的装置。

（1）按额定承载质量，侧滑台分为 3t、10t 和 13t 三个级别。

（2）按纵向有效测量长度，侧滑台分为 500mm 和 1000mm 两类。

(3)按使用测量滑板，侧滑台分为单板式侧滑台和双板联动式侧滑台。目前普遍使用的是双板联动式侧滑台，见图5-31。

a)

b)

图5-31 双板联动式侧滑台(带放松板)

(4)按使用功能(测转向轴数)，侧滑台分为单转向轴侧滑台和双转向轴侧滑台。

单转向轴汽车侧滑台：用于检测装有一个转向轴的汽车转向车轮横向侧滑量。

双转向轴汽车侧滑台：用于检测装有两个转向轴的汽车转向车轮横向侧滑量。

我国早期学习借鉴日本模式的检测方式，所以早期侧滑台不带放松板，目前，我国吸取欧美汽车检测理论，使用带放松板侧滑台。

2. 双板联动式侧滑台

双板联动式侧滑台主要由机械和电气两部分组成。机械部分主要由两块滑板、联动机构、回零机构、滚轮及导向机构、限位装置及锁零机构组成，见图5-32。电气部分主要包括位移传感器和电气仪表。

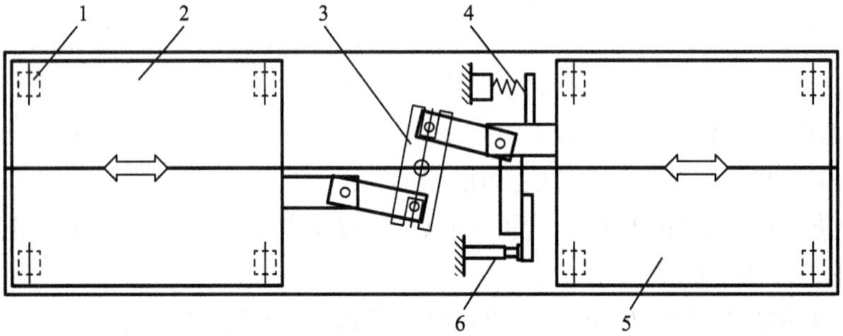

图5-32 双板联动式侧滑台结构示意图

1-滚轮；2-左滑板；3-连杆机构；4-复位弹簧；5-右滑板；6-位移传感器

1)机械部分

左、右两块滑板分别支撑在各自的四个滚轮上，每块滑板与其连接的导向轴承在轨道内滚动，保证了滑板只能沿左、右方向滑动而限制了其纵向的运动。两块滑板通过中间的联动机构连接起来，从而保证了两块滑板做同时向内或同时向外的运动。相应的位移量通过位移传感器转换成电信号送入仪表，回零机构保证汽车前轮通过后滑板能够自动回零，限位装置是限制滑板过分移动而超过传感器的允许范围，起保护传感器的作用，锁零机构能在设备空闲或设备运输时保护传感器，润滑机构能够保证滑板轻便自如地移动。

2)电气部分

电气部分按传感器的种类不同而有所区别。目前常用的位移传感器有电位计式和差动变压器式两种。

（1）电位计式传感器。

电位计式测量传感器将一个可调电阻安装在侧滑检验台底座上，其活动触点通过传动机构与滑板相连，电位计两端输入一个固定电压（比如 5V），中间触点随着滑板的内外移动也发生变化，输出电压也随之在 0 ～ 5V 之间变化，把 2.5V 左右的位置作为侧滑台的零点，如果滑板向外移动，输出电压大于 2.5V，达到外侧极限位置输出电压为 5V。滑板向内移动，输出电压小于 2.5V，达到内侧极限输出电压为 0V。这样仪表就可以通过 A/D 转换将侧滑传感器电压转换成数字量，并送入单片机处理，得出侧滑量值。

（2）差动变压器式传感器。

差动变压器式测量传感器输出的是正负两种信号，把电压为 0 时的位置作为零点。滑板向外移动输出一个大于 0V 的正电压，向内移动输出一个小于 0V 的负电压。同样，仪表可以通过 A/D 转换将测量传感器电压转换成数字量，并送入单片机处理，得出侧滑量值。

（3）指示仪表。

指示仪表可分为数字式和指针式两种。目前，汽车检验机构普遍使用的是数字式仪表，早期自整角电机式测量装置一般采用指针式仪表，数字式仪表常用单片机做处理器。

3. 双转向轴用侧滑台

营运货车在重载情况下，转向轮的侧滑量过大会加剧轮胎的磨损，易引发交通事故。目前，采用双转向轴的重型货车越来越多，因此，对这类结构的重型货车应分别测量双转向轴（一轴、二轴）各自的侧滑量。

用于双转向轴检测的侧滑台，其结构和工作原理与常规的侧滑台基本相同。双转向轴的轴距一般在 1500 ～ 2100mm，按最小轴距计算，再考虑轮胎的地面压痕，前、后轮最近接地点间的距离在 1300mm 左右，设计时应采取技术措施将前、后轴（轮）侧滑量数据分离并分别评判。目前的技术方法有：

（1）采用两套相互独立并能将侧滑板面自动锁止 / 解锁的侧滑台，如图 5-33 所示。

（2）在现有双板联动式侧滑台台体上进行技术改造，采用侧滑板面能快速复位的常规侧滑台，如图 5-34 所示。采用有效测量长度为 0.5m 的常规侧滑台，以小于 3km/h 的速度进行测量。

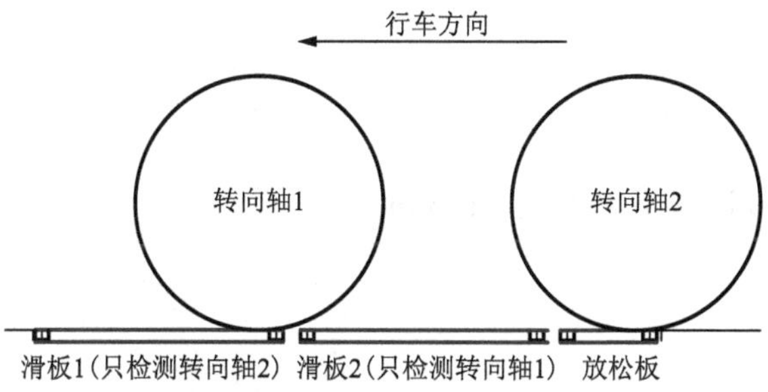

图 5-33　测量双转向轴用侧滑台（自动锁止 / 解锁）

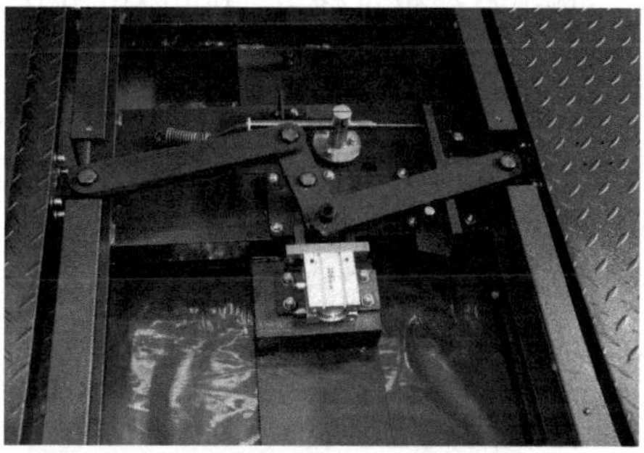

图 5-34　测量双转向轴用侧滑台（侧滑板面快速复位）

4. 主要技术要求

产品制造执行交通行业标准《汽车侧滑检验台》（JT/T 507—2004）。

1)测量量程

侧滑台滑板纵向有效测量长度、滑板向内及向外滑动量、侧滑量量程和仪表显示值应符合表 5-14 规定。

滑板纵向有效测量长度及测量量程 表 5-14

滑板纵向有效测量长度(mm)	滑板向内、向外最大滑动量(mm)		侧滑量量程(m/km)		仪表显示值	
	单转向轴侧滑台	双转向轴侧滑台	单转向轴侧滑台	双转向轴侧滑台	滑板向内、向外滑动量(mm)	侧滑量(m/km)
500	≥ 5.0	≥ 10.0	≥ ±10.0	≥ ±20.0	0.5	±1.0
1000	≥ 10.0	≥ 20.0			1.0	±1.0

2)示值误差

侧滑台测量示值误差应符合表 5-15 的要求。

汽车侧滑检验台测量示值误差 表 5-15

额定承载质量(t)	分辨力(m/km)	示值误差(m/km)	报警点误差(m/km)	示值重复性(m/km)
3	±0.1	±0.2	±0.2	0.1
10				
13				

3)零位误差

(1)滑板位移 5.00m/km 时,释放水平拉力,滑板应回初始位置,零位允许偏差为 ±0.20m/km。

(2)滑板位移 0.40m/km 时,释放水平拉力,滑板应回初始位置,零位允许偏差为 ±0.20m/km。

(3)对于采用复位结构的双转向轴侧滑台,滑板位移 10.00m/km 时,释放水平拉力,滑板回到初始零位的时间应不大于 300ms,零位允许偏差为 ±0.20m/km。

(4)对于采用非复位结构的双转向轴侧滑台,当第一转向轴通过侧滑台滑板后,侧滑量显示值应在 300ms 内回零,零位允许偏差为 ±0.20m/km。

4)示值漂移

侧滑台滑板位移至 5.00m/km 并保持稳定, 30min 内,示值漂移不超过 ±0.20m/km。

5)数据采集

侧滑量的数据采集频率应不低于 100Hz。

6)滑板位移同步性

双滑板联动式侧滑台的左、右滑板同步误差不大于 ±0.10mm。

四、使用与日常维护

1. 使用注意事项

(1)不允许超过容许承载质量的汽车驶上侧滑台,以防损坏侧滑台。

(2)汽车通过侧滑台时,不允许汽车在侧滑台上转向或制动,也不应突然加速、减速或踏离合器踏板,这样会改变前轮受力状态,影响测量精度和侧滑台的使用寿命。

(3)汽车通过滑板的速度为 3 ～ 5km/h（相当于人中速行走的速度）。车速过高会因滑板的惯性力和仪表的动态响应迟滞而影响测量精度；速度过低也会引起失真误差。

(4)轮胎气压符合规定，表面清洁。如果胎压不符合规定，轮胎上有水、油或花纹中嵌有小石子，都会改变轮胎与滑板间的作用力，而影响测量精度。

(5)侧滑台不使用时，必须锁止滑板，以防止外界因素（人或汽车等）引起的频繁晃动而损坏测量机件。

2. 定期维护

(1)每天在接通电源预热后，晃动滑板，待滑板停止后，观察显示仪表的侧滑量数值是否为零。如发现失准，需要进行调零。

(2)定期检查各种导线有无因损伤而造成接触不良的部位，必要时应进行修理或更换。

(3)每使用 1 个月，应重点检查测量装置、蜂鸣器或信号灯在侧滑量超过规定值时能否及时报警或给出侧滑量不合格的信息。

(4)使用 3 个月，除做上述维保作业外，还需检查测量装置的杠杆机构和复位等动作是否灵便。如动作不灵活或有迟滞现象，应及时进行清洁和润滑工作，必要时需进行修理或更换有关零件。

(5)使用 6 个月后，除进行第（4）项维护工作外，还需要拆下滑动板，检查滑动板下的滚轮及导轨，同时检查各部位有无脏污、变形、锈蚀、磨损等情况，并进行清洁、紧固和润滑，对磨损严重的零部件应酌情更换。

(6)为了保证测量准确，应按《汽车侧滑检测台检定规程》（JJG 908—2009）定期进行计量检定和自校准。检定周期：一次 /12 个月；自校准周期：一次 /6 个月。

3. 调整与维修

侧滑台计量误差超标的原因基本有以下两个方面。

(1)机械方面。主要是滑动板、联动机构及回零机构机件磨损，间隙增大所致，或侧滑板面变形、未调好水平。

应检查滑板下面的滚轮和导轨并加以清洗或更换，以及检查两块滑板中间的导向轴承及其他轴承并加以清洗或更换。

(2)电气方面。测试仪表或传感器的电子器件老化、零位漂移、阻值变化或元件损坏所致。

可利用仪表上的调零电位器调整、增益电位器，或通过机械方法来调整，如改变传感器的安装位置。

第三节　汽车车速表检验台

汽车车速表是通过速度传感器将车辆行驶速度传递给车速表，以使其指示车辆的行驶速度。由于传感器、车速表的制造、装配等误差，可能使车速表的指示值与实际车速之间出现误差。在车辆的使用过程中，车速表的性能下降或轮胎磨损、轮胎气压不符合规定等因素

图 5-35　滚筒式汽车车速表检验台

都可能引起车速表的指示车速与实际车速之间出现误差。

在行车中，汽车驾驶员通过车速表并根据交通情况和道路情况掌控车辆的行驶速度。这就要求车速表应具有一定的准确度，能尽量准确反映车辆的实际速度。为保证行车安全，应对车速表进行定期校验检测，一般采用滚筒式汽车车速表检验台进行检测，如图 5-35 所示。

一、车速表指示误差评价方法

从保证行车安全的角度考虑，汽车车速表应只有上偏差，即车速表的指示车速应不低于汽车的实际车速。《机动车运行安全技术条件》（GB 7258—2017）规定，对于车速表的指示车速与实际车速的关系应符合式(5-22)。

$$0 \leqslant V_1 - V_2 \leqslant V_2/10+4 \tag{5-22}$$

式中：V_1——车速表的指示车速，km/h；

V_2——汽车的实际车速，km/h。

采用滚筒式车速表检验台来测试车速表，规定检测速度点为 40km/h。它主要是依靠车轮和滚筒之间的接触，通过传感器获取车轮转速并与被测车辆的车速表进行对比，来确定车速表指示是否正确。对于全时四轮驱动汽车和具有驱动防滑控制装置的汽车车速表的检测，则需采用路试的方法。

在车速表检验台上检测的汽车，其车速表的指示值 V_1 为 40km/h 时，车速表检验台的速度指示值 V_2 在 32.8 ～ 40km/h 范围内为合格。当车速表检验台速度指示值 V_2 为 40km/h 时，读取该汽车车速表的指示值 V_1，当 V_1 的读数在 40 ～ 48km/h 范围内时为合格。

二、基本结构

滚筒式车速表检验台按有无驱动装置可分从动式与主动式两种。从动式检验台无驱动装置，它靠被测汽车驱动轮带动滚筒旋转；主动式检验台由电动机驱动滚筒旋转，再由滚筒带动车轮旋转。

1. 从动式车速表检验台

从动式检验台主要由滚筒、举升器、测量元件、显示仪表及辅助装置等几部分组成，主要结构见图 5-36。

1）滚筒

车速表检验台左、右各有两根滚筒，用于支撑车辆的驱动轮。在测试过程中，为防止车辆的差速器起作用而造成左、右驱动轮转速不等，前面的两根滚筒是用联轴器连在一起的。滚筒多为钢制，表面经防滑处理，直径应在 200mm 左右，为了标定时换算方便，设计滚筒直径为 176.8mm，这样滚筒转速为 1200r/min 时，正好对应滚筒表面的线速度为 40km/h。

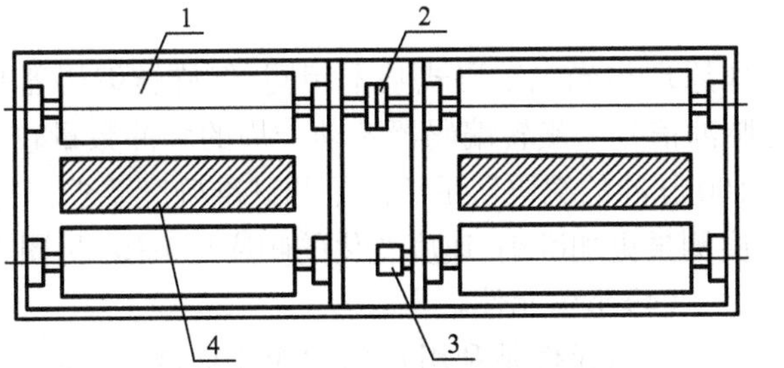

图 5-36　从动式车速表检验台结构示意图

1- 滚筒；2- 联轴器；3- 速度传感器；4- 举升器

2）举升器

举升器置于前、后两根滚筒之间，多为气动装置，也有液压驱动和电动机驱动的。测试时，举升器处于下方，以便滚筒支撑车轮。测试前，举升器处于上方，方便车辆驶上检验台；测试后，靠气压（或液压、电动机）升起举升器，顶起车轮，以便车辆驶离检验台。

3）测量元件

测量元件即测量转速的传感器，其作用是测量滚筒的转动速度，与前滚筒同轴安装。通过转速传感器将滚筒的转速转换成电信号（模拟信号或脉冲信号），再送到显示仪表。常用的转速传感器有：测速发电机、光电编码器和霍尔元件等。

（1）测速发电机。

测速发电机是一种永磁发电机，由于制作精密，它能够产生几乎与转速完全成正比的电压模拟信号，见图 5-37。将它安装在滚筒一端，当滚筒转动时，测速发电机可以输出与转速成正比的电压。此信号经放大和 A/D 转换后，送入单片机。

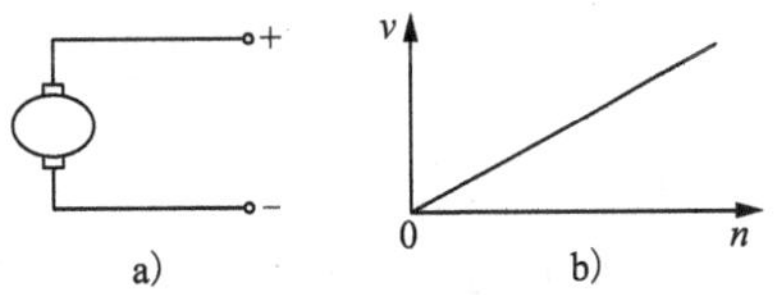

图 5-37　直流永磁测速发电机电路图及特征曲线

a）电路图；b）特征曲线

（2）光电编码器。

光电编码器是带孔或带齿的编码盘，安装在滚筒的一端并随滚筒转动，见图 5-38。有一对由光源和光接收器组成的光电开关，光源一般发出红外光，光接收器多由光敏三极管和放大电路组成，可将收到的光信号变为电信号。光源和光接收器分别置于编码盘的两侧，并彼此对准。当编码盘转动时，光源发出的光线周期性地被遮住，光接收器收到断续的光信号，并转换成电脉冲（脉冲信号），脉冲频率与滚筒转速成正比，将此脉冲信号经过光电隔离等环节之后，送入单片机。

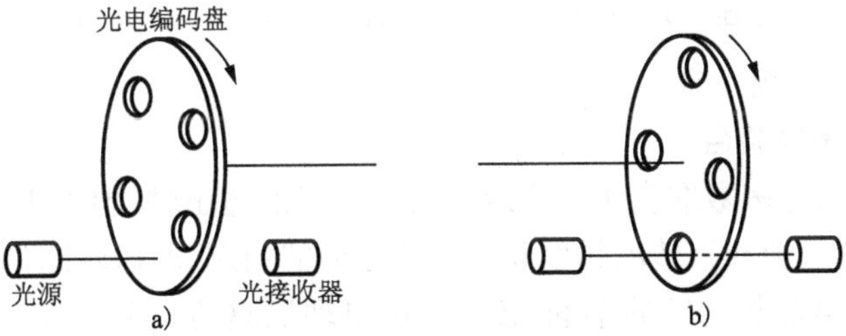

图 5-38　光电式速度传感器原理图

a）光线被遮住，接收器无信号；b）光线未被遮住，接收器有信号

（3）旋转编码器。

旋转编码器的工作原理与光电编码式基本相同，但旋转编码器是一种集成的传感器，它输出的电压同样是脉冲信号。旋转编码器转动一周的脉冲数量较高，一般速度台上每周100脉冲的编码器足够满足测试准确度要求。每周高脉冲数可以使速度测量更加准确，速度变化的响应更灵敏，见图5-39。

图5-39 旋转编码器

（4）霍尔元件。

霍尔元件是利用霍尔效应原理，将带齿的圆盘固定在滚筒一端，并随滚筒一起转动，当圆盘的齿未经过磁导板时，有磁场经过霍尔元件，因而感应霍尔电动势。当圆盘的齿经过磁导板时，磁场被短路，霍尔电动势消失。所以霍尔元件可以产生与速度成正比的脉冲信号，此脉冲信号同样经过一定的隔离处理后，送入单片机，见图5-40。

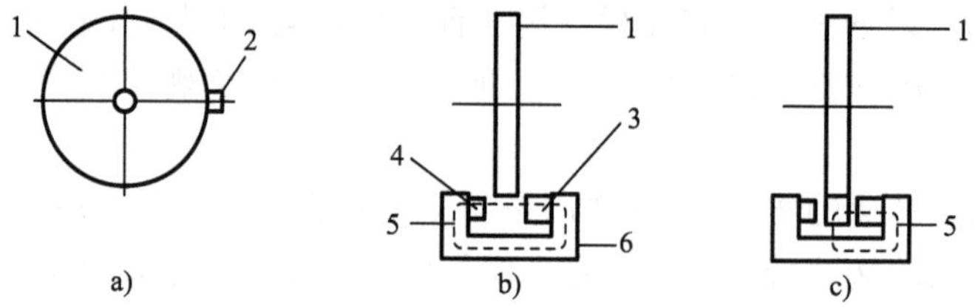

图5-40 霍尔元件式速度传感器

a）带齿圆盘形状；b）圆盘的齿未经过磁导板，有磁力线经过霍尔元件；c）圆盘的齿经过磁导板时，磁力线被短路
1-圆盘；2-齿；3-永久磁铁；4-霍尔元件；5-磁力线；6-磁导板

4）显示仪表

目前车速表检验台大多采用数字显示仪表，常用单片机作为处理器。来自传感器的信号经处理后传输给单片机，再输出显示测量结果。在全自动汽车检测线上也可直接把车速表传感器信号传输到工位机（或主控机）上直接进行处理。

5）辅助部分

（1）安全装置：车速表检验台滚筒两侧设有挡轮，以免检测时车轮左、右滑移损坏轮胎或设备。

（2）滚筒抱死装置：汽车测试完毕出车时，如果只依靠举升器，可能造成车轮在前滚筒上打滑。为了防止打滑，增加滚筒抱死装置，与举升器同步，举升器升起的同时，抱死滚筒，举升器下降时松开。

（3）举升保护装置：车辆在车速表检验台上运转时，举升器突然上升会导致严重的安全事故，因而检验台设有举升器保护装置（软件或硬件保护），以确保滚筒转速低于设定值后（如5km/h）才允许举升器上升。

2. 主动式车速表检验台

车速表的转速信号多数取自车辆变速器或分动器的输出轴，但对于后置发动机的汽车，由于车速表软轴过长，会导致传动精度和寿命等方面的问题，所以转速信号取自前从动轮。

对转速信号取自前从动轮的车辆，必须采用电动机驱动型主动式车速表检验台。测试时，由电动机驱动滚筒带动前从动轮旋转。这种检验台往往在滚筒与电动机之间装有离合器，如图5-41所示。若检测时将离合器分离，这种检验台又可作为从动式车速表检验台使用。

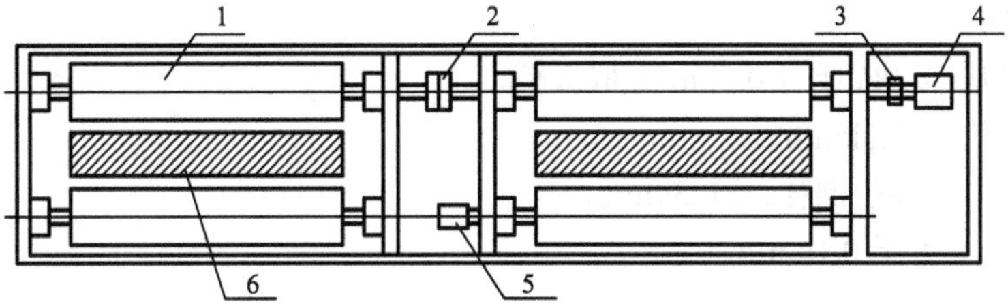

图 5-41 主动式车速表检验台结构示意图

1- 滚筒；2- 联轴器；3- 离合器；4- 驱动电机；5- 速度传感器；6- 举升器

无论使用哪种类型的车速表检验台，对于全时四驱车辆，目前检测机构所用的车速表检验台无法适应检测需要，需要路试。如需要用台架设备来实施车速表准确性的检测，需要在车速表检验台前或后安装自由滚筒。自由滚筒的设计与安装应适应各种被检全时四驱车辆的轴距变化范围。

三、测试原理与主要技术要求

1. 测试原理

汽车检测时，将汽车驱动轮置于滚筒上，发动机经传动系统驱动车轮旋转，车轮借助于摩擦力带动滚筒旋转，旋转的滚筒相当于移动的路面，以驱动轮在滚筒上旋转来模拟汽车在路面上行驶时的实际状态。通过测试滚筒表面线速度来达到测量汽车行驶速度的目的。

滚筒表面线速度、滚筒直径和滚筒转速之间的关系可用下表达：

$$v = \pi \times D \times n \times 60 \times 10^{-6} \tag{5-23}$$

式中：v——滚筒表面线速度，km/h；

D——滚筒直径，mm；

n——滚筒转速，r/min。

当车轮与滚筒附着状态良好时，车轮的线速度与滚筒的线速度相等，故上式的计算值即为车辆的实际车速。该值在检验时由车速表检验台上的速度指示仪表显示。

车轮在滚筒上转动的同时，车速表上显示车速值，即车速表指示值。将上述车速表检验台速度指示仪表上显示的真实车速值与车辆车速表显示的车速指示值相比较，即可求出车速表的指示误差。

2. 主要技术要求

产品制造执行国家标准《滚筒式汽车速度表检验台》（GB/T 13563—2007），在用的车速表检验台依照《滚筒式车速表检验台检定规程》（JJG 909—2009）进行周期检定。

1）结构参数

主要结构要求见表 5-16。滚筒上母线应保持水平，各滚筒两端点间的高度差应不超过 5mm。

滚筒式汽车速度表检验台主要技术要求 表 5-16

额定承载质量(t)	滚筒直径 D（mm）	最高车速(km/h)	举升装置
3	$D \geqslant 175$mm，允许误差：$\pm 0.002D$	不小于 80km/h	有
10			
13			

2)测量系统

(1)示值误差：±1% 或 ±0.3km/h，取大值。

(2)零值误差：±0.3km/h。

(3)30 min 内的零位漂移：±0.3km/h。

(4)分辨力：不大于 0.1km/h。

四、使用与日常维护

1. 使用注意事项

(1)轴重大于检验台允许质量的车辆不允许驶上检验台。

(2)将车辆正直居中驶上检验台，驱动轮停放在测速滚筒上，汽车在检测时，不允许急加速或急减速，尤其是前轮驱动车辆。

(3)对于无法台架检验车速表指示误差的车辆，可采用便携式制动性能检测仪或同类仪器设备进行路试。

(4)检测过程中，禁止升起举升器。

(5)对于主动式车速表检验台，在不用驱动装置进行测试时，务必分离离合器，使滚筒与电动机脱开。

(6)为了保证测量准确，应按《滚筒式车速表检验台检定规程》(JJG 909—2009)定期进行计量检定和自校准。检定周期：一次 /12 月；自校准周期：一次 /6 个月。

2. 定期维护

滚筒式车速表检验台定期维护项目与要求见表 5-17。

滚筒式车速表检验台定期维护 表 5-17

周期	维护项目与要求
每日	1. 检查滚筒是否沾有油污、水泥等杂物，若有应予清除； 2. 检查滚筒的运转情况，有无异响、损伤，运转是否平稳； 3. 检查举升器动作是否自如或有无漏气(或漏油)部位，否则予以修理； 4. 检查导线的连接情况，若有接触不良或断路应予修复； 5. 调整气泵压力不得超过 0.8MPa
每月	检查各轴承座及其他关键部位螺钉是否松动并拧紧
每 3 个月	1. 检查滚筒制动器的磨损情况，当举升器升起后，被检车辆驶离检验台时，车轮不应带动滚筒旋转； 2. 检查联轴器是否松旷； 3. 检查传感器固定情况，接头有无松动； 4. 对速度传感器处进行清洁处理； 5. 对滚筒支撑轴承进行润滑

第四节 汽车前照灯检测仪

《汽车及挂车外部照明和光信号装置的安装规定》(GB 4785—2007)定义，前照灯为照明车辆前方远距离道路的灯具。前照灯是汽车在夜间或在环境能见度较低的条件下，为驾驶员提供行车道路照明的重要部件，也是驾驶员发出警示，进行联络的灯光信号装置。所以前照灯必须有足够的发光强度和正确的照射方向。

在行车过程中，汽车受到振动，可能引起前照灯部件的安装位置发生变动，从而改变光束的正确照射方向，同时，灯泡在使用过程中会逐渐老化，反射镜也会受到污染而使聚光的性能变差，导致前照灯的亮度不足，这些变化都会使驾驶员对前方道路情况辨认不清，或在与对面来车交会时造成对方驾驶员炫目等，从而导致交通事故的发生。

一、汽车前照灯特性与检测评价指标

汽车前照灯主要用于夜间行车道路照明，有时也兼作超车信号灯，分为远光灯和近光灯，灯光为白色。有两灯制和四灯制(前照灯具有 4 个远光光束)两种配置方式，功率一般为 40 ～ 60W。

经常使用的近光灯为照明车辆前方道路，对对面来车驾驶员和其他使用道路使用者不造成炫目，或产生不舒适感的灯具。前照灯需要有特殊的光学结构，因为它既要保证夜间车前道路有明亮而均匀的照明，又要具有防炫目装置，避免夜间两车交会时因对方驾驶员炫目而发生事故。

前照灯主要由灯泡、反射镜和配光镜三部分组成。灯泡有充气灯泡、卤钨灯泡和新型高压放电氙灯等几种类型。

1. 汽车前照灯配光特性

国内外对汽车前照灯的检查和调整十分重视，因为前照灯光束调整正确与否，会直接影响行车安全、运输效率和驾驶员的疲劳程度。

前照灯的远光是夜间行车照明时使用的，当无迎面来车或不尾随其他车辆时，希望灯光照得远并使路面有足够亮度；前照灯的近光是日常及会车使用的，要求光束倾向路面右侧，以避免对面来车驾驶员炫目。因此，前照灯发出的光线应满足一定的分布要求。配光特性即是用等照度曲线表示的明亮度分布特征，如图 5-42 所示。

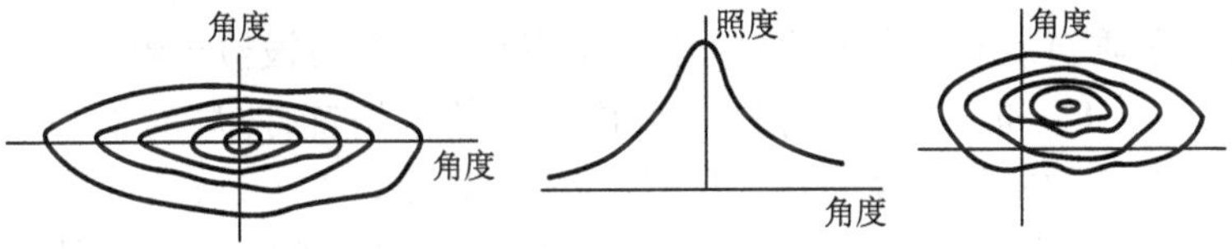

图 5-42 前照灯配光特性(光束要求)

前照灯配光有 SAE 标准和 ECE 标准两种，两种配光方式的远光基本相同，区别在于近光的照射位置和防炫目的方法，其配光特性应满足的要求是远光具有良好照明、近光具有足够照明和不炫目。我国《汽车用灯丝灯泡前照灯》(GB 4599—2007) 所规定的配光标准与 ECE 标准基本一致，对近光灯的定义为：当车辆前方有道路其他使用者时，所使用的一种不使对方炫目或引起不舒适感的近距离照明光束。

(1)SAE 配光方式。SAE 配光方式也称美国配光方式 (图 5-43)，远光灯丝位于反射镜焦点处，所发出光线经反射沿光学轴线平行射向远方，近光灯丝位于焦点之上，所发出的光线经反射后，大部分向下倾斜从而下部较亮而上部较暗，所形成的光形分布是水平方向宽、垂直方向窄。若等照度曲线左右对称，不偏向一边，上下扩展不太宽，就是好的配光特性。SAE 配光方式的近光照射在屏幕上的光斑没有明显的明暗截止线。

(2)ECE 配光方式。ECE 配光方式也称欧洲配光方式。其远光配光与 SAE 配光方式相同；但近光灯丝位于反射镜焦点之前，且在灯丝下设一遮光屏。这样，近光光线只落在反射镜上半部分而向下倾斜反射，照到屏幕上时，可看到具有明显的明暗截止线和明暗截止线转角点的光斑，如图 5-44 和图 5-45 所示。

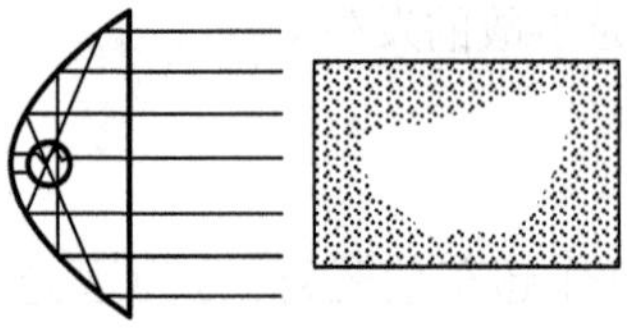
图 5-43　SAE　配光方式

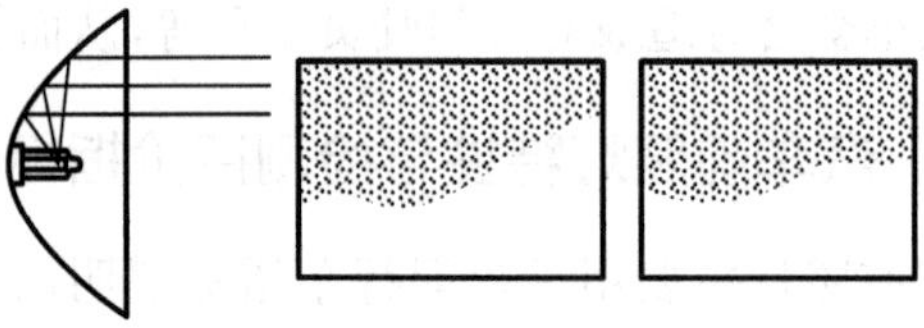
图 5-44　ECE　配光方式

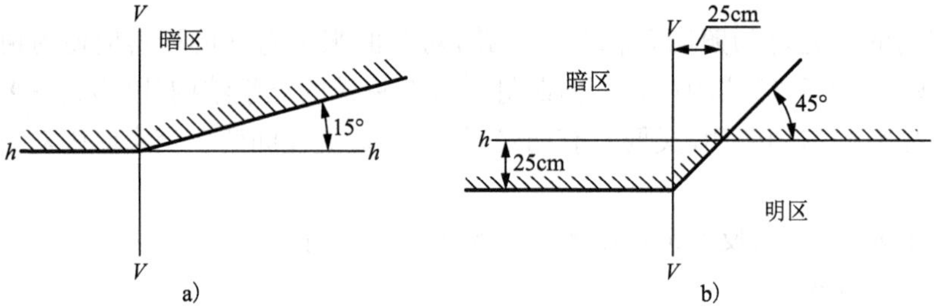

图 5-45　ECE　近光灯配光特性

2. 汽车前照灯检测方法与评价指标

汽车前照灯检测主要采用屏幕检验法和仪器检验法，汽车检测站多用仪器检验法。

1）屏幕检验法

将汽车停在水平地面上，轮胎气压符合规定，汽车空载（一名驾驶员乘坐），距前照灯 10m 处竖一幕布（或利用白墙壁）。

如图 5-46 所示，检查前照灯近光光束照射位置时，前照灯照射在距离 10m 的屏幕上，在屏幕上画有三条垂直线和三条水平线，中间垂直线 $V—V$ 与被检车辆的纵向中心线对正。两侧的垂直线 $V_{左}—V_{左}$ 和 $V_{右}—V_{右}$ 分别为被检车辆的左、右前照灯的中心线；水平线 $h—h$ 与被检车辆的前照灯的中心等高，即前照灯基准中心高度为 H（mm）；其下一条水平线的高度为 H_1，与被检车辆的前照灯远光光束中心的上限值（0.95H）等高，最下面的一条水平线的高度为 H_2，与被检车辆的前照灯近光光束中心的上限值（乘用车 0.9H，其他车辆 0.8H）等高。

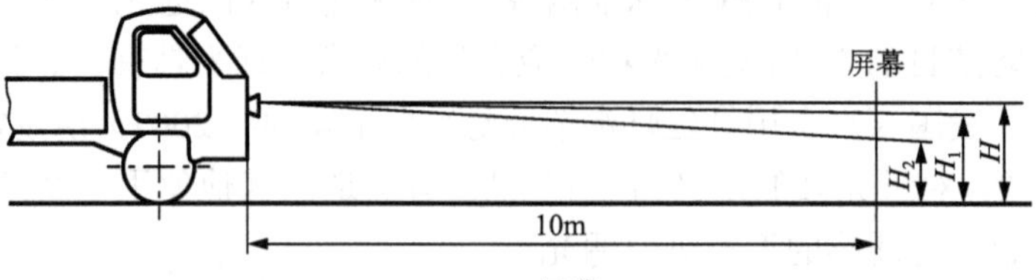

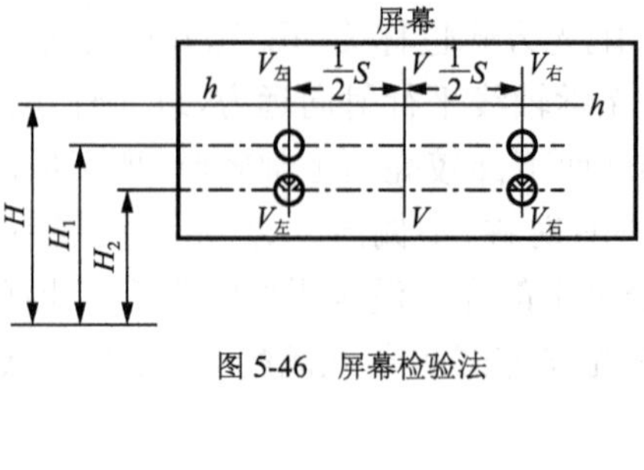

图 5-46　屏幕检验法

乘用车前照灯近光光束明暗截止线转角或中点的高度应为 0.7 ～ 0.9*H*（*H* 为前照灯基准中心高度），营运车辆应为 0.6 ～ 0.8*H*，前照灯近光光束水平方向位置向左偏不允许超过 170mm，向右偏不允许超过 350mm。

2）仪器检验法

用前照灯检测仪对汽车前照灯进行检测，见图 5-47。将被检验的车辆按规定距离与前照灯检测仪对置，直接检测发光强度；从前照灯检测仪的屏幕上分别测量左、右远近光束的水平和垂直照射方位的偏移值。传统方法如下：

（1）发光强度。

发光强度是光线在给定方向上发光强弱的度量，是表示光源发光强度的物理量，其单位为坎德拉，用符号 cd 表示。

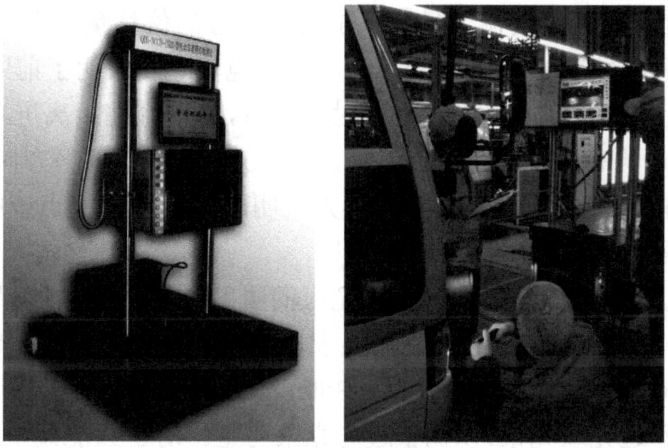

图 5-47 前照灯检测仪

坎德拉（cd）的定义为：一个光源发出频率为 540 ×10^{12}Hz 的单色辐射，若在一定方向上的辐射强度为 1/683W/sr（即每球面度 1/683W），则此光源在该方向上的发光强度为 1cd。

发光强度检测由光度计、光电池和可变电阻构成，如图 5-48 所示。当前照灯在规定距离处照射光电池时，光电池产生与受光强弱成正比的电流，使光度计的指针偏转，经标定后，其指针偏转的大小便可反映前照灯的发光强度。电路中的可变电阻用于调整光度计指针零位。常用光电池的主要类型是硒光电池，当受到光线照射时，金属薄膜和非结晶硒的左右两端产生电动势，左端带正电，右端带负电。因此，若在金属膜和铁底板上装上引出线，将其用导线与电流表连接起来，电流就会流过电流表，使电流表指针摆动。

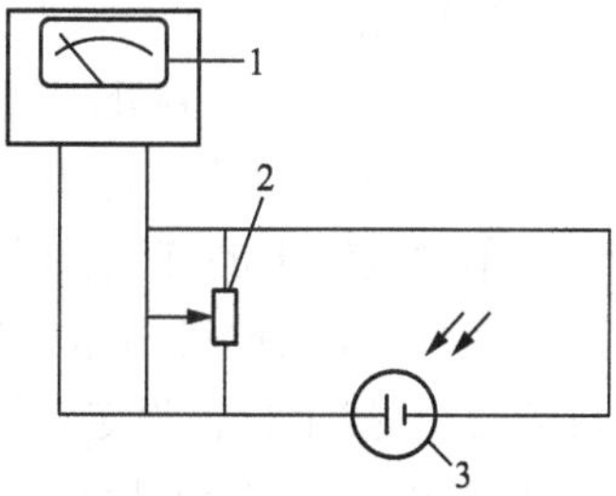

图 5-48 发光强度检测方法

1- 光度计；2- 可变电阻；3- 光电池

同时打开所有前照灯（远光），其总的远光光束发光强度应不超 225000cd。营运车辆（最大设计车速不小于 70km/h），两灯制不小于 15000cd、四灯制不小于 12000cd（其中两只对称灯达到两灯制的要求时视为合格）。

（2）光束中心偏移量。

光束中心偏移量检测电路由两对光电池组成，如图 5-49 所示。左、右一对光电池 $S_{左}$、$S_{右}$上接有左、右偏斜指示计，用于检测光束中心的左、右偏移量；上、下一对光电池 $S_{上}$、$S_{下}$

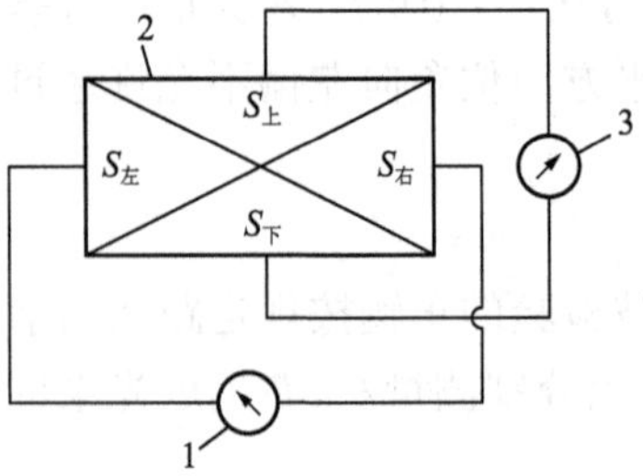

图 5-49 光束中心偏移检测方法

1- 左、右偏移指示计；2- 光电池；3- 上、下偏移指示计

上接有上、下偏斜指示计，用于检测光束中心的上、下偏斜量。

当光电池受到前照灯照射时，各光电池分别产生电流，若前照灯的光束中心有偏移，则 4 个光电池受到的光照度不等，产生的电流也不相等。$S_左$、$S_右$光电池所产生电流的差值，使左、右偏移指示计的指针偏摆；$S_上$、$S_下$光电池所产生电流的差值，使上、下偏移指示计的指针偏摆，从而可测出前照灯光束中心的偏移量。通过适当的调节机构，调整光线照射光电池的位置，使 $S_左$、$S_右$和 $S_上$、$S_下$每对光电池受到的光照度相同，此时每对光电池输出的电流相等，两偏移指示计的指针均指向零位，其调节量反映了光束中心的偏移量。当偏移指示计指针处于零位时，光电池受到的光照最强，4 块光电池所输出电流之和表明了前照灯的发光强度。

营运车辆，在检验前照灯的近光光束照射位置时，前照灯在距离屏幕前 10m 处，光束明暗截止线转角或中点的高度应为 0.6 ～ 0.8H，前照灯近光光束水平方向位置向左偏不允许超过 170mm，向右偏不允许超过 350mm。对光束明暗截止线转折点或中点的识别，对没有防炫功能的前照灯是不允许使用的。

对于营运车辆，四灯制前照灯其远光单光束的照射位置，前照灯在距离屏幕 10m 处，光束中心离地高度为 0.8 ～ 0.95H；水平位置要求，左灯向左偏不得大于 170mm，向右偏不得大于 350mm；右灯向左或向右偏均不得大于 350mm。

汽车装用远光和近光双光束，以调整近光光束为主。对于只能调整远光单光束的灯，调整远光单光束。

二、前照灯检测仪功能与技术要求

1. 功能

随着计算机控制处理技术的发展，大部分的检测站已经使用了全自动前照灯检测仪。基本结构见图 5-50。在全自动汽车检测线上的灯光检测工位，当被检车辆进入前照灯仪测量距离时，上位机指示前照灯检测仪启动测量，沿着导轨自动驶出，按上位机设定（或仪器设定）的顺序完成左右远近光灯组的测量，直至测量完毕，自动复位。为提高灯光检测工位的检测效率，近年来一些汽车检测站使用双灯同检，左、右各一台前照灯检测仪，在启动测量后，分别测量左、右远近光灯组后复位，节省了检测时间，提高了检测效率。

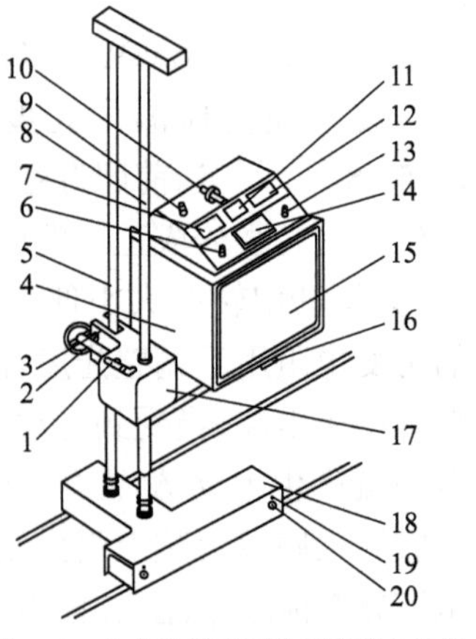

图 5-50 全自动前照灯检测仪基本结构

1- 拉手；2- 手轮；3- 摆正旋钮；4- 光接收箱；5- 后立柱；6- 左、右刻度盘；7- 左、右表；8- 前齿条立柱；9- 电源开关；10- 瞄准器；11- 发光强度表；12- 上、下表；13- 上、下度盘；14- 屏幕；15- 聚光透镜；16- 钢尺；17- 传动箱；18- 底座；19- 加油孔；20- 水平调节偏心轴

由于车型种类繁多，各种车型前照灯组合各异，全自动前照灯检测仪一般具有多种测量模式，这些设置模式可在前照灯检测仪本机设置，也可由上位机发送设置命令来进行设定。目前，前照灯检测仪的测量模式有：

（1）远光单灯模式。

(2)近光单灯模式。

(3)激光单灯模式(校准用)。

(4)远光双灯模式。

(5)近光双灯模式。

(6)远近光单灯模式。

(7)远近光双灯模式。

(8)四远光灯模式。

(9)组合灯模式(四远光灯、两近光灯)。

为提高检测效率,检测系统会根据被测车型选择安排合适的检测模式并通过指令来让引车员配合完成测量工作。检测过程中前照灯检测仪通过"远光"、"近光"指示灯来提示引车员切换远光和近光,计算机联网系统也通过灯牌指示来提示引车员切换远光和近光的操作;检测完毕后显示界面和灯牌指示将显示各测量结果,按检测要求一般有左远光光强、左远光光轴上下偏角、左右偏角,左近光光轴上下偏角、左右偏角;右远光光强、右远光光轴上下偏角、左右偏角,右近光光轴上下偏角、左右偏角等。

2. 技术要求

检测方法执行标准《机动车运行安全技术条件》(GB 7258—2017),仪器的技术条件应符合产品标准《机动车前照灯检测仪》(JT/T 508—2015),在用的仪器计量检定时参考《机动车前照灯检测仪计量检定规程》(JJG 745—2016)。

1)检测范围

(1)远光发光强度:不小于 120000cd。

(2)光束照射方向偏移值或偏转角。

①水平方向:左偏不小于 524mm/10m 或 3° 00′,右偏不小于 524mm/10m 或 3° 00′。

②垂直方向:上偏不小于 262mm/10m 或 1° 30′,下偏不小于 524mm/10m 或 3° 00′。

(3)前照灯基准中心离地高度的检测下限不大于 400mm,检测上限不小于 1300mm。

2)测量误差

(1)远光发光强度示值误差。

远光发光强度示值误差不大于 ±10%。

(2)光束照射方向示值误差。

①远光光束照射方向偏移值或偏转角的示值误差不大于 ±35mm/10m 或 ±12′。

②近光光束照射方向偏移值或偏转角的示值误差不大于 ±44mm/10m 或 ±15′。

(3)前照灯基准中心离地高度示值误差。

前照灯基准中心离地高度示值误差不大于 ±10mm。

3)光接收器疲劳特性

将远光校准器照射方向偏转角置于零位,发光强度设定为 60000cd。持续照射前照灯仪光接收器 2min,读取并记录前照灯仪的发光强度指示值,在该发光强度下再持续照射 10min,读取并记录前照灯仪的发光强度指示值,按公式(5-24)计算相对变化量,强相对变化量 ρ 不大于 ±3%。

$$\rho = \frac{I_1 - I_0}{I_0} \times 100\% \tag{5-24}$$

式中：ρ——光强示值相对变化量，%；

I_0——照射 2min 时前照灯仪发光强度示值，cd；

I_1——照射 12min 时前照灯仪发光强度示值，cd。

4）远光校准器

（1）发光强度扩展不确定度：$U_{rel} = 6\%$（$k = 2$）。

（2）照射方向偏转角最大允许误差（MPE）：±5′。

（3）照射方向偏转角零值最大允许误差（MPE）：±5′。

（4）角度转动机构空程最大允许误差（MPE）：±3′。

（5）远光校准器发光强度不小于 120000cd。

5）激光校准器

（1）照射方向偏转角最大允许误差（MPE）：±5′。

（2）照射方向偏转角零值最大允许误差（MPE）：±5′。

（3）角度转动机构空程最大允许误差（MPE）：±3′。

三、前照灯检测仪光学结构及原理

汽车前照灯检测仪是根据检测标准的要求，对前照灯光束照射在 10 米远屏幕的特性进行仪器化测量的光学仪器。随着检测技术的发展，前照灯检测仪有聚光式、投影式、光轴追踪式屏幕式等不同光学结构，光电转换器件由单片光电池到多片光电池、多组光电池，再到 CCD（电荷耦合元件）全图像处理的技术演变，操作方式分为手动和自动两种，汽车检测站基本采用全自动前照灯检测仪。

1. 聚光式

图 5-51 所示为聚光式光学结构，常见于早期前照灯检测仪产品，仅测量前照灯远光光强和偏角。测量距离有 1m 的，也有 3m 的。其测量原理是：光路中的二次聚光透镜使物理光程进一步缩小，并使光电池组件更为小巧，便于移动控制。聚光式灯光仪能自动判别对称光斑，找准光束中心，但通常无法判别明暗截止线及其转角（拐点），无法测量近光光束偏角。

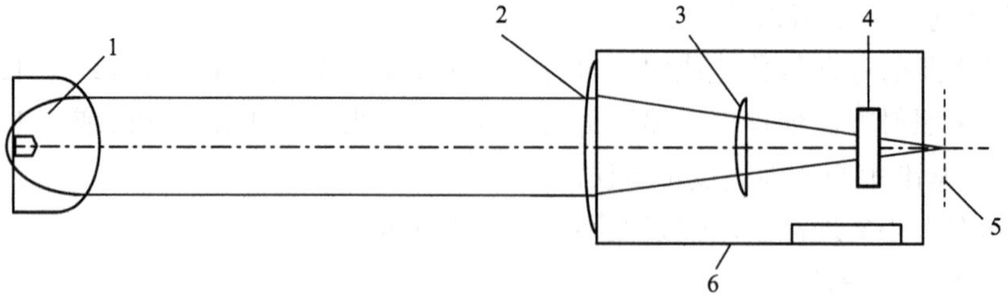

图 5-51 聚光式灯光仪原理

1- 前照灯；2- 菲涅尔透镜；3- 二次聚光透镜；4- 移动式光电池组件；5- 聚焦平面；6- 光接收箱

2. 投影式

如图 5-52 所示，为适应近光灯测量的需要，在聚光式光路基础上增加半透半反镜投射一路光至受光板，形成光斑，用 CCD 摄像采集分析近光拐点及其偏角，另一路透射光则直达光电池组件，测量远光光强及其偏角。

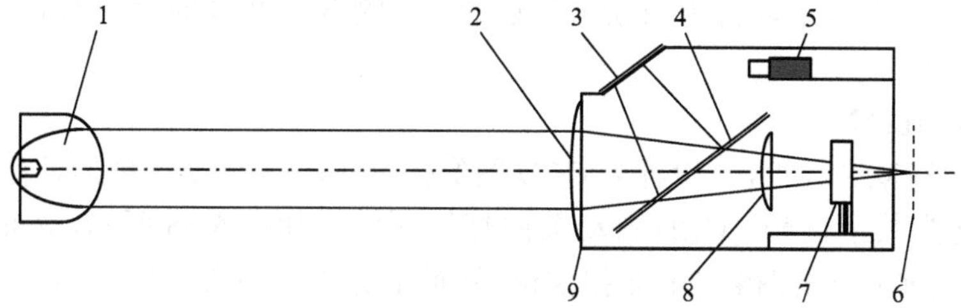

图 5-52 投影式灯光仪原理

1-前照灯；2-菲涅尔透镜；3-受光板；4-半透半反镜；5-CCD 摄像头；6-聚焦平面；7-光电池组件；8-二次聚光透镜；9-光接收箱

3. 自动追踪光轴式

聚光式和投影式的灯光仪都具备移动式的光电池组件以追踪光轴中心，由于受光接收器体积的限制而影响光电池组件的移动范围，有些产品采用光接收器仰角调节来实现光轴追踪，如图 5-53 所示。

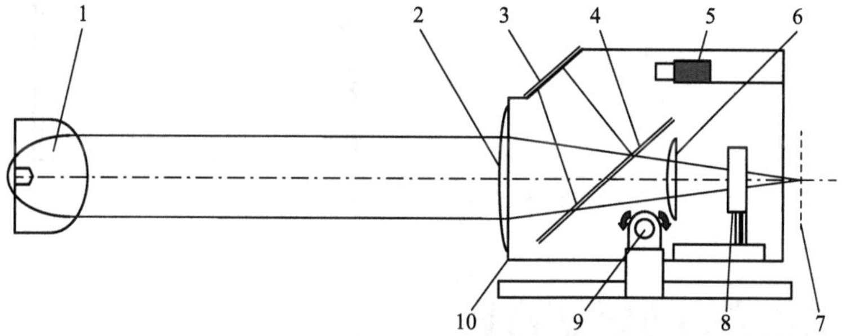

图 5-53 自动光轴追踪式灯光仪原理

1-前照灯；2-菲涅尔透镜；3-受光板；4-半透半反镜；5-CCD 摄像头；6-二次聚光透镜；7-聚焦平面；8-光电池组件；9-回转机构；10-光接收箱

4. 屏幕式

图 5-54 所示的屏幕式灯光仪，采用前摄像头（对准摄像头）追踪对准前照灯中心，光束在光接收器中汇聚在受光屏幕上，直接模拟了前照灯 10m 屏幕照射的效果，通过后摄像头（测量摄像头）拾取照射光斑的图像，直接分析计算远光光强及其光轴偏角和近光拐点及其

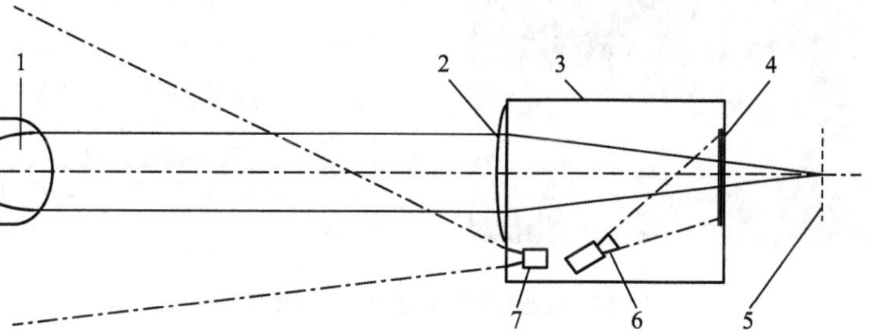

图 5-54 屏幕式灯光仪原理

1-前照灯；2-菲涅尔透镜；3-光接收箱；4-受光屏幕；5-聚焦平面；6-测量摄像头；7-对准摄像头

偏角。由于采用前摄像头对准前照灯中心技术，在前照灯光束偏角变化时，光接收器不需随光轴变化而移动，检测效率高；而且投射到受光屏幕上的光斑，能够准确反映前照灯 10m 屏幕照射的光分布，因此，能取得 10m 屏幕照射的等效测量结果，同时也方便前照灯在线调整和可疑灯光分析。

5.CCD 检测技术

CCD，为电荷耦合元件，一般称为 CCD 图像传感器，CCD 是一种半导体器件，能够把光学影像转化为数字信号。CCD 自动前照灯检测原理如图 5-55 所示，寻光 CCD（又称前 CCD）对被测前照灯的图像进行拍摄定位，从而控制仪器（透镜）上下左右行走，使得前照灯（发光体）中心与透镜中心吻合，前照灯射出的光束都能通过透镜在光屏板上成像，测量 CCD（又称后 CCD）拍摄成像屏的光斑图像，测得的远、近光光斑（配光特性）图像如图 5-56、图 5-57 所示。根据光学透镜成像特性，汽车前照灯发射的光线，通过透镜，汇聚在像平面，通过合理的成像距离的设计，可以将 10m 屏幕上的灯光配光图像成像在光电器后部的光屏上。

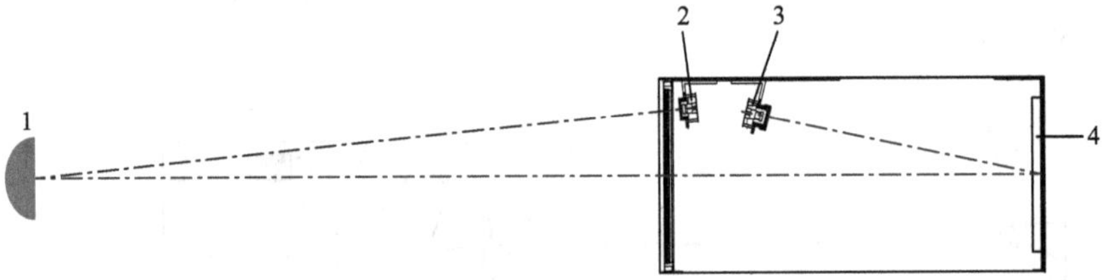

图 5-55 CCD 光接收器工作原理

1-车灯；2-寻光 CCD；3-测量 CCD；4-光屏

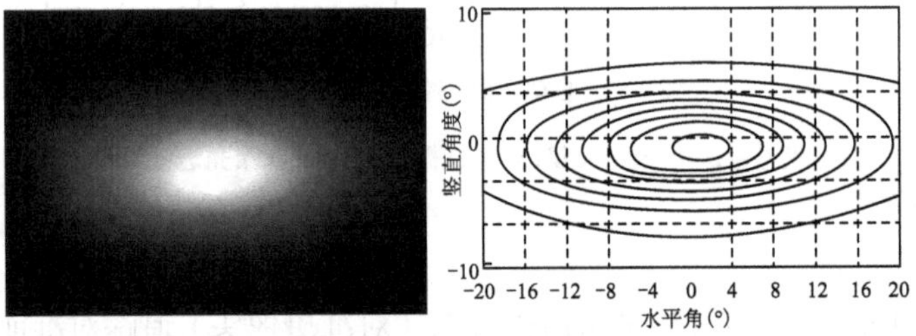

图 5-56 远光配光特性（远光光斑和光强等高线）

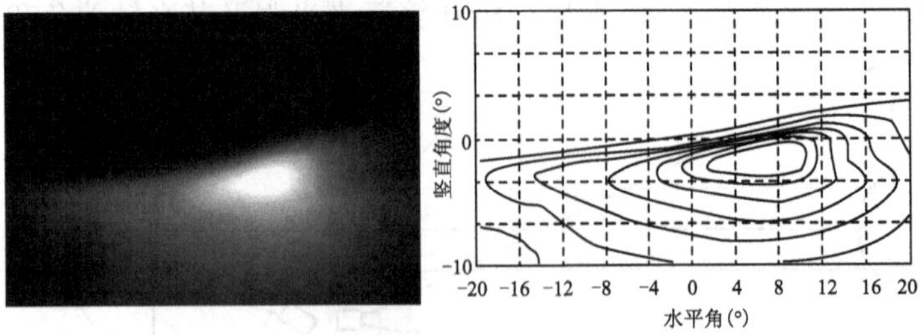

图 5-57 近光配光特性（近光光斑和光强等高线）

透镜成像实质是：从前照灯某一点发出的各个不同方向的光，经过透镜之后，它们又在某一个位置重新“汇聚”在一起，叫作“点成像”。而前照灯上照射有无数个点，这些点都这样成像，而且所有像点的相对位置是基本不变的，如图 5-58 所示。因此，成像屏上 CCD 拍摄到的光斑图像是与 10m 屏幕上一样的像，只要前照灯射出的光都能经过透镜上，经透镜折射后，汇聚在透镜后面的光屏上，形成物体的实像。当将透镜的一半挡住后，整个物体发出的光虽有一部分被挡住，但总会有一部分光通过上半部分凸透镜而形成像，与原来相同，由于透镜的一半被遮住，因此，折射出的光线与原来相比减少了一半，导致亮度减弱。

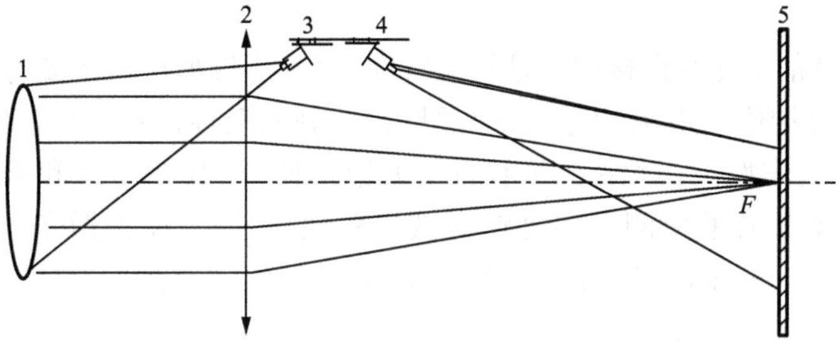

图 5-58 透镜成像原理图

1- 车灯；2- 透镜；3- 前 CCD；4- 后 CCD；5- 光屏

根据 CCD 光学系统设计原理，其测量距离（前照灯距光电器的距离）为 1m，由于采用了技术先进的高清 CCD 和强大的图像分析技术（由 CCD 拍摄到的车灯配光特性图计算出前照灯光束的偏移角度以及光强），根据前 CCD 拍摄的图像进行前照灯位置判断，控制自动调节光电器行走，使前照灯照射的光束全部落在光电箱内，并成像在透镜后面的光屏上，形成如 10m 屏上的光斑图像，前照灯检测仪根据后 CCD 拍摄的图像，计算得到前照灯的光强与照射方向。

四、使用与日常维护

1. 使用注意事项

（1）仪器使用前应检查各指示器的零位是否漂移，受光器的受光面是否蒙尘或受到污染，对追踪光轴式检测仪的追踪性能应做周期性校准。

（2）停车位置要准确，车身纵向中心线要垂直于导轨和前照灯受光面，否则会影响光束左、右偏角测量的准确性。

（3）要避开外来光线的影响。对于四灯制的车辆，检测时应将同侧的两只前照灯遮住一只再进行检测，然后再检测另一只。

（4）前照灯检测仪正在移动或将要移动时，严禁车辆通过。

（5）检测完毕后车辆要及时驶离，车身不得长时间挡住轨道。

2. 定期维护

（1）前照灯检测仪的立柱应保持清洁，定期加润滑油，以利运行。

（2）导轨的表面应保持洁净、平滑，去除沙粒、油泥、小石子、铁屑等，严禁加油润滑表面。

（3）底座与地面的间隙较小，一般还装有位置传感器等，要及时清除导轨范围内的沙粒、石子、铁屑以及积水等，防止阻碍灯光仪移动或产生误动作。

（4）为了保证测量准确，应按《机动车前照灯检测仪检定规程》（JJG 745—2002）定期进行计量检定和自校准。检定周期：一次 /12 个月；自校准周期：一次 /6 个月。

第五节 汽车悬架性能检验台

随着我国高速公路的迅速发展，汽车的行驶速度大大提高，不仅轿车，大型客车和货车以 100km/h 以上速度行驶已很常见。为保证汽车安全行驶，汽车的操纵稳定性日益受到重视。

影响汽车操纵稳定性的直接因素是轮胎特性，但轮胎与车身相连接的部件是悬架系统，悬架特性的好坏直接影响操纵稳定性、平顺性和行驶安全性，所以，检测悬架装置的特性，尤其是减振器的工作性能，对保证汽车的操纵稳定性、行驶安全性和舒适性是十分重要的。在用汽车悬架装置的检测主要是针对减振器性能，因为减振器和与之相连的弹性元件等构成了随机振动系统，在评价减振器性能的同时，也就对悬架装置的性能作出了综合评价。

一、悬架性能评价指标

汽车悬架是汽车结构中的一个重要总成，汽车悬架装置通常由弹性元件、导向装置和减振器三部分组成。其主要作用是：缓解路面不平引起的振动和冲击，以保证汽车具有良好的平顺性；迅速衰减车身和车桥的振动；传递作用在车轮和车身之间的各种力和力矩；保证汽车行驶时必要的安全性和操纵稳定性。

汽车悬架装置最易发生故障的元件是减振器。有故障的减振器在行驶中会使车轮轮胎有 30% 的路程接地力减小，甚至不与地面接触。其表现是：汽车方向“发飘”，特别是增加曲线行驶控制难度；制动易跑偏或侧滑；车身长时间的余振影响乘坐舒适性；影响车轮轴承、轴接头、转向拉杆、稳定器等。

由汽车理论可知，汽车悬架装置的减振器或弹性元件性能不良及发生故障，会使悬架装置的角刚度减小，增加高频非悬架质量的振动位移，使车轮和道路的接触状态变坏，车轮作用在地面的接地力减小，大幅度的车轮振动甚至会使车轮跳离地面。因此，采用车轮与路面“相对接地性”的检测原理，使用悬架检验台来快速评价悬架特性。

汽车车轮在稳态时的负荷，定义为车轮与路面的静态接地力；在外界激励振动下，汽车车轮在悬架检验台上的变化负荷，定义为动态负荷，“相对接地性”即在悬架检验台上被检车轮在受到外界激励振动下共振时的最小动态车轮垂直负荷与静态垂直负荷的百分比，评价指标为“吸收率（%）”。

欧洲减振器制造商协会（EUSAMA）推荐的吸收率评价标准分为 4 级：

A 级 80% ～ 100%，表示很好；B 级 60% ～ 79%，表示好；C 级 40% ～ 59%，表示足够；D 级 0% ～ 39%，表示弱、不够。

汽车悬架性能可用汽车悬架特性检验台进行检测，一般使用谐振式悬架特性检验台，评价指标为：

1）悬架吸收率

被测汽车最小的车轮动态垂直接地力与车轮静态垂直接地力之比，以百分数表示（%）。吸收率值越大，车轮与地面接触性好，说明汽车行驶附着情况越好，从而行车安全性越好。

2)悬架吸收率差

同轴左、右轮吸收率之差(%)。防止因同轴左、右悬架吸收率的差异过大而引起操纵稳定性和制动稳定性恶化。

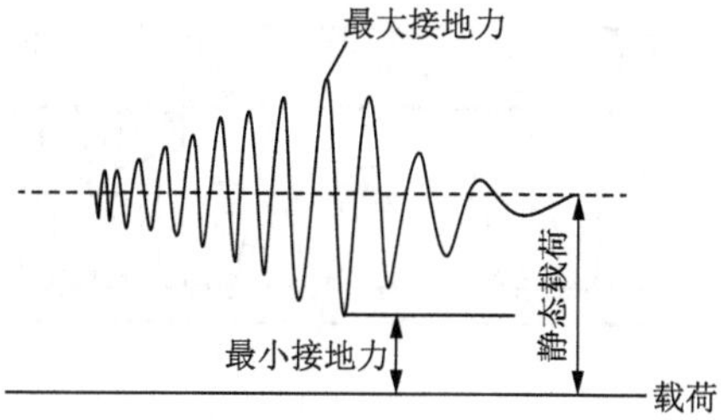

图 5-59 理想的振动衰减曲线

3)振动衰减曲线

理想的振动衰减曲线如图 5-59 所示。实际检测得到的曲线可以与其比较、评价。

对营运车辆的规定:对于最大设计车速大于或等于 100km/h 且轴质量小于或等于 1500kg 的载客汽车,应按规定进行悬架特性检测,其轮胎在激励振动条件下测得的悬架吸收率不小于 40%,同轴左、右轮悬架吸收率之差不得大于 15%。

对在悬架装置检测中不合格的车辆,其可能的故障原因有:

(1)减振器内部的轴磨损,内部阀片损坏、密封处漏油,导致减振功能失效。

(2)减振器外部的紧固螺栓磨损、松动、脱落。

(3)减振用螺旋弹簧弹性降低、疲劳或折断,造成早期损坏。

(4)悬架系统各连接部件磨损、松动。

二、汽车悬架装置检验台

1. 功能

汽车悬架装置检验台是通过机械激振使汽车悬架系统产生谐振的方法来测定汽车悬架装置性能的检测装置,见图 5-60。适用于检测装备有减振器的 M_1 类汽车,检测参数为:悬架吸收率、悬架吸收率差和振动衰减曲线。

图 5-60 汽车悬架装置检验台

2. 基本结构与检测原理

1)基本结构

悬架装置检验台根据其结构形式可分为跌落式和谐振式两类。

跌落式悬架装置检验台测试开始时,先通过举升装置将汽车升起一定高度,然后突然松开支撑机构,车辆自由振动,可用测量装置测量车辆振幅,或者用压力传感器测量车轮对台面的冲击力,对压力波形进行分析,以此评价汽车悬架装置的性能。

目前常用的是谐振式悬架装置检验台,基本结构见图 5-61。主机由一个机架和两台相同振动台组成。振动台由储能飞轮、电动机、承重台板、偏心轴、传感器等组成。工作时,由电动机带动偏心轴,使承重台板上、下振动,而置于台板的车轮随之上、下振动,通过测定车轮对面板的垂直作用下的压力,而该力通过传感器传递到电气控制系统,从而计算并显示出每个车轮悬架的吸收率及振动衰减曲线。

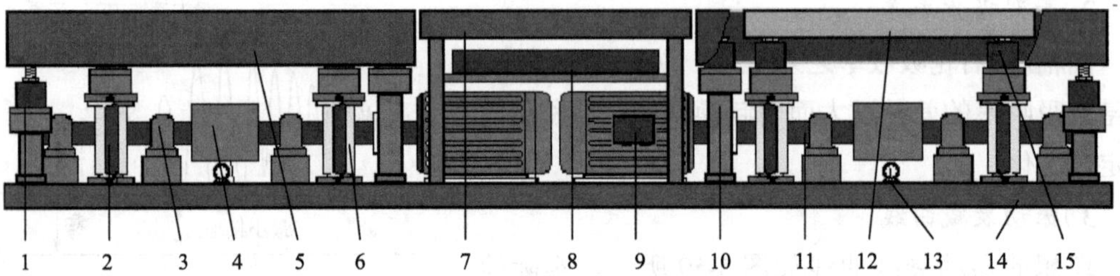

图 5-61　谐振式悬架检验台结构

1- 外框外侧称重传感器；2- 复位弹簧；3- 轴承座；4- 储能飞轮；5- 外框称重台板；6- 导向套；7- 中间盖板；8- 电气控制箱；9- 电动机；10- 台板支撑；11- 偏心轴；12- 承重台板；13- 吊环；14- 台架底座；15- 力传感器

主要零部件功能：

（1）电动机。激振台的动力源，电动机启动后，带动偏心轴旋转，偏心轮带动激振台上、下振动。

（2）力传感器。测试激振台的动态与静态压力，除去激振台自身重量外，实际测试出车轮对激振台的动态与静态压力。

（3）储能飞轮。储能机构，电动机停电后，让激振台继续振动并逐渐频率衰减。

2）检测原理

汽车某一轴停放在悬架振动台板上，关闭发动机，驾驶员离开，启动检测程序，悬架检验台首先启动电动机，通过电动机及偏心轮等机构对左侧车轮进行激振。振动稳定后，关闭电动机，惯性飞轮所储能量逐渐释放，此时的激振频率也逐渐衰减。当激振频率衰减到某一数值时，汽车悬架装置与检验台激振部分达到共振。通过检验台下面的压力传感器压力信号变化转换为电信号传输给计算机，计算机对左轮的振动波形进行数据处理，检测原理如图 5-62 所示。用同样的方式启动右电动机进行激振，通过共振点，记录振动衰减曲线（纵坐标为动态轮荷，横坐标为时间），示意曲线见图 5-63。测量共振时动态轮荷，计算并显示共振时的最小动态车轮垂直载荷与静态车轮垂直载荷的百分比值（悬架吸收率）及其同轴左、右轮百分比的差值（左、右悬架吸收率差），用以评价左、右悬架的减振性能。

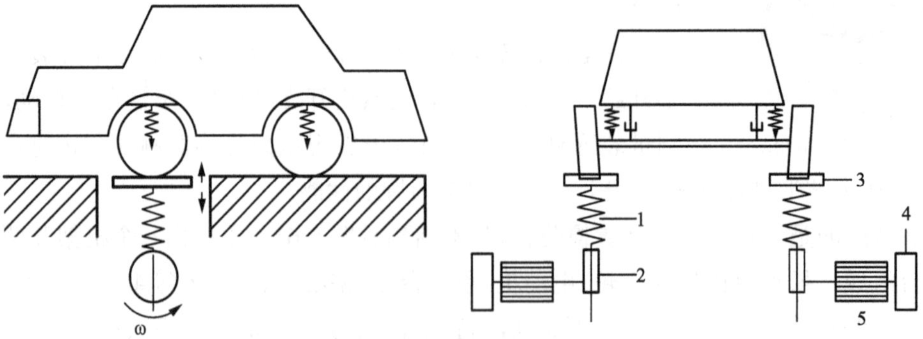

图 5-62　谐振式悬架检验台工作原理

1- 激振弹簧；2- 偏心轮；3- 测量装置；4- 储能飞轮；5- 电动机

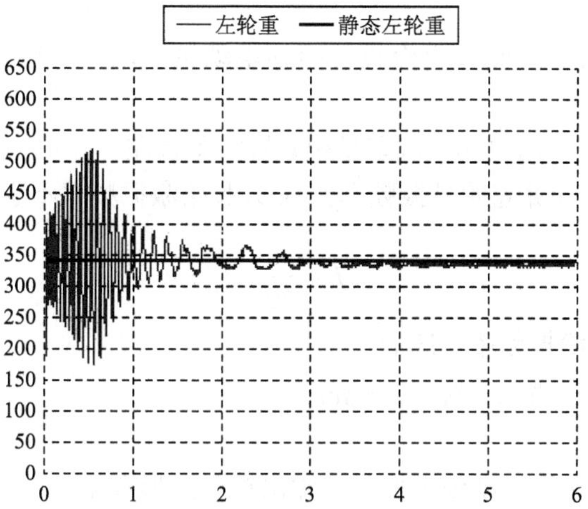

图 5-63 振动衰减曲线图

3. 主要技术要求

产品执行标准《汽车悬架装置检验台》(JT/T 448—2001)。

1)最大允许检测轴荷

最大允许检测轴荷:3000kg。

2)储能飞轮转动惯量

储能飞轮的转动惯量应在 0.08 ～ 0.12kg·m² 范围内。

3)偏心距

汽车悬架装置检验台上平行的主轴中心线和偏心轴(套)中心线之间的距离。检验台产生振动激励的偏心轴(套)的偏心距应为 2.9 ～ 3.1mm。

4)台板质量

检验台振动台板的质量应在 4 ～ 8kg。

5)计量性能

(1)分辨力。

检验台承载质量分辨力应不大于 1.5*d*。

(2)空载变动值和零位漂移。

①检验台空载变动值不应超过 1*d* 或 0.1% 额定承载轮质量(两者取大值)。

②检验台 30min 的零位漂移不应超过 1*d* 或 0.1% 额定承载轮质量(两者取大值)。

③测量误差。

检验台测量误差应符合表 5-18 的要求。

测量误差 表 5-18

承载质量(m)				吸收率(%)		
示值误差	左、右台示值间差	回程误差	重复性	重复性	绝对值偏差	左、右台示值间差
当 $m \leqslant 10\%$(F·S)时:±0.2%(F·S) 其他:±2%	2%	2%	1%	2%	3%	5%

6)起始激振频率

起始激振频率是汽车悬架装置检验台驱动电动机启动后,储能飞轮稳定运转对应的频率。

检验台接通电源,用转速仪测试汽车悬架装置检验台左(右)驱动电机的飞轮稳定转速 n(r/min),按公式(5-25)计算起始激振频率 f(Hz),起始激振频率不小于 15Hz。

$$f=\frac{n}{60} \tag{5-25}$$

式中:f——检验台起始激振频率,Hz;

n——驱动电机飞轮的稳定转速,r/min。

7)控制系统

控制系统仪表应能显示振动波形曲线或输出振动波形数据。

4. 使用与日常维护

1)使用注意事项

(1)超出悬架检验台额定载荷的汽车,禁止驶上悬架台。

(2)汽车应以低速(不高于 5km/h)平稳驶入检悬架检验台,关闭发动机,松开驻车制动器手柄,挂空挡,检验时驾驶员应离开车辆,避免车辆偏载造成检测误差。

(3)受检轴的轮胎尽可能停放在悬架检验台面的中央位置,避免偏斜造成检测误差。

(4)增振时,振动频率必须超过共振频率点。关闭电动机减振时,振动频率必须衰减并通过共振频率点。

(5)检验时,可在非被检轴前后摆放制动楔块,或在检验前轴时实施驻车制动以避免车辆在检测过程中移动。

(6)为保证测试精度,传感器应预热 30min。

2)定期维护

(1)使用 3 个月,拆开面板检查设备上的所有螺栓、螺母,包括电气接线端子的螺栓,是否有松动现象并紧固。

(2)使用 6 个月,除进行第(1)项的工作外,还须对台架内各部位进行清洁,同时检查线路固定是否牢固,对轴承座进行润滑。

(3)为了保证测量准确,应按《汽车悬架装置检验台校准规范》(JJF 1192—2008)定期进行校准,一般两次校准最长间隔不超过 12 个月。

(4)保持传感器清洁、干燥和正常工作。

第六章
整车动力性能与检测设备

汽车运输效率的高低主要取决于汽车的动力性。动力性好,汽车就会具有较高的行驶速度、较好的加速能力和爬坡能力,所以,动力性是营运车辆性能中最基本、最重要的性能检测指标。可使用汽车底盘测功机在室内台架对营运车辆的动力性进行检测。在用汽车动力性的评价指标与新车有所不同,在用汽车的动力性在新车定型时便已确立,由于车辆用途、使用条件等差异,动力性能随着使用时间的增加而逐渐衰退。对营运车辆动力性的检测评价,是采用实测车辆动力性与额定动力性进行比较,测算发动机动力性能的下降程度来评定整车动力性的技术状况。

第一节 整车动力性评价指标

汽车的动力性是指汽车在运行中的最大加速能力、最高车速和最大爬坡能力，是汽车最基本的使用性能。汽车运输效率的高低在很大程度上取决于汽车的动力性。

检测评价汽车动力性的指标很多，比如，汽车的比功率、动力因数、最高车速、加速性能、最大爬坡度、驱动轮输出功率、达标功率等。在不同的情况下可以使用不同的评价指标来检测评价汽车的动力性。

1. 汽车的比功率

汽车的比功率是汽车发动机额定功率（P_e）与汽车总质量（m_t）的比值。即比功率，用以表明车辆单位总质量所具有的发动机额定功率。

汽车列车的比功率（P_d）是汽车列车发动机（即牵引车发动机）的额定功率（P_e）与汽车列车总质量（m_t）的比值。即：

$$P_d=P_e/m_t \tag{6-1}$$

式中：P_d——汽车列车的比功率，kW/t；

P_e——牵引车发动机额定功率，kW；

m_t——汽车列车总质量，t。

汽车比功率可以用于综合评价车辆的动力性能，如车辆的速度特性和加速性能等，比功率的大小还直接影响到车辆的燃料经济性。因此，汽车的比功率是营运车辆的重要设计参数，主要用于评价车辆的动力性及选择适当的发动机功率与车辆总质量的匹配关系。

营运车辆比功率按客车和货车列车车型分别提出。

1）营运客车

营运客车比功率（kW/t），按等级划分级别规定：

（1）特大型（12m $< L \leqslant$ 13.7m）：高三、高二、高一、中级、普通级分别为 13、12、11、10、9（kW/t）。

（2）大型（9m $< L \leqslant$ 12m）：高三、高二、高一、中级、普通级分别为 15、13.5、12、10、9（kW/t）。

（3）中型（6m $< L \leqslant$ 9m）：高二、高一、中级、普通级分别为 14、13、12、11（kW/t）。

（4）小型（3.5m $< L \leqslant$ 6m）：高二、高一、中级、普通级分别为 21、19、14.5、13（kW/t）。

2）货车列车

货车列车比功率（kW/t），按最大总质量 G 规定：

（1）当 $G <$ 18 时，比功率不小于 6.88。

（2）当 18 $\leqslant G <$ 43 时，比功率不小于 4.30+46.00/G。

（3）当 43 $\leqslant G <$ 49 时，比功率不小于 5.40。

北美、欧洲重型载货汽车配置的发动机排量范围在 13 ～ 16L，比功率分别为 6.04 ～ 11.99 kW/t、6.89 ～ 12.2 kW/t。

2. 动力因数

动力因数可以准确地表征汽车的动力性水平，每一种定型汽车都有确定的动力因数，并在使用过程中动力因数随着汽车结构参数变化会逐渐变小，但是它不适用于作为动力性的检测指标。因为动力因数不是直接检测得到，而是通过测得的驱动力再计算得出，是一种派生参数。一般在设计车辆时使用这个指标。

3. 最高车速

最高车速是指汽车以厂定最大总质量状态下，在风速不大于 3m/s 的条件下，在干燥、清洁、平坦的混凝土或沥青路面上，能够达到的最高稳定行驶速度。

在汽车定型试验、燃料消耗量达标车型试验时，一般都做汽车最高车速的道路试验，以确定最高车速是否达到设计要求。在室内的汽车底盘测功机上亦可做汽车的最高车速试验，由于试验条件与道路试验不同，所以在台架上试验的结果不能完全代替路试，但可以在台架上进行对比试验。

营运货车动力性是以满载最高设计车速为评价指标，货车满载条件下的最高设计车速应不小于 70km/h。

4. 加速性能

汽车的加速性能是指汽车在行驶中迅速增加行驶速度的能力。通常采用车辆的加速时间来评价加速性能的好坏。

加速时间是指车辆以厂定最大总质量状态下，在风速不大于 3m/s 的条件下，在干燥、清洁、平坦的混凝土或沥青路面上，由原地或某一预定车速加速至某一高速所需时间。通常有起步连续换挡加速性能试验、最高挡和次高挡加速性能试验。

5. 最大爬坡度

最大爬坡度是指汽车按额定载荷装载，在良好的混凝土或沥青路面的坡道上，以最低前进档能够爬上的最大坡度，汽车定型时需做最大爬坡度试验，以确定汽车的最大爬能力，反映汽车的动力性及后备功率。

6. 驱动轮输出功率

驱动轮输出功率是汽车发动机经传动系统至驱动轮输出的功率，是汽车发动机和传动系统工作过程的输出参数，输出功率的多少取决于发动机发出的功率和传动系统的传动效率，即取决于它们的技术状况。

发动机额定功率 P_e 与其转矩 M_e 的关系式为：

$$P_e=M_e\times n_e/9549 \quad (kW) \tag{6-2}$$

汽车驱动轮的驱动力 F_t 为：

$$F_t=9549\times P_e\times i_0\times i_g\times \eta_T/n_e\times r \tag{6-3}$$

式中：F_t——汽车驱动轮的驱动力，N；

i_0——汽车主减速器的传动比；

i_g——变速器的传动比；

η_T——传动系统的机械效率，%；

n_e——发动机转速，r/min；

r——车轮的半径，mm。

由式(6-2)、式(6-3)可得：

$$(F_t \times r/9549) \times (n_e/i_0 \times i_g) = P_e \times \eta_T \tag{6-4}$$

驱动轮输出驱动力矩 M_t：

$$M_t = F_t \times r \tag{6-5}$$

驱动轮转速 n_t：

$$n_t = n_e/i_0 \times i_g \tag{6-6}$$

因此，驱动轮输出功率 P_t 为：

$$P_t = M_t \times n_t/9549 = P_e \times \eta_T \tag{6-7}$$

发动机和传动系统技术状况的衰退，会通过驱动轮输出功率的减少表现出来。汽车定型后，发动机的功率、转矩均有室内台架试验建立的额定值，可用作汽车驱动轮输出功率的参照量值进行比较，所用台架检测驱动轮输出功率可作为营运车辆汽车动力性的评价指标。

营运车辆汽车动力性台架检测执行国家标准《汽车动力性台架试验方法和评价指标》(GB/T 18276—2017)，考虑测功机台架内阻、轮胎滚动阻力的影响，需要对测功机测得的功率进行校正，即校正后得到的驱动轮输出功率为：

驱动轮输出功率 = 测功机测得的功率 + 测功机内部损耗功率 + 轮胎滚动阻力消耗的功率

在台架检测实际应用中，由于发动机处于满负荷运转和汽车加载工况下检测，容易损坏被检车辆，也会加剧功率吸收装置（电涡流机）的热衰减，影响正常的连续检测。检测过程中，还需要控制好测试车速偏差以及防止车辆驱动轮与滚筒表面较大滑移，提高检测的准确性和使用安全性。

7. 达标功率（转矩）法

发动机功率（转矩）达标法的原理是，使用汽车底盘测功机，将全负荷恒速控制改变为无过加载的达标部分负荷的恒力控制，通过功率吸收装置加载检测“驱动轮轮边稳定车速”参数，并与发动机额定功率车速相比较，可有效评价营运车辆的动力性衰退程度。试验研究表明，利用功率（转矩）达标法的检测原理，通过设定不同达标功率值试验误差分析，试验结果数据的重复性好，恒力控制精度高，影响因素少，动力性评价准确，适用车型范围广。

基于达标法的汽车动力性台架检测是依据汽车发动机动力性衰退的允许限值（达标功率、达标转矩），使用汽车底盘测功机，以“驱动轮轮边稳定车速(V_w, km/h)”为检测计量参数，达到并超过该限值，动力性即合格；否则，动力性不合格。

1）达标功率法

达标功率法适用于柴油车辆。对于柴油发动机车辆，标明功率为额定功率时：

$$P \geqslant \eta \times P_e \tag{6-8}$$

式中：P——发动机实测功率，kW；

η——功率达标系数（如 η=0.75），即发动机实测功率与额定功率之比的限值；

P_e——为发动机额定功率，kW。

式中，$\eta \times P_e$ 即为达标功率，其换算在对应车辆变速器挡位的汽车底盘测功机台架滚筒轮边车速和驱动轮当量驱动力满足式(6-9)：

$$\eta \times P_e = V_e \times F_e / 3600 \quad (6\text{-}9)$$

式中：V_e——发动机额定功率转速下对应的轮边车速(即额定功率车速)，km/h；

F_e——额定功率车速(V_e)点，发动机达标功率换算在驱动轮表面的当量驱动力，N。

在驱动轮的当量驱动力与测试系统当量阻力相平衡时，通过底盘测功机加载检测到驱动轮轮边稳定车速(V_w，km/h)，即在额定功率工况下的驱动轮轮边稳定线速度。当 V_w 大于或等于 V_e 时，实测功率大于或等于 $\eta \times P_e$，汽车动力性达标。当 V_w 小于 V_e 时，实测功率小于 $\eta \times P_e$，动力性不达标。

2)达标转矩法

达标转矩法适用于汽油车辆。对于汽油发动机车辆，标明转矩为额定转矩时：

$$M \geqslant \eta \times M_m \quad (6\text{-}10)$$

式中：M——发动机实际转矩，N·m；

M_m——发动机额定转矩，N·m；

η——发动机转矩达标比值系数（如 η=0.75)，即发动机实际转矩与额定转矩之比的限值。

式（6-10）中，$\eta \times M_m$ 即为达标转矩，台架检测时其换算在对应车辆变速器挡位的测功机滚筒轮边车速和驱动轮当量驱动力满足关系式(6-11)、(6-12)：

$$V_m = 0.377 \times n_m \times r / (i_g \times i_0) \quad (6\text{-}11)$$

$$F_M = \eta \times M_m \times (i_g \times i_0) / r \quad (6\text{-}12)$$

式中：V_m——发动机额定转矩转速对应的车速(即额定转矩车速)，km/h；

n_m——发动机额定转转矩时的转速，r/min；

r——驱动车轮半径，m；

i_g——为变速器的传动比；

i_0——为主减速器的传动比；

F_M——发动机达标转矩换算在驱动车轮上的当量驱动力，N。

在驱动轮的当量驱动力与测试系统当量阻力相平衡时，通过底盘测功机加载检测到驱动轮轮边稳定车速(V_w，km/h)，即在额定转矩工况下的驱动轮轮边稳定线速度。

当 V_w 大于或等于 V_m 时，实测转矩大于或等于 $\eta \times M_m$，汽车动力性达标。

当 V_w 小于 V_m 时，实测转矩小于 $\eta \times M_m$，动力性不达标。

第二节　汽车底盘测功机结构与原理

汽车底盘测功机是室内台架模拟道路行驶工况检测汽车动力性的设备，也是测量多工况汽车尾气排放和燃料消耗量的道路阻力模拟加载装置。汽车底盘测功系统主要由道路模拟系统、加载系统、数据采集与控制系统、安全保障系统及引导系统等构成。

一、分类与功能

1. 分类

底盘测功机按结构可分为三大类：

（1）单轴式滚筒底盘测功机（转鼓试验台），滚筒直径一般为 1000 ～ 2500mm，较常见的为 48in[1]，该类测功机的制造成本和测试精度较高，主要应用于汽车制造厂、专业化试验室和科研机构。

（2）双轴式滚筒底盘测功机，也称轻、中型测功机。滚筒直径一般为 200 ～ 530mm，《汽车底盘测功机》（JT/T 445—2008）标准推荐的滚筒直径为：承载轴荷为 3t 的轻型底盘测功机为 218mm±2mm，承载轴荷为 10t 的底盘测功机为 320mm±2mm。该类测功机的制造成本和测试精度相对于单滚筒测功机较低，主要应用于汽车检测站和汽车维修企业，见图 6-1。

（3）三轴六滚筒式底盘测功机，也称重型测功机。该类测功机承载轴荷为 13t，《柴油车加载减速工况法排气烟度测量设备技术要求》（HJ/T 292—2006）要求滚筒直径为 373 ～ 530mm，《汽车底盘测功机》（JT/T 445—2008）标准推荐的滚筒直径为 370 ～ 530mm，适用于双轴驱动桥和单轴驱动车辆，主要应用于汽车检测站，见图 6-2。

图 6-1　双轴式滚筒底盘测功机

图 6-2　三轴六滚筒式底盘测功机

2. 主要功能

汽车底盘测功机一般具有以下检测功能：

1）车辆驱动轮轮边车速和驱动轮输出功率检测

可按营运车辆检测标准规定的额定功率工况和额定转矩工况或自定义工况进行驱动轮轮边稳定车速和功率检测以及试验，并绘制动力性能曲线。

2）尾气简易工况法检测

增配相应的汽车排气分析仪器及控制系统，可进行点燃式发动机汽车的稳态工况法（ASM）、简易瞬态工况法（VMAS）排气污染物检测，压燃式发动机汽车的加载减速（Lug Down）工况法检测。

3）加速性能检测

按自定义设定起讫点速度参数，测量汽车的加速时间。

4）燃油经济性检测

将油耗检测仪联机后，按规定的检测工况要求，系统根据预设模拟行驶阻力，控制电涡流测功器进行阻力模拟加载，控制稳定后，由油耗检测仪测取营运车辆百公里油耗。

---

[1] 1in=2.54cm。

5）速度表、里程表检测与校准

按设定的测试点，进行车速表误差与里程表误差校验。

6）反拖阻力测试

在汽车底盘测功机上加装变频器、驱动电机、测力传感器和同步带组成反拖装置，在 0 ～ 100km/h 范围内，对测功机台架空转阻力、汽车车轮滚动阻力、汽车底盘传动系阻力进行测量和效率计算。

二、基本结构与工作原理

1. 基本结构及要求

1）轻型底盘测功机台架结构（3t 级）

轻型底盘测功机用于汽车动力性检测和尾气排放检测。其台架结构如图 6-3 所示。

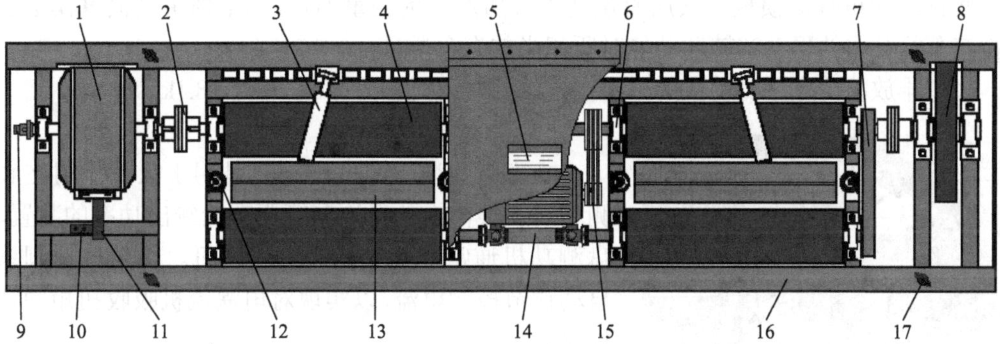

图 6-3 轻型底盘测功机台架结构

1-功率吸收装置（电涡流测功机）；2-联轴器；3-手动挡轮；4-滚筒；5-产品铭牌及中间盖板；6-滚筒轴承；7-同步带及同步轮；8-飞轮；9-速度传感器；10-扭力传感器；11-力臂；12-轮胎挡轮；13-举升器；14-万向联轴器；15-反拖电机及传动带；16-框架；17-起重吊环

（1）滚筒直径。

滚筒直径在 216 ～ 218mm 之间。

（2）滚筒中心距。

$$A = (620 + D) \times \sin 31.5° \tag{6-13}$$

式中：A——滚筒中心距，mm，允许误差为 -6.4 ～ 12.7mm；

D——滚筒直径，mm；

31.5°——安置角。

（3）反拖装置。

轻型排放检测底盘测功机应装有反拖驱动电机和同步带，见图 6-4。其功能是驱动所有滚筒转动。在底盘测功机空载和功率吸收装置未加载时，反拖驱动电机至少应具有把滚筒线速度提高到 96km/h 以上的能力，并可在该速度下维持 3s。

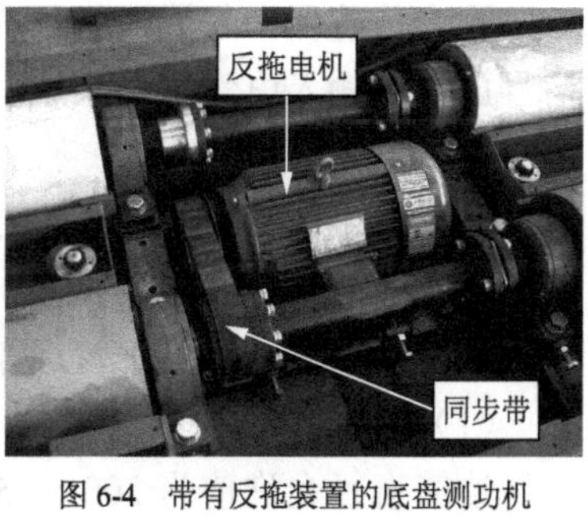

图 6-4 带有反拖装置的底盘测功机

底盘测功机通过变频调速控制器实现旋转速度的控

制。反拖驱动电机通常采用7.5kW左右的三相电机，用同步带与主滚筒相连，前、后滚筒也用同步带相连，其转速比为1∶1。左、右滚筒一般采用联轴器直接相连以保证各滚筒同步。单纯用于动力性检测底盘测功机的反拖电机、变频器及同步带为选装。反拖驱动电机在底盘测功机空载时使用，其作用是：

①测试前的预热：按厂商说明书给出的要求，驱动测功机所有旋转部件旋转，进行测试前的预热。

②内部损耗功率（台架阻力）测量：电动机驱动测功机滚筒到规定的速度后开始滑行，通过滑行时间计算测功机内部各速度点下的阻力及消耗功率。

③动态参数测试：各种动态参数在测量与标定时，需要把底盘测功机滚筒线速度提升到规定速度后开始进行，如基本惯量测试、加载准确性测试等。

（4）基本惯量。

底盘测功机基本惯量是其所有旋转部件所产生的当量惯量，当量惯量是惯量模拟装置模拟汽车行驶中的平动和转动动能时所相当的汽车质量。

轻型排放检测底盘测功机的基本惯量（铭牌标称值）为：907.2kg±18.1kg。

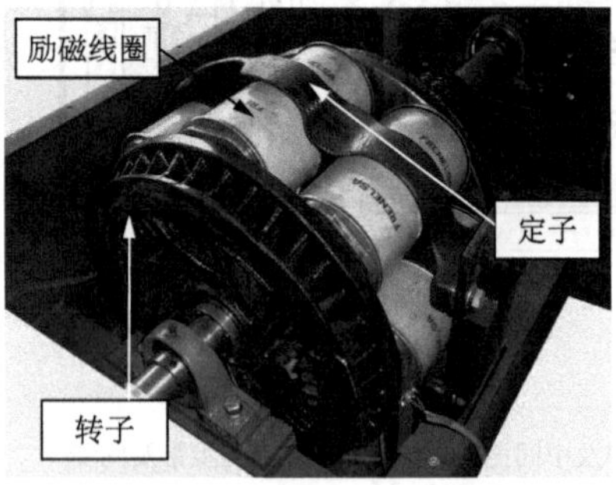

图6-5 风冷式电涡流功率吸收装置

（5）功率吸收装置。

功率吸收装置，见图6-5。是用于吸收作用在底盘测功机主滚筒上的受检车辆驱动轮输出功率的装置，底盘测功机通常装配风冷式电涡流机。由电气控制系统自动调节控制电流，以实现对电涡流机吸收扭矩的调节控制。

《汽车底盘测功机》（JT/T 445—2008）标准要求，动力性检测底盘测功机使用风冷式电涡流机时，其冷态最大吸收功率应不小于150kW。

（6）举升装置及滚筒锁定系统。

底盘测功机常用的举升类型有气缸举升式和气囊举升式。在举升装置升起时，通过与举升装置直接相连接的摩擦带（或摩擦块）制动滚筒，便于车辆出入检验台，在车辆检验时举升装置下降。

（7）传感器。

测速传感器。采用光电编码式传感器，与主滚筒相连，输出脉冲信号经电气测量系统处理，用于测量测功机滚筒表面线速度和检测测试距离。

测力传感器。与涡流机外壳上安装的测力臂相连，用于测量滚筒表面传递的力信号，经信号放大后输入电气测量系统。

（8）最大车速。

最大测试车速应不低于130km/h。

2）中型动力性检测用底盘测功机台架结构（10t级）

该型底盘测功机用于营运车辆的动力性检测，一般为两轴四滚筒形式。

（1）滚筒直径。

滚筒直径允许值为200～530mm，推荐采用320mm±2mm。

（2）滚筒中心距。

滚筒中心距符合以下要求：

$$(620+D)\times\sin31.5^{\circ}<A<(800+D)\times\sin31.5^{\circ} \quad (6\text{-}14)$$

式中：A——滚筒中心距，mm；

D——滚筒直径，mm。

（3）反拖装置。

动力性检测用底盘测功机的反拖装置包括反拖电机、变频器及同步带。装有反拖装置的测功机，可用于内部损耗功率测量和测试前的预热，前、后滚筒的转速比要求与轻型 3t 级底盘测功机相同，为 1∶1。

（4）基本惯量。

动力性检测用底盘测功机应具有内部损耗功率的检测能力，能对内部损耗功率进行自动补偿。基本惯量按使用功能、检测车型规定要求，一般介于 908kg±1% ～ 1452kg±1%。

（5）功率吸收装置。

使用风冷式电涡流机时，冷态的最大吸收功率应不小于 250kW。

（6）其他。

举升装置及滚筒锁定系统、传感器和最大车速要求同轻型 3t 级底盘测功机。

3）重型底盘测功机台架结构（13t 级）

重型汽车底盘测功机主要用于重型柴油车的加载减速工况测试，同时可兼有动力性检测功能。在结构上，一般是三轴六滚筒式，适用于单驱动车辆和双后桥驱动车辆，见图 6-6。

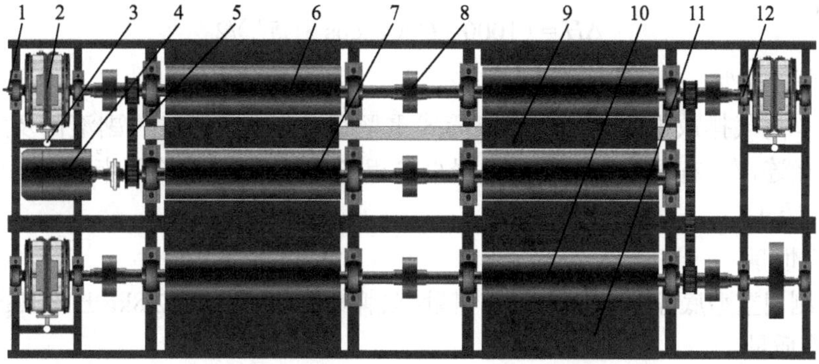

图 6-6 重型汽车底盘测功机结构示意图

1-光电编码器；2-电涡流机；3-力传感器；4-电动机；5-同步装置；6-主滚筒；7-副滚筒；8-联轴器；9-举升装置；10-后滚筒；11-机架；12-座式轴承

（1）滚筒直径。

《汽车底盘测功机》（JT/T 445—2008）要求滚筒直径为 370 ～ 530mm，滚筒直径误差不超过 ±2mm。

（2）滚筒中心距。

主滚筒与副滚筒的中心距应满足如下要求：

$$A=(1000+D)\times\sin31.5^{\circ} \quad (6\text{-}15)$$

式中：A——滚筒中心距，mm，误差为 -13.0 ～ 13.0 mm；

D——滚筒直径，mm。

主、副滚筒中心和后滚筒中心距 L（$A/2+B$）为 1346mm，误差为 −13 ～ 13mm 之间，如图 6-7 所示。

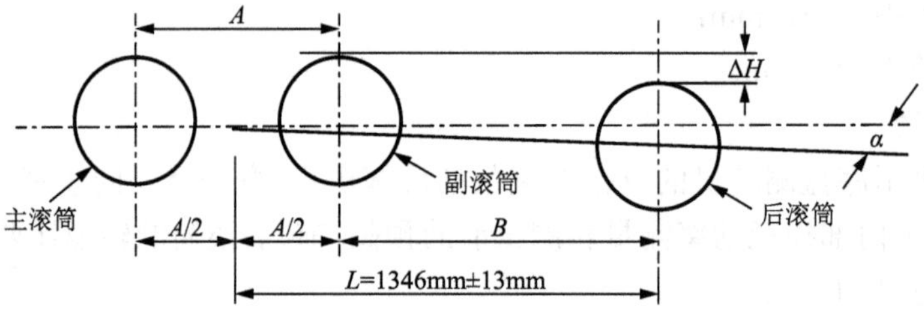

图 6-7　三轴六滚筒式重型测功机滚筒中心距

（3）滚筒高度差。

在底盘测功机台体处于水平时，按《汽车底盘测功机》（JT/T 445—2008）要求，单个滚筒两端点的上母线高度差应不大于 1mm，滚筒间高度差应不大于 2mm（主、副滚筒的四个滚筒之间；后滚筒的两个滚筒之间）。

主、副滚筒与后滚筒高度差应符合汽车排放检测要求，如图 6-7 所示。即：主滚筒与副滚筒等高，后滚筒应低于主、副滚筒，主、副滚筒轴心连线的中点与后滚筒轴心连线间的夹角 α 应满足式(6-16)：

$$\alpha = \tan^{-1}\left[(1000+D)(1-\cos 31.5^\circ)/(2\times L)\right] \tag{6-16}$$

主、副滚筒与后滚筒上母线高度差 ΔH 可按式(6-17)计算，ΔH 的允许误差为 ±5%。

$$\Delta H = (1000+D)(1-\cos 31.5^\circ)/2 \tag{6-17}$$

（4）滚筒同步性。

用于汽车尾气排放检测的三轴六滚筒式重型底盘测功机，其主、副滚筒及主、后滚筒分别用同步带相连，左、右滚筒一般用联轴器直接相连，以保证各滚筒同步性，前、中、后滚筒要求转速比为 1∶1。

（5）基本惯量。

排放检测用重型底盘测功机的基本惯量（铭牌标称值）为：1452.8kg±18.1kg。

（6）承载质量。

重型车排放检测用的底盘测功机应能测试最大单轴轴荷为 8000kg 的车辆或最大总质量为 14000kg 的车辆。对于三轴六滚筒式底盘测功机应能测试最大双轴轴荷为 22000kg 的车辆。对重型车动力性检测用的底盘测功机，要求允许承载的单轴质量为 13t。

（7）功率吸收装置。

用于 Lug Down 加载减速法的重型底盘测功机，功率吸收装置的吸收功率范围应能在车速大于或等于 70.0km/h 时，稳定吸收至少 50.0kW 的功率，持续 5min 以上，并能够连续进行至少 8 次试验，两次试验之间的时间间隔为 3min。同时，在测试车速不变的情况下，持续稳定吸收至少 120kW 的功率 5min 以上，并能够连续进行至少两次试验，两次试验之间的时间间隔为 3min。

动力性检测用 13t 级底盘测功机使用风冷式电涡流机时，冷态的最大吸收功率应不小于 300kW。

（8）最大车速。

重型底盘测功机台架结构（13t 级）底盘测功机最大测试车速不低于 130km/h。

4）数据采集与控制系统

（1）车速信号采集。

底盘测功机滚筒表面线速度的测量原理与车速表检验台的原理相同，采用的车速信号采集传感器类型与车速表检验台一致，但与车速表检验台相比，底盘测功机在检测时的被测车辆车速较高，且对测试精度的要求更高，故底盘测功机所采用的车速信号传感器需要比车速表检验台上应用的传感器更加灵敏，目前多采用旋转编码器。

（2）驱动力信号采集。

功率吸收装置的外壳是浮动的，外壳上加装有测力传感器。装配电涡流式功率吸收装置，当线圈通过一定的电流时，就会产生一定的涡流强度，对功率吸收装置的转子来说，电磁感应产生的力偶，其作用方向与其转动的方向相反。当传动器固定后，功率吸收装置外壳上的力臂对测力传感器就有一定的拉力或压力（与安装的位置相关），测力传感器在工作时，受力产生应变，通过应变放大器可得到一定的输出电压，再将力信号转变成电信号来处理，通过标定，可以得到测力传感器的受力数值。

（3）控制系统。

汽车在行驶过程中存在滚动阻力、加速阻力、空气阻力和坡道阻力。其中，加速阻力是通过惯性飞轮或电惯量来模拟，其他阻力通过台架的加载装置来模拟，控制加载装置，就要控制其电压及电流输入。

底盘测功机的控制相对复杂，系统控制精度既取决于台架的加工装配质量，更取决于控制系统的设计优化，其性能的优劣直接影响测试准确性。测功机的控制系统需要稳定、准确、快速地对功率吸收装置实施闭环控制，其中，电涡流式加载装置的可控性好、结构简单、质量小、便于安装。因此，在底盘测功机的设计和生产中得到广泛的应用。底盘测功机的控制系统除了需要控制加载装置外，其他常见的控制信号还有举升器升降控制或滚筒锁定控制、电磁阀控制、飞轮控制、车辆检测指示控制、手动或自动控制等，这些控制是通过计算机或单片机 I/O 输出板，再经过信号放大、驱动来实现。

5）安全保障系统

底盘测功机的安全保障系统包括左、右挡轮、系留装置、车楔、发动机及车轮冷却风扇，其作用为：

（1）设置左、右挡轮的目的是防止汽车车轮在旋转过程中侧向驶出滚筒，对前轮驱动车辆更应注意。

（2）系留装置是指地面上的固定盘，该装置与被测车辆相连，以防车辆驶出台架。

（3）车楔的作用是防止车辆在运行过程中，车体前后移动，同时也起到系留作用。

（4）发动机及车轮冷却风扇是防止被测车辆在测试过程中发动机和车轮过热。

6）引导系统

引导系统的作用是引导驾驶员按提示进行操作。提示的方法一般有两种，一种是 LED 显示屏，另一种是大屏幕显示器。

2. 测试工作原理

底盘测功机是用于模拟加载道路行驶阻力的测试设备。通过测功机模拟汽车在实际行驶时的不同负载及各种运动阻力，以实现对不同检测工况的检测。

检测时，被测汽车的驱动轮停在举升器上，举升器下降后车轮停在滚筒之间，驱动轮带动滚筒转动，滚筒相当于活动路面，使汽车产生相对行驶。利用功率吸收装置（电涡流机）施加模拟各工况的不同负载。

检测过程中，驱动轮的转速由安装在滚筒轴上的测速传感器测量，驱动轮的输出力矩由安装在功率吸收装置定子上的测力传感器进行测量。

控制系统按照检测方法的要求，根据测力传感器和测速传感器反馈的信息，调整功率吸收装置控制电流的大小，进而调节和控制所模拟的不同负载。与此同时，由计算机进行功能调度、信号控制与数据采集，从而实现汽车动力性、排放和燃料消耗量等的检测。

1）功率测量原理

在平坦路面上行驶的汽车，发动机输出的有效功率在克服了汽车底盘传动系统阻力后输出到驱动轮，驱动轮输出功率用以克服路面行驶时的车轮滚动阻力、惯性阻力和迎风空气阻力。测功机利用滚筒代替路面，驱动轮上的相应负载用电涡流机进行模拟。驱动轮轮边线速度 V、驱动轮驱动力 F 与驱动轮输出功率 P 的关系如下：

$$P = F \times V/3600 \tag{6-18}$$

式中：P——驱动轮输出功率，kW；

F——驱动轮驱动力，N；

V——驱动轮轮边线车速，km/h。

由上式可知，只要同时测出 F 和 V 即可计算得出驱动轮输出功率 P。

2）速度测量原理

汽车车轮驱动滚筒转动时，滚筒轴上的速度传感器将滚筒的转速变换成相应频率的电脉冲，根据输出脉冲频率计算汽车的速度：

$$V = 0.377 \times n \times r \tag{6-19}$$

式中：V——车速，km/h；

n——主滚筒转速，r/min；

r——滚筒半径，m。

3）驱动力测量原理

当汽车车轮驱动滚筒转动时，带动电涡流机转子（感应子）转动，转子被拖动旋转时产生涡流，该涡流与它产生的磁场磁力线相作用，从而产生反向制动力矩，该力矩作用到测力传感器上，使传感器受拉（或压）产生电信号，该信号的大小与车轮驱动力成正比，经调制处理后可测出被测车轮的驱动力。

通过控制定子励磁电流大小，可改变电涡流机吸收功率和制动力矩的大小，以实现汽车不同工况下的测量参数。

在标定时，假设标定力作用点到主滚筒中心的水平距离为 L（m），滚筒半径为 r（m），则换算到滚筒表面力 F（N）为：

$$F=L/r\times F_b \tag{6-20}$$

式中：F_b——在标定力作用点加载的标准力值，N。

第三节 汽车底盘测功机的技术要求

汽车底盘测功机产品标准执行《汽车底盘测功机》(JT/T 445—2008)，按照不同的使用功能，应分别满足《汽车动力性台架试验方法和评价指标》(GB/T 18276—2017)、《汽油车简易瞬态工况法排气污染物测量设备技术要求》(HJ/T 290—2006)、《汽油车稳态工况法排气污染物测量设备技术要求》(HJ/T 291—2006)、《柴油车加载减速工况法排气烟度测量设备技术要求》(HJ/T 292—2006)的规定。

一、检测能力与性能要求

1. 检测能力

底盘测功机的检测能力应符合表 6-1 的要求。

底盘测功机的检测能力　　表 6-1

额定承载质量(t)	3	10	13
额定吸收转矩(N·m)	≥ 1600	≥ 2500	≥ 5000
最高测试车速(km/h)	≥ 130	≥ 130	≥ 130

2. 功率吸收装置

(1)功率吸收装置应与主滚筒同轴相连。对于采用多个功率吸收装置的三轴式底盘测功机，功率吸收装置应与主滚筒或后滚筒同轴相连。

(2)功率吸收装置采用风冷式电涡流机时，在恒速 800r/min 的 12min 满负荷测试条件下，第 12min 吸收转矩相对于第 1min 吸收转矩的热衰退率不应超过 55%。

3. 反拖装置

(1)测功机应配备用于测量内部损耗的反拖装置，并具有将滚筒表面线速度拖动至 96km/h 以上的能力。

(2)反拖电动机应采用调速控制。

(3)具有汽车传动系阻力检测功能的测功机，扭力示值误差为 ±1%。

4. 同步性

底盘测功机的所有滚筒应同步转动，速度比为 1 : 1，同步精度为 ±0.3km/h。采用如下测试方法：

启动反拖电动机，将滚筒线速度分别调速至 40km/h 和 80km/h 测试点，待滚筒转速稳定后，采用标准转速计或其他测速装置测量主、副滚筒转速，并按公式(6-21)换算为主、副滚筒表面线速度：

$$V_i=188.5\times D\times n_i\times 10^{-6} \tag{6-21}$$

式中：V_i——第 i 测试点主、副滚筒表面线速度，km/h，i=40km/h、80km/h；

D——滚筒直径，mm；

n_i——第 i 测试点主、副滚筒转速，r/min。

按公式(6-22)计算主、副滚筒的速度差：

$$\Delta V_i = V_i' - V_i \tag{6-22}$$

式中：ΔV_i——第 i 校准点主、副滚筒表面线速度差，km/h，i=40km/h、80km/h；

V_i'——第 i 校准点主滚筒表面线速度，km/h，i=40km/h、80km/h；

V_i——第 i 校准点副滚筒表面线速度，km/h，i=40km/h、80km/h。

5. 测量系统

1)显示分度值

(1)扭力显示分度值 1N。

(2)速度显示分度值 0.1km/h。

(3)功率显示分度值 0.1kW。

(4)距离显示分度值 0.1m。

2)扭力显示分辨力

扭力的显示分辨力 d 不大于 5N。

3)示值误差

(1)扭力示值误差的允许范围为 ±1.0%。

(2)速度示值误差的允许范围为 ±0.2km/h。

(3)距离示值误差的允许范围为 ±1%。

4)示值漂移

(1)扭力示值漂移不大于 1d。

(2)速度示值漂移不超过 ±0.1km/h。

(3)距离示值漂移不超过 ±0.1m。

5)数据采集与处理

(1)测功机测量系统应有恒速控制和恒力控制的显示界面，可通过测试曲线读取恒速控制和恒力控制的全过程参数，包括力(N)、速度(km/h)和时间(ms)。

(2)扭力参数的采样频率应不低于 100Hz，速度参数和距离参数的采样频率应不低于 10Hz。

(3)在恒速控制方式或恒力控制方式时，应满足以下条件并保持稳定方可采样，取后 3s 数据的平均值：

①恒速控制的车速示值连续 3s 在 ±0.2km/h 范围内。

②恒力控制的扭力示值连续 3s 在 ±50N 范围内。

(4)系统应有标准通信接口，并提供接口定义和相关的通信协议。

6. 功率补偿

(1)底盘测功机应具有内部损耗功率的检测能力，内部损耗功率的检测应由控制系统自动完成，各过程应在同一界面中实现，内部损耗功率测试界面应具有屏幕打印功能。

(2)底盘测功机应能对内部损耗功率进行自动补偿。根据内部损耗功率滑行法测试结果，对最大测试车速范围内任意速度下的功率吸收装置吸收功率进行自动补偿，底盘测功机显示输出的被检车辆驱动轮的输出功率为功率吸收装置吸收功率与内部损耗功率之和，即：

$$P_a=P_{V_i}+P'_{V_i} \tag{6-23}$$

式中：P_a——V_i速度时的驱动轮输出功率，kW；

P_{V_i}——V_i速度时，功率吸收装置所吸收的功率，kW；

P'_{V_i}——V_i速度时的内部损耗功率，kW。

7. 控制系统

1）恒速控制误差

应在 ±0.2km/h 范围内或 ±1.0%。

2）恒力控制误差

应在 ±20N 范围内，静态力示值误差为 ±1.0%。

3）恒速控制稳定时间

对功率吸收装置加载和减载，从达到“目标速度 ×（1±10%）”时刻至进入“目标速度 ±0.2km/h”区间（其后连续 5s 内速度示值始终保持在该区间内）的时间应不超过 10s。

4）恒力控制稳定时间

对功率吸收装置加载和减载，从达到“目标驱动力 ×（1±10%）”时刻至进入“目标驱动力 ±20N”区间（其后连续 5s 内驱动力示值始终保持在该区间内）的时间应不超过 3s。

5）功率校正

底盘测功机应能根据检测环境温度、湿度、大气压等参数计算功率校正系数，且能根据登录车辆参数和信息，计算功率吸收装置的加载力并进行恒力加载。

6）基本惯量

底盘测功机应标注台架转动件的基本惯量。

二、内部损耗功率

内部损耗功率是汽车底盘测功机台体自身的功率损耗，包括底盘测功机所有转动部件运转时的摩擦损耗功率与电涡流机风阻损耗功率的总和，合理确定其功率补偿，可以提高检测结果的准确性。

一般采用滑行法直接测量汽车底盘测功机和内部损耗功率，进行内部损耗功率补偿。

1. 基本惯量 DIW

基本惯量是汽车底盘测功机旋转部件转动时的惯性质量，测试方法如下：

（1）采用反拖电动机或车辆驱动滚筒转动，使底盘测功机充分预热。预热后的测功机进行滑行测试时，滑行时间应趋于稳定。

（2）底盘测功机设定为恒力控制方式。

（3）用反拖电机驱动滚筒至 56km/h，加载恒力 F_1=550N，进行 48 ～ 16km/h 的滑行测试，测试 3 次。

（4）记录 3 次测试的滑行时间，并计算均值，记作 $\overline{t_1}$。

（5）再次用反拖电动机驱动滚筒至 56km/h，加载恒力 F_2=1200N，进行 48 ～ 16km/h 的滑行测试，测试 3 次。

(6)记录 3 次测试的滑行时间，并计算均值，记作 $\bar{t}_2$。

(7)按式(6-24)计算基本惯量 DIW：

$$DIW = 0.1125 \times (\bar{f}_2 - \bar{f}_1) \times [\bar{t}_1 \times \bar{t}_2 / (\bar{t}_1 - \bar{t}_2)] \tag{6-24}$$

式中：DIW——基本惯量，kg；

$\bar{f}_1$——三次加载恒力 F_1=550N 时实测值均值，N；

$\bar{f}_2$——三次加载恒力 F_2=1200N 时实测值均值，N；

$\bar{t}_1$——三次加载恒力 F_1=550N，48 ～ 16km/h 滑行时间的平均值，s；

$\bar{t}_2$——三次加载恒力 F_2=1200N，48 ～ 16km/h 滑行时间的平均值，s。

2. 内部损耗功率

内部损耗功率测试前，应采用反拖电动机对测功机所有旋转部件充分预热后，由反拖电动机带动滚筒转动到至少 96km/h 的速度进行内部损耗功率滑行测试，设定滑行测试相应的名义速度及速度间隔区间。按下式计算测功机内部损耗功率：

$$P'_{V_i} = 0.61728 \times V_i \times DIW / \Delta t_i \times 10^{-3} \tag{6-25}$$

式中：P'_{V_i}——名义速度为 v_i 时的内部损耗功率，kW；

V_i——取 88，80，72，64，56，48，40，32，24，16 (km/h)；

Δt_i——相应速度段的滑行时间，s；

DIW——基本惯量，kg。

三、动力性检测的台架要求

1. 风冷电涡流机及配置

风冷式电涡流机具有结构简单、使用维护方便、惯量小、响应时间短、成本较低等特点，我国底盘测功机绝大多数采用风冷式电涡流机作为功率吸收装置，其控制系统技术也相对成熟，其缺点是对所吸收的功率散热效果较差，随其温度的升高，导磁率和相同励磁电流所产生的加载能力下降，连续检测易形成热衰退恶性循环，即温度升高导致励磁电流相应增大，线圈温度进一步升高，使电涡流机的加载能力逐步下降，线圈内外温度的不断升高易损坏绝缘，烧坏电涡流机。因此，应根据风冷式电涡流机的工作特性和汽车检测站的要求以及加载方式来确定加载能力。

风冷式电涡流机的加载能力最好以加载转矩参数来确定。由于加载功率是加载转矩与转速的乘积，如果加载功率的转速较高，相同的功率则加载转矩下降，可能不符合风冷式电涡流机所要求的低速大转矩。

滚筒直径 D 越大，所需的加载转矩越大，而对应的滚筒转速越小，所要求的低速大转矩性能越高。通常能满足 350kW 发动机功率的车辆检测，如果对个别发动机功率较大的车辆检测时，可待风冷式电涡流机降温后再检测。

如果汽车检测站需要适应柴油车加载减速法尾气排放检测，采用最大节气门开度动态功率扫描的恒速控制加载，发动机功率以及过加载的负荷会很大，且过加载的时间较长，因此可按风冷式电涡流机允许热衰退至 30% ～ 40% 的加载能力来计算。

由于台架各转动件的动态不平衡、机械间隙以及车辆轮胎的不平衡，车辆在滚筒上加载检测时，会使台架产生振动并传递给力传感器，所测加载力包含有作用在力传感器上的振动力，这种系统误差是随机难以消除的。因此，台架所配置的涡流机越多，造成的系统误差就越大，有些台架由于滚筒直径过大需配置两台甚至三台电涡流机，既增加了成本也会降低检测的准确性。有些台架配置多台相同型号涡流机，控制相同的加载电压，只采用一个力传感器，加载力乘以涡流机台数，等效叠加了多个振动力，即使同型号电涡流机，其线圈电阻也会不同，再加上风冷状态的温度的差异，功率吸收装置累计新增了更大的误差。

随着我国汽车检测技术的发展，适用于底盘测功机所需的低速大转矩风冷式电涡流机得到了应用，只要优化底盘测功机的结构参数，采用一个涡流机可以满足检测要求，通过轻型车分别在轻型和重型底盘测功机上的动力性检测对比试验研究，检测结果误差不大。

2. 重型测功机台架机构与参数

为适应双轴驱动重型车辆动力性检测，重型测功机台架结构设计为三轴六滚筒形式。

在底盘测功机结构形式上，按《汽车底盘测功机》（JT/T 445—2008）的要求：底盘测功机滚筒直径应介于 200 ～ 530mm 之间；其每一滚筒轴间分别用同步带相连，左、右滚筒间用联轴器连接，以保证各滚筒转动的同步性，其速比为 1 : 1，同步精度为 ±0.1km/h。

采用同一车辆在同一台架上对主、副滚筒分别按 1 : 1 机械连接和脱开连接进行车速和动力性试验，结果表明：不同稳定车速下，无机械连接的主滚筒车速小于副滚筒车速，说明同一车轮相对主、副滚筒的动力半径不同；采用机械连接，迫使两滚筒速度一致，车轮与副滚筒产生运动干涉滑移，产生不正常的车轮滚筒摩擦损耗，造成较大的功率损失；脱开主、副滚筒机械连接所测底盘输出功率大于机械连接时的所测功率，两功率的差值等于运动干涉所产生的内部损耗功率。

因此，主滚筒、副滚筒、后滚筒之间不需要 1 : 1 机械连接，不仅可以消除由此产生的内部损耗功率，而且更有利于优化台架的结构参数，如：优化主、副滚筒直径减小为 300mm；为适应双轴驱动车辆的不同驱动轴轴距，可以使后滚筒直径增大为 450 ～ 500mm。优化的结果可以减小所需的加载转矩，配置一个合适吸收功率的风冷电涡流机即可满足检测要求。

汽车动力性检测难免会有或大或小的加、减速度，系统当量惯量越大，检测的动态功率误差越大，而且系统惯量越大，对加载的车速响应时间越长，使达到稳态的检测时间越长。因此，汽车底盘测功机在设计时要充分考虑系统当量惯量对检测结果的影响，适当减少系统惯量，是否增加惯性飞轮要根据被检车辆和检测功能而确定。

3. 台架及其操作的安全性

滚筒相当于模拟面，受检车辆瞬间加载过大或滚筒短时间急剧减速会使车辆冲出台架。在控制系统正常情况下，通常不会出现这种情况，但要防止控制系统出现故障时，导致滚筒抱死或接近抱死。所以，要通过测量加载力和减速度来判别这种情况，进而使测功机自动卸载为零。

为防止车辆在检测过程中，举升装置故障和误动作按钮上升，在控制上，必须把滚筒车速与举升装置联锁。在检测过程中发现各种异常情况，应迅速挂空挡或脱开离合器，不要踩制动踏板，否则较大惯量的滚筒将要抱死，可能会使车辆冲出台架。

四、使用注意事项与日常维护

底盘测功机是用于汽车动力性、尾气排放、燃料消耗量等检测的必备设备，应严格按照使用功能及操作规程使用，并定期进行检查、维护。

1. 使用注意事项

1）使用前的准备工作

（1）被检车辆外部清洗干净。

（2）被检车辆轮胎气压符合标准，轮胎花纹中不得夹有石粒、杂物等。

（3）被检车辆发动机机油液面、压力应在规定范围内。

（4）自动变速器（液力变矩器）的车辆，液面应在规定范围内。

2）汽车底盘测功机的使用要点

（1）开机前应按使用说明书的要求，做好安全防护等准备工作，采用反拖装置或车辆对测功机旋转部件充分预热。

（2）按测功机规定程序的操作，确保车辆挡位合理，测量车速控制在误差范围。

（3）采用滑行法，定期核查测功机内部功率损耗，准确修正功率补偿。

（4）测试过程中，严禁制动。突然停电时，引车驾驶员应立即松加速踏板并挂空挡。

（5）引车驾驶员必须严格按引导系统提示操作。

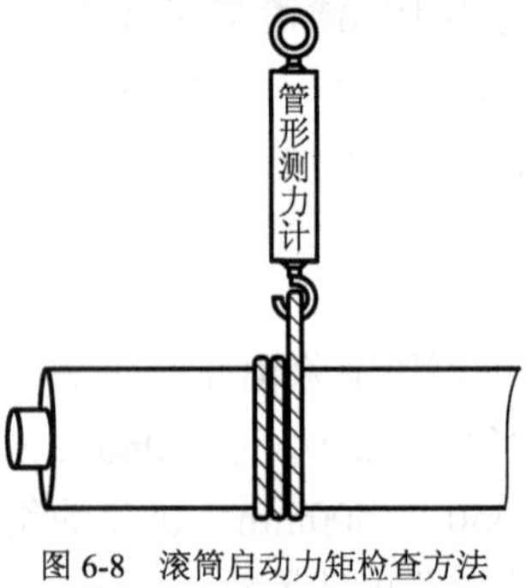

图 6-8 滚筒启动力矩检查方法

2. 定期维护

1）定期检查

（1）日常检查项目。

①检查滚筒启动力矩，判断测功机台架内部阻力有无明显增大现象，检查方法如图 6-8 所示。

②检查滚筒轴承、飞轮轴承是否有发热、损坏现象。

（2）定期检查项目（每三个月）。

①各部螺栓、螺钉紧固情况。

②同步带磨损情况。

③台架有无明显振动。

2）定期润滑

系统各润滑点，如主、副滚筒轴承等，按使用说明书的要求进行润滑。

3）定期检定和校准

为了保证测量准确，依据《测功装置检定规程》（JJG 653—2003），定期对汽车底盘测功机进行检定。车速传感器、测力传感器的检定周期：一次 /12 个月；自校准周期：一次 /6 个月。

第四节 影响动力性检测准确性的因素分析

一、台架加工、装配质量的影响

底盘测功机台架的加工、装配质量是影响测试准确度主要因素之一。加工、装配质量不良的测功机，会受到来自台架自身的各种外力干扰，使控制系统的调节过程延长，恒力、恒速控制不稳定，控制精度下降和测试结果失真。

（1）在底盘测功机运转时，滚筒、功率吸收装置的转子（包括冷却叶轮）等旋转部件的动平衡精度不良，会加剧台体的振动，振动所产生的外力作用于测力传感器上，从而影响控制精度和测量结果的准确性。

（2）底盘测功机加工、装配质量不良（台体的焊接、滚筒的同轴度、各个轴承座之间的高度差等），集中反映在滚筒上，会导致滚筒启动力矩和测功机内阻增大。双轴式底盘测功机滚筒每个轴承的平均启动力矩应不大于 0.5N·m，三轴式底盘测功机不大于 0.6N·m。

（3）台架加工、装配质量的评价要素主要包括：

①台体结构的规整度，包括强度、刚度、平面度、几何尺寸公差等。

②各轴承位置平面度。

③滚筒及旋转部件动平衡量。

④同轴滚筒及功率吸收装置同轴度、前后滚筒的平行度。

⑤各滚筒高差。

二、台架机械阻力的影响

底盘测功机的台架机械损失主要来自支承轴承联轴器、电涡流机等旋转部件，在车轮带动滚筒旋转过程中，由于摩擦力的存在（测功机内阻），将消耗一定的功率，用反拖方法或滑行法可以测出不同车速下底盘测功机台架的机械阻力所消耗的功率，如图 6-9 所示。

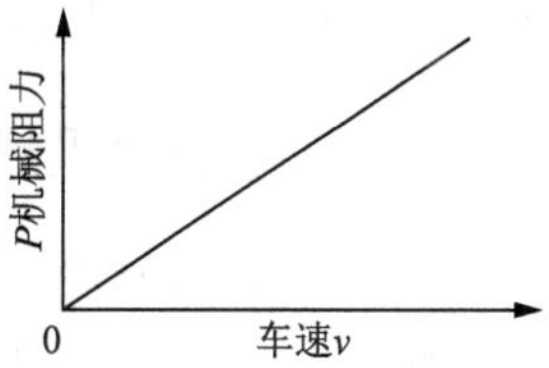

图 6-9 台架机械阻力消耗功率与车速的关系

由于台架阻力消耗了汽车部分驱动功率，在测量汽车底盘输出功率、驱动轮轮边稳定车速、燃料消耗量以及工况法检测排放时，必须考虑机械阻力的影响，准确测算机械阻力所消耗的阻力和功率，有关功率造成的功率损失，并进行功率补偿。

三、吸收装置对测定值的影响

风冷式电涡流功率吸收装置采用冷却风扇对励磁线圈进行散热，由于冷却风扇与转子为一体，当转子转动时，冷却风扇自身将消耗一定的驱动功率，且与转子转速的三次方成正比。因此，风冷式电涡流功率吸收装置应通过试验确定不同转速下的消耗功率，风扇阻力应在加载力中予以扣除，其消耗功率应计入底盘输出功率。同样，采用反拖方法或滑行法可以测出不同车速下风冷式电涡流功率吸收装置冷却风扇所消耗的功率，该阻力消耗功率已包含在底盘测功机台架机械阻力所消耗的功率之中。

四、滚动阻力对测量值的影响

车轮滚动时，轮胎与路面的接触区域产生法向、切向的相互作用力，轮胎和支承路面的相对刚度确定了轮胎变形的特点。当弹性轮胎在硬质的钢制滚筒上滚动时，轮胎的变形是主要的，此时由于轮胎内部摩擦产生弹性迟滞损失，使轮胎变形时所做的功不能全部收回，此能量消耗在轮胎各组成部分间的摩擦以及橡胶、帘线等物质的分子间摩擦，最后转化成热能消失在大气中。这种损失即为弹性物质的迟滞损失。

滚动阻力系数与模拟路面的滚筒种类、直径、行驶车速以及轮胎的构造、材料、气压等有关，影响动力性测定值的主要因素如下：

1. 钢制滚筒的影响

（1）滚筒的直径 D 越大，被测轮胎的滚动变形量就越小，也就是轮胎弹性迟滞损失小。

（2）滚筒在加工过程中，滚筒的椭圆度、同轴度越小，轮胎在滚筒上的运转就越平稳，当车速一定时，滚动阻力系数的波动范围就越小，故轮胎滚动阻力系数随滚筒加工精度的提高而减小。

（3）国内在用的底盘测功机滚筒表面主要有两种形式，一种是常见的光滚筒，即表面未经处理的滚筒，滚筒表面较光滑，其附着系数约为 0.5，汽车车轮转动时，除滚动阻力外，还会有滑移现象。另一种是滚筒表面喷涂有耐磨硬质合金或经过滚花处理，可将滚筒表面的附着系数提高到 0.7 左右，接近于一般路面的附着系数，提高了轮胎的附着力。

（4）滚筒中心距 L，是指底盘测功机两列滚筒支承轴线之间的距离，随着滚筒中心距的增加，汽车车轮的安置角随之增大，前、后滚筒对车轮的支承力也随之增大，将导致车辆在测功机台架上的运行滚动阻力增大。

2. 轮胎气压的影响

轮胎气压对滚动阻力系数影响较大，气压低时在硬质路面上轮胎变形大，滚动迟滞损失增加，为了减小检测误差，要求在动力性检测前必须将轮胎气压控制在标准气压。

五、电涡流机热衰退性的影响

电涡流机有水冷、风冷和油冷等冷却形式，由于水冷电涡流机成本高、配套设施相对复杂，加上气候环境、水质条件的限制，国内外汽车底盘测功机多采用风冷式电涡流机作为底盘测功机的功率吸收装置。

基于能量守恒，当电涡流机工作时，是把汽车驱动轮的动能转化为涡电流的电能进而以热量的形式被消耗掉。因此，电涡流机在工作时会产生巨大的热量，水冷式电涡流机由冷却水带走热量，而风冷式电涡流机受冷却效率的制约，在工作时会产生热衰退效应，使得吸收能力下降，如图 6-10 所示。因此，需改善风冷式电涡流机由于热衰退效应对测试能力造成的影响。

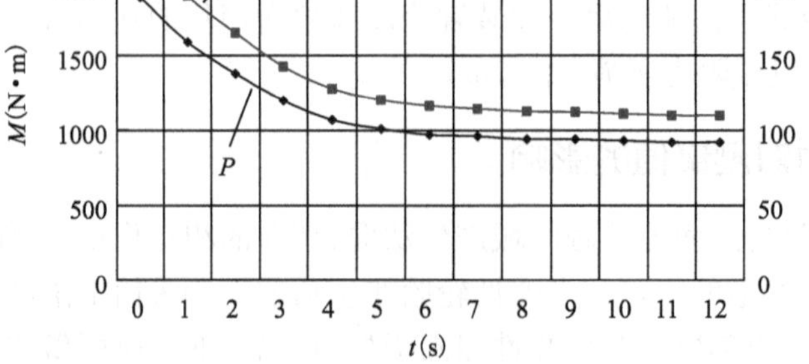

图 6-10 风冷式电涡流机的热衰退性能

1. 额定吸收功率

对额定承载质量为 3t、10t 和 13t 的底盘测功机，电涡流机分别不小于 150kW、250kW 和 300kW。

2. 热衰退率

在长时间满负荷测功及连续检测时，风冷式电涡机会产生明显的热衰退效应。如在满负荷加载检测驱动轮输出功率以及加载减速法（Lug Down）检测尾气排放时，应采取加装外部冷却风扇，强化散热效果。

参考汽车缓速器标准，采用风冷电涡流功率吸收装置的测功机，其功率吸收装置在恒速 800r/min 的 12min 满负荷测试条件下，第 12min 的吸收转矩相对于第 1min 的热衰退率不超过 55%。

六、滚筒同步装置的影响

滚筒同步装置是主动滚筒与从动滚筒之间的传动连接装置，采用橡胶带或链条制成，其作用是测量底盘测功机台体机械损耗时，保证所有旋转部件在反拖电动机驱动下同步旋转，以测算台体损耗功率。试验证明，同步带越宽大，功率损耗越大，链条同步带的功率损耗要小于橡胶同步带，但高速时噪声较大。

第七章 营运车辆燃料经济性与检测设备

汽车燃料经济性是衡量汽车燃料消耗量、污染排放和运行成本的重要性能指标。《中华人民共和国节约能源法》规定:“国务院有关部门制定交通运输营运车船的燃料经济性限值标准;不符合标准的,不得用于营运。国务院有关交通运输主管部门应当加强对交通运输营运车船燃料消耗检测的监督管理。”

燃料经济性检测评价是贯彻落实国家节能减排战略、加强交通运输节能减排工作的需要。在用营运车辆燃料经济性是采用汽车底盘测功机和碳平衡法汽车燃料消耗量检测仪组成的燃料消耗量检测系统,按《道路运输车辆燃料消耗量检测评价方法》(GB/T 18566—2011)规定方法进行检测和评价。

第一节　营运车辆燃料经济性

燃料经济性反映了汽车为完成一定的运输任务所消耗的能量。评价汽车燃料经济性的指标主要是一定行驶里程的汽车燃料消耗量或一定燃料消耗量能使汽车行驶的里程。在我国及欧洲，燃料经济性指标的单位一般为 L/100km，即汽车行驶 100km 所消耗燃料的升数，其数值愈大，代表汽车的燃料经济性愈差。而美国为 MPG 或 mile/USgal，是指每消耗 1USgal 燃料能行驶的里程数，这个数值愈大，代表汽车的燃料经济性愈好。

一、新车准入燃料消耗量

《中华人民共和国节约能源法》赋予交通运输部门对营运车辆燃料消耗量进行准入管理的职责，交通运输部颁布了《道路运输车辆燃料消耗量检测和监督管理办法》，依法实施道路运输车辆油耗准入管理，对符合规定的车型列入《道路运输达标车型表》并向社会发布，成为配发《道路运输证》的依据。

依据《营运客车燃料消耗量限值及测量方法》（JT/T 711—2016）、《营运货车燃料消耗量限值及测量方法》（JT/T 719—2016），对拟进入道路运输市场从事道路旅客运输、货物运输经营活动，以汽油或柴油为燃料的，总质量在 3500 ～ 49000kg 的国产和进口车辆须进行燃料消耗量道路试验检测。以综合燃料消耗量（L/100km）为新车准入燃料消耗量指标。

试验路应为平直路，用沥青或混凝土铺装，路面清洁、干燥、平坦；纵向坡度在 0.1% 以内；试验路测试有效长度 500m；测试时大气温度应为 0 ～ 30℃，风速不大于 3m/s。

试验车辆尺寸及质量参数首先应符合《道路车辆外廓尺寸、轴荷及质量限值》（GB 1589—2016）的规定，车长、车宽、车高与其设计值的偏差不应超过 1%，整车整备质量、最大总质量与其设计值的偏差不应超过 2%。

1. 试验行驶工况

试验车辆满载燃料消耗量试验行驶工况见表 7-1。

车辆满载试验行驶工况　　表 7-1

车辆种类		等速工况(km/h)	加速工况	怠速工况
客车	高级车	50、60、70、80、90、95	60km/h → 80km/h	怠速转速 ±50 r/min
	中级、普通级	40、50、60、70、80	50km/h → 70km/h	
货车	单车普通货车、与半挂牵引车	40、50、60、70、80	最高设计车速不大于 100km/h 时：50km/h → 70km/h；最高设计车速大于 100km/h 时：60km/h → 80km/h	
	单车自卸汽车、单车混凝土搅拌运输车	30、40、50、60、70		

2. 燃料消耗量的计算数学模型

1）等速工况燃料消耗量的计算

$$Q_u=\frac{\sum_{i=1}^{n}\left(V_{ui}\times k_{ui}\times\bar{Q}_{ui}\right)}{\sum_{i=1}^{n}\left(V_{ui}\times k_{ui}\right)} \tag{7-1}$$

式中：Q_u——等速工况燃料消耗量，L/100km；

$\bar{Q}_{ui}$——第 i 个车速等速燃料消耗量算术平均值的校正值，L/100km；

k_{ui}——第 i 个车速下的等速权重系数；

V_{ui}——第 i 个等速工况速度点，km/h；

n——等速工况速度点的个数，高级客车时，n=6，中级及普通级客车、货车时 n=5。

2）加速工况燃料消耗量的计算

$$Q_a=\bar{Q}_{as} \tag{7-2}$$

$$Q_{as}=100\times\frac{\sum_{j=1}^{m}\left(Q_{aj}/S_{aj}\right)}{m} \tag{7-3}$$

式中：Q_a——加速工况燃料消耗量，L/100km；

$\bar{Q}_{as}$——Q_{as} 的校正值，L/100km；

Q_{as}——加速燃料消耗量的算术平均值，L/100km；

Q_{aj}——第 j 次加速燃料消耗量，mL；

S_{aj}——第 j 次加速距离，m；

m——测量次数，m =4。

3）怠速工况燃料消耗量的计算

$$Q_l=\bar{Q}_{ld} \tag{7-4}$$

$$Q_{ld}=3.6\times\frac{\sum_{k=1}^{p}\left(Q_{dk}/T_{dk}\right)}{p} \tag{7-5}$$

式中：Q_l——怠速工况燃料消耗量，L/h；

$\bar{Q}_{ld}$——Q_{ld} 的校正值，L/h；

Q_{ld}——怠速工况单位时间内的燃料消耗量，L/h；

Q_{dk}——第 k 次怠速燃料消耗量，mL；

T_{dk}——第 k 次怠速测试时间，s；

p——测量次数，p =3。

4）综合燃料消耗量的计算

$$Q=\frac{Q_{\mathrm{u}}\times\sum_{i=1}^{n}\left(V_{\mathrm{u}i}\times k_{\mathrm{u}i}\right)\times k_{\mathrm{u}}+Q_{\mathrm{a}}\times 3.6\times\left(S_{\mathrm{a}}/T_{\mathrm{a}}\right)\times k_{\mathrm{a}}+100\times Q_{\mathrm{l}}\times k_{\mathrm{l}}}{\sum_{i=1}^{n}\left(V_{\mathrm{u}i}\times k_{\mathrm{u}i}\right)\times k_{\mathrm{u}}+3.6\times\left(S_{\mathrm{a}}/T_{\mathrm{a}}\right)\times k_{\mathrm{a}}} \tag{7-6}$$

式中：Q——综合燃料消耗量，L/100km；

k_{u}、k_{a}、k_{l}——分别为等速工况、加速工况、怠速工况燃料消耗量时间权重系数；

S_{a}——加速工况平均加速距离，m，按下式计算：

$$S_{\mathrm{a}}=\frac{\sum_{j-1}^{m}S_{\mathrm{a}j}}{m}$$

T_{a}——加速工况平均加速时间，s，按下式计算：

$$T_{\mathrm{a}}=\frac{\sum_{j-1}^{m}\left(T_{\mathrm{a}j}\right)}{m}$$

$T_{\mathrm{a}j}$——第j次加速时间，s。

3. 主要试验仪器设备与要求

（1）车速测量仪器：最大允许误差为 ±0.5%。

（2）燃料流量计：最大允许误差为 ±0.5%。

（3）计时器：最小分度值为 0.1s。

（4）发动机转速表：最大允许误差为 ±1%。

（5）汽车称重仪：准确度等级为三级及以上。

二、在用营运车辆燃料消耗量

在用营运车辆燃料消耗量是在汽车底盘测功机上模拟道路行驶工况，采用碳平衡法汽车燃料消耗量检测仪（简称碳平衡法油耗仪），依据《道路运输车辆燃料消耗量检测评价方法》（GB/T 18566—2011）对营运车辆进行燃料消耗量检测和评价。标准中规定了道路运输车辆燃料消耗量的检测评价参数、检测方法、检测工况、检测设备、检测程序、检测结果评价等。适用于燃用柴油或汽油、额定总质量大于 3500kg 的在用营运客车和营运货车。

采用碳平衡法油耗仪检测在用营运车辆燃料消耗量，替代了依靠拆装供油管、连接流量油耗计测量的传统方式，实现汽车不解体检测，提高了检测效率，同时也对底盘测功机加载、碳平衡法油耗仪检测准确性提出了更高的要求。

1. 检测工况

在用营运车辆燃料消耗量检测工况由速度工况和载荷工况构成。

1）速度工况

高级营运客车检测速度工况为等速 60km/h。

中级、普通级营运客车以及营运货车检测速度工况为等速 50km/h。

2）载荷（台架加载阻力）工况

是指模拟汽车在水平硬路面上，以额定总质量、变速器最高挡、等速行驶的道路行驶阻力。自动检测控制系统根据车辆参数和信息计算台架加载阻力。

（1）汽车道路行驶阻力。

汽车燃料消耗量检测工况下的道路行驶阻力由滚动阻力和空气阻力构成，计算公式如下：

$$F_R = F_f + F_W \tag{7-7}$$

式中：F_R——汽车燃料消耗量检测工况下的道路行驶阻力，N；

F_f——汽车道路行驶的滚动阻力，N；

F_W——汽车道路行驶的空气阻力，N。

汽车道路行驶的滚动阻力计算公式为：

$$F_f = G \times g \times f \tag{7-8}$$

式中：G——受检汽车额定总质量（或牵引车单车满载总质量），kg；

g——重力加速度，g=9.81m/s^2；

f——滚动阻力系数，汽车以50km/h、60km/h速度在水平硬路面行驶的滚动阻力系数。

汽车道路行驶的空气阻力计算公式为：

$$F_W = \frac{1}{2} \times C_D \times A \times \rho \times v_0^2 \tag{7-9}$$

式中：C_D——空气阻力系数，汽车以50km/h、60km/h速度在水平硬路面行驶的空气阻力系数；

A——受检汽车迎风面积，即汽车行驶方向的投影面积，m^2；

ρ——空气密度，ρ=1.189N·s^2·m^4（温度293.15K，大气压力101.33kPa状态下）；

v_0——汽车行驶速度，m/s。

（2）汽车台架运转阻力。

汽车台架运转阻力等于汽车台架滚动阻力和台架内阻之和，公式为：

$$F_C = F_{fc} + F_{tc} \tag{7-10}$$

式中：F_C——汽车台架运转阻力，N；

F_{fc}——汽车台架滚动阻力，N；

F_{tc}——台架内阻，N。

汽车台架滚动阻力计算公式为：

$$F_{fc} = G_R \times g \times f_c \tag{7-11}$$

式中：G_R——受检汽车驱动轴空载质量，kg；

f_c——台架滚动阻力系数，f_c = 1.5f。

台架内阻F_{tc}值一般由台架生产单位提供，台架内阻F_{tc}推荐值为：

对于两轴四滚筒式台架，车辆速度50km时F_{tc}=100N，60km时F_{tc}=110N；对于三轴六滚筒式台架，车辆速度50km时F_{tc}=130N，60km时F_{tc}=140N。

（3）台架加载阻力。

台架加载阻力等于汽车道路行驶阻力减去汽车台架运转阻力。公式为：

$$F_{TC} = F_R - F_C \quad (7\text{-}12)$$

式中：F_{TC}——台架加载阻力，N。

2. 汽车燃料消耗量

汽车燃料消耗量（*FC*）等于采样时间内汽车每秒燃料消耗量的累加，计算式如下：

$$FC = \frac{100}{S} \times \sum FC_S \quad (7\text{-}13)$$

式中：FC——汽车百公里燃料消耗量，L/100km；

S——采样时间内汽车的行驶距离，m；

$\sum FC_s$——采样时间内汽车每秒燃料消耗量的累加值，mL。

第二节 碳平衡法油耗检测原理

碳平衡法汽车燃料消耗量检测是基于燃料在发动机中燃烧后排气中的碳质量总和与燃料燃烧前的碳质量总和相等的质量守恒定律，来测算汽车燃料消耗量的方法。使用的碳平衡法油耗仪如图 7-1 所示。

图 7-1 碳平衡法油耗仪

一、燃料消耗量计算模型

燃料消耗量检测按照检测原理可分为容积法、质（重）量法和碳平衡法。容积法、质（重）量法需要拆卸发动机供油管路并串接油耗传感器，实时检测燃料消耗量，这些方法被称为直接测量法，是传统的燃料消耗量检测方法，而碳平衡法不需要拆装供油管路，不改变燃油供给，通过检测汽车排放物中碳的含量，计算得出燃料消耗量，这种方法被称为间接测量法，也适用于具有回流的燃油供给系统的电喷汽油机和高压共轨柴油机。

汽车发动机燃油是以碳氢化合物为主要成分的混合物，燃烧生成 CO、CO_2、HC、H_2O 等物质，其燃烧产物中的 C 元素均来自燃油，只要测出单位时间内汽车尾气中的 CO、CO_2、HC 中的碳含量，再与单位体积燃油中的含碳量相比较，即可得到燃油消耗量。

碳平衡法检测系统中，采用高精度的 CO_2、CO、HC 三种组分测量分析单元，对稀释排气中的这三种成分浓度进行测量，同时采用高精度的流量计，对稀释排气流量（流速）进行测量，从而完成对稀释排气中含碳质量流量（流速）的测量，再运用碳平衡原理，测算得到汽车的燃料消耗量。

建立碳平衡法数学计算模型是保证燃料消耗量检测准确性的关键。目前，世界各国在具体算法上虽然不尽一致，但碳平衡原理基本相同，计算方法上主要是考虑了燃油组分变化等各种影响因素后的修正方法和修正系数的差异，试验证明这种差异对检测结果影响不大。

1. 我国的计算燃料消耗量模型

依据《道路运输车辆燃料消耗量检测评价方法》（GB/T 18566—2011），计算模型为：

汽油车辆：

$$FC = 0.1154/D \times (0.8664 \times HC + 0.429 \times CO + 0.273 \times CO_2) \tag{7-14}$$

柴油车辆：

$$FC = 0.1155/D \times (0.8658 \times HC + 0.429 \times CO + 0.273 \times CO_2) \tag{7-15}$$

式中：FC——燃料消耗量，L/100km；

HC——测得的碳氢排放量，g/km；

CO——测得的一氧化碳排放量，g/km；

CO_2——测得的二氧化碳排放量，g/km；

D——288K（15℃）下燃料的密度，kg/L。

2. 日本（标准化协会）**制订的计算燃料消耗量模型**

汽油车辆：

$$FE = 649/(0.273 \times CO_2 + 0.429 \times CO + 0.866 \times HC) \tag{7-16}$$

柴油车辆：

$$FE = 735/(0.273 \times CO_2 + 0.429 \times CO + 0.866 \times HC) \tag{7-17}$$

式中：FE——燃料消耗量，km/L。

其中，汽油、柴油在15℃的密度分别取0.749kg/L、0.849kg/L，燃油中的碳质量比（CWF_F）和排气中的碳氢化合物的碳质量比（CWF_{HCex}）均为0.866。日本标准化协会考虑到汽油、柴油组分变化的实际情况，也会对上述模型进行修正。

3. 美国（油耗法规规定）**的计算燃料消耗量模型**

汽油车辆：

$$MPG = (5174 \times 10^4 \times CWF_F \times SG)/[(0.273 \times CO_2 + 0.429 \times CO + CWF_{HCex} \times HC) \times (0.6 \times SG \times NHV + 5471)] \tag{7-18}$$

柴油车辆：

$$MPG = 2778/(0.273 \times CO_2 + 0.429 \times CO + 0.866 \times HC) \tag{7-19}$$

式中：MPG——燃料消耗量，mile/gal；

SG——燃料的密度，kg/L；

NHV——燃料净热值，Btu/lb。

其中，汽油、柴油的密度分别取0.739kg/L、0.848kg/L，燃油中的碳质量比（CWF_F）和排气中的碳氢化合物的碳质量比（CWF_{HCex}）均为0.866。

4. 欧盟（EU）的计算燃料消耗量模型

汽油机车辆：

$$FC = 0.1154/SG \times (0.866 \times HC + 0.429 \times CO + 0.273 \times CO_2) \quad (7\text{-}20)$$

柴油机车辆：

$$FC = 0.1155/SG \times (0.866 \times HC + 0.429 \times CO + 0.273 \times CO_2) \quad (7\text{-}21)$$

从计算模型上看出，我国的计算燃料消耗量模型与欧盟制定的计算模型基本一致。与美国、日本不同，我国和欧盟油耗法规计算的计量单位是百公里油耗。

二、碳平衡法燃料消耗量检测技术特点

碳平衡法油耗检测采用不分光红外技术测量尾气排放（CO、CO_2、HC）浓度，使用内锥式（V-cone）气体流量计，对稀释排气中含碳质量流量（流速）进行测量，通过对温度、湿度和压力修正，能够准确计算碳排放量，检测流程自动控制，快捷方便，适应营运车辆不解体检测的发展方向。主要技术特点如下：

（1）不需拆装受检车辆的供油系统，只需将取样探头插入排气管，操作简便、快捷，取样系统与机动车排气管间不需要密封连接，可缩短检测时间，并减小对车辆的损伤。

（2）当排气与空气的稀释比例足够时（一般稀释排气中 CO_2 浓度要低于 3%），可确保稀释排气在测试管路和仪器中不出现水冷凝现象。

（3）能够降低排气脉动引起的稀释排气气压波动和排气成分浓度波动。

（4）稀释后的排气温度较低，一般可保证在 100℃以下，可实现稀释排气流量及其含碳成分浓度较为精确的测量。

（5）进入含碳气体浓度测量装置的稀释气样无须特殊处理（如直接采样须冷凝去水和过滤等）。

第三节　碳平衡法油耗检测系统

一、系统组成与功能

碳平衡法油耗检测系统主要由汽车碳平衡法油耗仪、汽车底盘测功机、主控计算机单元三大系统组成，检测系统组成见图 7-2。

碳平衡法油耗仪的基本功能是测取排气的体积和浓度，其核心构成是排气浓度测量系统和排气体积测量系统。需要测取的参数有 CO、CO_2、HC 的气体浓度、稀释排气流量以及温度、压力和燃油密度，分别采用含碳气体浓度测量装置、流量计及温度、压力传感器、密度计进行取样测量，以此计算稀释排气的总体积、环境空气中 CO、CO_2、HC 的含量、汽车排气的总含碳量，再根据汽车在底盘测功机上的测试时间内所运行的距离，计算得出百公里油耗值。

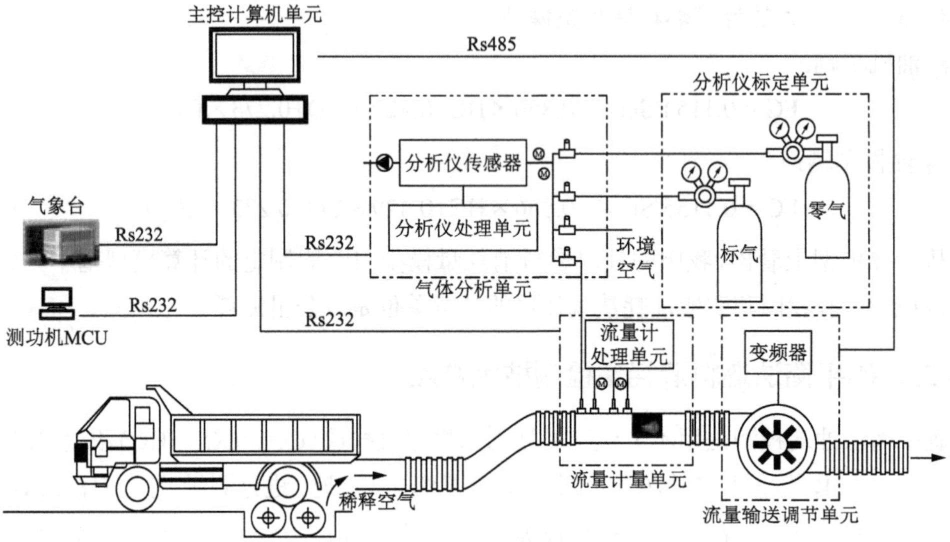

图 7-2　碳平衡法油耗检测系统组成

底盘测功系统，通过滚筒对汽车驱动轮进行加载，以模拟实际运行工况的行驶阻力，这些阻力包括轮胎与地面的滚动阻力、空气阻力以及车辆传动系阻力等。

主控计算机根据录入的受检车辆技术参数及信息，计算并控制底盘测功机恒定加载阻力，测定瞬态工况车速，对 CO、CO_2、HC 的气体浓度、稀释排气流量及温度、压力参数、燃油密度（燃油密度取定值）进行采集和处理，并计算燃油消耗量。

二、碳平衡法油耗仪

碳平衡法油耗仪主要由含碳气体浓度测量装置、稀释排气流量测量装置、排气稀释收集装置和测控系统等构成，见图 7-3。

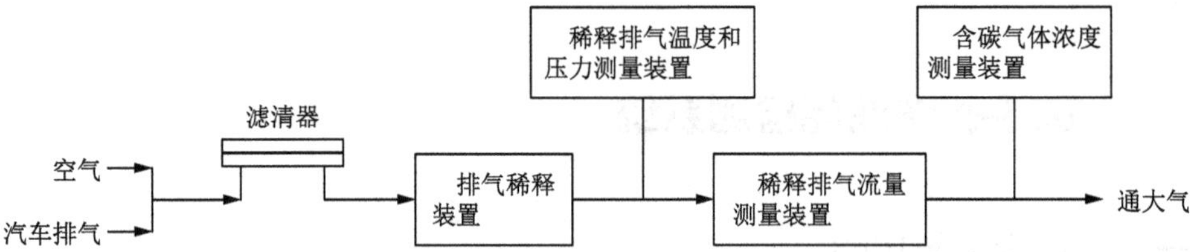

图 7-3　碳平衡法燃料消耗量检测仪示意图

1. 含碳气体浓度测量装置

含碳气体浓度测量装置（以下简称浓度测量装置）采用非分光红外线吸收原理（NDIR）测量稀释排气的 CO_2、CO、HC 浓度。CO_2 是燃料燃烧的主要生成物，提高浓度测量装置的测量精度是保证碳平衡法油耗仪准确度的重要途径。

浓度测量装置的主要组成部件包括：取样管、颗粒物过滤器、气体（CO_2、CO、HC）浓度传感器、吹扫装置、校准端口等。

浓度测量装置用于检测环境空气中及汽车排气稀释后的 CO_2、CO、HC 气体浓度。CO_2、CO 的浓度单位为 %Vol，HC 的浓度单位为 10^{-6}Vol 正己烷。浓度测量装置在通电预热后达到稳定，并有预热指示；具有低流量和密封性检测功能，当流量过低或密封性能不良时，检测不能通过，浓度测量装置自动锁止，终止检测，同时给出提示。

2. 稀释排气流量测量装置

稀释排气流量测量装置（以下简称流量测量装置）的主要组成部件包括：流量传感器、稀释排气压力传感器、稀释排气温度传感器等。

常用的流量传感器有涡漩流量计、涡轮流量计、临界文丘里管流量计、内锥式流量计。流量测量装置能实时测量稀释排气的体积流量，并转化为标准状态下（273.15K、101.3kPa）的体积流量。稀释排气压力传感器和温度传感器与体积流量同步测量稀释排气的压力和温度。流量测量装置可实时同步采集流量传感器、稀释排气压力传感器和温度传感器的测量数据，计算并实时存储气体流量。

3. 排气稀释收集装置

排气稀释收集装置主要组成部件包括：集气锥管、排气稀释管、风机和稀释排气流量控制器。

集气锥管应能满足不同形状和不同数量排气管的要求，以保证被测汽车的排气能全部进入排气稀释管。对独立工作的汽车双排气管应采用 Y 形排气稀释管。两根排气稀释管的结构、内径和长度应完全一致，以保证两分管排气稀释管内的样气能够同时到达总排气稀释管内。

排气稀释管外表面具有耐磨性涂层，管内表面应光滑，不吸收和吸附稀释排气，不与稀释排气发生化学反应或改变稀释排气成分。直接接触排气的排气稀释管材料应是无气孔、耐腐蚀、耐高温、软管易弯曲、不易打结和压裂的。

排气稀释管与风机、流量计之间的连接应可靠，无泄漏，拆卸方便，便于更换。稀释排气流量控制器通过风机控制进入集气锥管的环境空气量，进而控制汽车排气与环境空气混合比，防止稀释排气产生冷凝水。

4. 测控系统

测控系统应可实时记录、存储、处理同步测得的每秒稀释排气中 CO_2、CO、HC 的气体浓度、稀释排气流量数据和每秒的燃料消耗量，并可进行燃料密度和氢碳比值的设定，显示、输出受检汽车燃料消耗量（单位为 mL）。测控系统示意图见图 7-4。

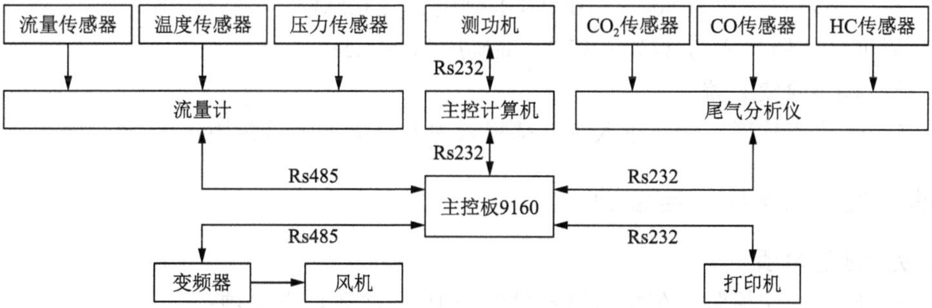

图 7-4　碳平衡法油耗仪测控系统

测控系统应能够实时显示碳平衡法油耗仪的检测时间（s）、浓度测量装置预热、调零、抽空气、抽样气等工作状态、系统中各接口的通信是否正常以及仪器的工作状态。

测控系统可将浓度测量装置的响应时间作为浓度测量装置和流量测量装置的测量延迟

时间，按此延迟时间对应的气体浓度和流量值计算气体质量。

三、主要技术要求

汽车碳平衡法油耗仪性能及技术参数应符合《碳平衡法汽车燃料消耗量检测仪》（JT/T 1013—2017）和《道路运输车辆燃料消耗量检测评价方法》（GB/T 18566—2011）的规定，计量特性应符合《碳平衡法汽车燃料消耗量检测仪》（JJG 127—2015）的要求。

1. 整机性能

（1）碳平衡油耗仪示值误差为 ±4%。

（2）碳平衡油耗仪测量重复性为 1.5%。

（3）碳平衡油耗仪分辨力为 0.01mL/s。

2. 含碳气体浓度测量装置

（1）过滤器能对被测气体中直径为 5μm 及以上的颗粒物进行有效过滤。

（2）浓度测量装置的响应时间应不大于 8s。

（3）丙烷 / 正己烷当量系数（PEF）应在 0.470 ～ 0.540 之间。

（4）气体浓度测量传感器。

气体浓度传感器的主要技术参数满足表 7-2 的要求。

气体浓度传感器技术要求 表 7-2

项　目	量程（%Vol）	分辨力（%Vol）	相对误差（%）
CO_2	0 ～ 5	0.01	±2
CO	0 ～ 2	0.001	±2
HC	$0\sim100\times10^{-6}$	1×10^{-6}	±3

3. 稀释排气流量测量装置

（1）最大量程为 30.00m^3/min。

（2）示值误差为 ±1%。

（3）分辨力为 0.01m^3/min。

（4）重复性为 0.5%。

（5）压力传感器量程为 80 ～ 110kPa，准确度为 ±0.5kPa。

（6）温度传感器量程为 273 ～ 473K，准确度为 ±1.5K。

4. 排气稀释收集装置

排气稀释收集装置应保证进入排气稀释管内的最大调节流量不小于 25m^3/min。

四、检测系统使用与维护

1. 使用注意事项

在使用碳平衡法检测汽车燃料消耗量过程中，应注意以下事项：

（1）为保证测试精度，含碳气体浓度测量装置应预热 25 ～ 30min。

（2）被检车辆排气有明显黑烟或尾气排放不达标时停止检测。

（3）悬挂、安装排气管集气口时，应注意操作安全。

（4）由于汽车排气口的位置不确定，设备走线时，应保证不影响正常行走，并添加警示牌。

（5）输送软管走向尽量理直，减少排气稀释输送软管在地面的移动，避免软管被其他工件碰撞接触。

（6）冬季温度过低时，应采取保温措施，并加大气体流量计流量，避免冷凝或结冰。

2. 定期维护

碳平衡法油耗仪在使用过程中，应及时进行日常维护，避免检测准确性下降，从而造成错判和误判。日常维护要求如下：

（1）定期检查稀释通道管路和连接接头的密封性和可靠性，检查软管是否存在破损。如出现软管破损，需采用专用的密封膏贴对破损处进行密封修复，或更换输送软管。

（2）定期检查取样过滤器污损情况，建议每周更换含碳气体浓度测量装置一级滤芯，其他滤芯视情更换。

（3）定期清扫流量计节流元件和管壁。由于汽车发动机稀释排气中含有微粒，少量微粒会黏附在流量计的内表面、节流元件表面，影响流量计的测量精度。建议每周对流量计内部进行清扫。

（4）每周进行一次含碳气体浓度测量装置取样管路的密封性检查；建议每月标定一次含碳气体浓度测量装置；建议每 3 个月清洗一次含碳气体浓度测量装置气室。

（5）建议每 3 个月进行一次测控系统准确性检查。

第四节　碳平衡法油耗检测影响因素分析

碳平衡法油耗检测系统包括汽车底盘测功机、碳平衡法油耗仪和测控装置。其中，碳平衡法油耗仪是汽车燃料消耗量不解体检测的技术关键。

一、碳平衡法数学模型的修正

采用碳平衡法检测计算燃料消耗量时，基于如下假定：

（1）废气中的碳仅包含在 CO、CO_2 和 HC 之中。

（2）废气中的 CO、CO_2 和 HC 仅来自燃料中。

（3）车辆技术状况良好（曲轴箱窜气微量、排气系统无泄漏等）。

由于采用碳平衡法计算燃油消耗量基于上述假定，但实际燃油在燃烧中存在炭微粒，排气系统有可能存在泄漏和曲轴箱窜气现象，背景空气和排气中也有原本存在于空气中 CO、CO_2 等，加之环境温度、湿度及大气压力变化等可能存在的影响因素，因而碳平衡法存在方法误差，同时考虑到测试仪器误差等，使得用碳平衡法模型计算得到的油耗与实测油耗存在一定偏差。要弥补这些偏差，必须对碳平衡法模型进行修正。

试验研究表明，采用接入式流量油耗仪和碳平衡法油耗仪比对，测量同一车辆实际油耗数据表明，实测油耗与计算油耗呈明显的线性关系。故对碳平衡法油耗计算值进行一元线性回归，即可建立碳平衡法的修正模型。

二、燃油体积含碳量的确定

根据碳平衡法油耗计算数学模型，测量燃油体积含碳量是用碳平衡法测油耗的一个关键环节。原油品质、炼制工艺以及调和方式不同，燃油各项成分指标均有较大差异，有关油品质量的标准也未对其成分指标作出明确规定，而应用碳平衡法检测车辆油耗，必须已知试验车辆使用的车用燃油的体积含碳量。

由于碳原子的原子量远大于氢原子的原子量，故燃油中碳原子的数量对其密度具有决定性影响，含碳量高的燃油，其密度必然较大，而密度可以快速测量。因此，需要测得燃油密度，就可以计算出体积含碳量。

三、尾气体积的计算

燃油燃烧生成 HC、CO、CO_2，同时也产生大量的水蒸气。因此，汽车排放是各种气体与水蒸气的混合气，而在碳平衡计算模型中需要标准状态下的干燥尾气体积。根据燃烧理论，确定混合气中水蒸气的分压，再根据混合气分压定理和气体状态方程，转换为标准状态，计算方法为：

$$Q=[Q_n\times 273.16\times (P-P_1)]/(1.01325\times 10^5 T) \tag{7-22}$$

式中：Q——尾气换算成标准状态下的干气体体积，L；

Q_n——气体在温度 T 时的体积，L；

P——大气压强，Pa；

P_1——尾气在温度 T 时的水蒸气分压，Pa；

T——尾气的温度，K。

四、流量计类型与流量的计量

气体流量计是碳平衡法检测汽车油耗的重要部件之一，采用简易瞬态工况法（VMAS）的气体流量分析仪进行汽车油耗检测存在以下不足：

（1）气体流量分析仪一般采用涡漩式设计，精度范围较宽，加上含碳气体浓度测量装置的测量误差，在油耗检测时，测量误差偏大。

（2）涡漩式流量计的流量偏小，量程为 4 ～ 12m^3/min，一般适用于小型车辆的检测，但对于大排量道路运输车辆，流量计的流量检测范围不够。

（3）由于涡漩式流量计的流量小，在进行汽车油耗检测时，外面稀释的空气少，稀释比可能达不到规定要求，在气温稍低时，汽车的排气就会产生冷凝，浓度测量装置可能无法正常工作。因此，选配适合道路运输车辆碳平衡法油耗检测用气体流量计是技术关键。

研究表明，采用内锥式气体流量计可适合道路运输车辆各种发动机排量，测量稀释排气流量范围覆盖面广。内锥式气体流量计结构如图 7-5 所示。

内锥式气体流量计有以下特点：

（1）有较高的测试精度与测试稳定性，精度达到 0.5%。

（2）汽车尾气含有大量炭烟等颗粒，长期使用后易在流量计中积聚污垢，影响测试精度，内锥式气体流量计具备一定的自洁能力。

（3）具备一定的整流能力，可以保证测量过程中流体处于比较平稳的状态，克服一般差压流量测量的缺陷。

（4）测量量程宽、寿命长，能使流量计适应不同车型和不同工况下的稀释排气流量的测量，且使用寿命长。

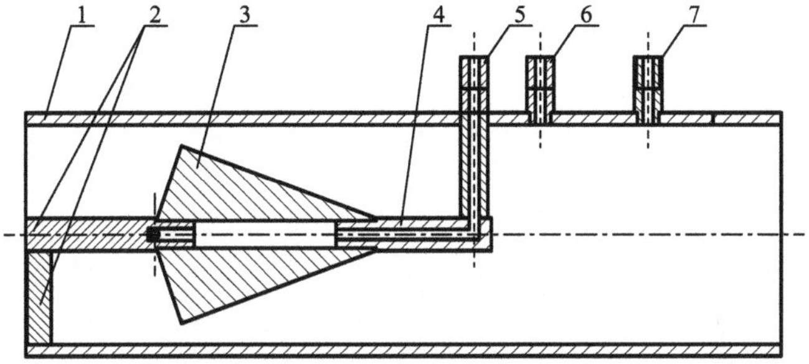

图 7-5　内锥式气体流量计结构示意图

1-圆柱壳体；2-连接棒；3-锥体；4-孔棒；5-锥体前部测取压力口；6-锥体后部测取压力口；7-温度探测

五、低量程含碳气体浓度测量装置

为防止汽车尾气在采样过程中出现冷凝，提高油耗检测系统对汽车尾气浓度的测量精度，在汽车尾气取样的同时需要吸入一定外来空气，对汽车排气进行稀释。但稀释空气太多会影响汽车尾气的测量精度，吸入太少又会产生冷凝，掌握适当的稀释比十分重要。通过试验研究稀释排气流量出现冷凝的条件，得出 CO_2 浓度控制应在 3% 以下，稀释气体就不会产生冷凝。因此，采用低浓度排气气体分析装置（CO_2 的最大量程为 3%、CO 量程为 2000×10^{-6}、HC 量程为 2000×10^{-6}）可有效提高碳平衡法油耗检测的准确度。

第八章
汽车排气污染物与检测设备

汽车排气污染物的主要种类有CO、HC、NO_x（NO、NO_2）和炭烟、颗粒物（PM），这些污染物是目前检测和治理的对象。汽油车（点燃式发动机）的主要排放污染物是CO、HC、NO_x气体，柴油车（压燃式发动机）的主要排放污染物是颗粒物（PM）和NO_2气体。营运车辆依据国家规定的排气污染物测量方法，按照发动机类型分别采用点燃式排气分析仪测量CO、HC、NO_x排放量，使用压燃式排气分析仪测量炭烟（光吸收系数）和NO_x的排放量。对于检测排放超标的车辆，通过实施有效的汽车排放检测/维护（I/M）制度，有针对性地进行汽车故障诊断、维护与修理，可减少汽车排气污染物排放。

第一节 汽车排气污染物形成与测量方法

汽车排放污染物主要有三个排放源：

(1)发动机排气管排出的燃烧废气。汽油车的主要污染物成分是CO、HC和NO_x，而柴油车除了这三种有害物外，还排放大量的炭烟和颗粒物(PM)，统称为汽车排气污染物。

(2)发动机曲轴箱排放物。由发动机在压缩及燃烧过程中未燃的HC由燃烧室窜向曲轴箱再排向大气而产生，主要是HC。

(3)发动机燃料蒸发排放物。主要由发动机供油系统和燃油箱的燃料蒸发而产生。在未加控制时，曲轴箱和燃料蒸发排放的HC各占HC总排放量的四分之一左右。

一、汽车污染物排放的生成机理

1. 汽油发动机污染物排放的生成机理

汽油发动机燃烧具备两个条件：

一是空气和燃料的混合气处在可燃界限内。

二是火花塞具有足够的点火能量能够可靠点燃混合气。

为评价汽油发动机的燃烧性能，限定汽车排气中的CO、HC、NO_x污染物的排放质量或浓度，一般采用空燃比(A/F)或过量空气系数(λ)的理论燃烧化学公式和燃料燃烧的平均成分进行计算。

汽油燃料是复杂的烷烃混合物，其H/C理论比是1.85。以环己烷C_6H_{12}(H/C比为2)为例代表汽油，进行理论燃烧反应分析。在发动机内部，C_6H_{12}燃料通过喷射和空气充分混合后，由火花塞点火，发生以下氧化燃烧反应：

$$C_6H_{12}+9O_2+9\times3.76N_2\rightarrow6CO_2+6H_2O+9\times3.76N_2$$

理论空燃比为：

$$A/F=(9\times32+9\times3.76\times28)/(6\times12+12)=14.7$$

图8-1为空燃比与排气污染物浓度关系图，从中可以看出，当A/F为14.7时，CO_2排放达到最大值，HC排放为最低值，而O_2和CO排放接近最小值，这说明发动机达到最佳的燃烧状况，因此，将A/F= 14.7称为理论空燃比。

以理论空燃比为基准，引入了过量空气系数λ的概念，即实际空燃比/理论空燃比。如果：$\lambda=1$，说明发动机实际空燃比达到理论空燃比效果，工作在理想状态；

$\lambda>1$，说明发动机实际工作时空气多了，处于富氧燃烧状态；

$\lambda<1$，说明发动机实际工作时空气少了，处于缺氧燃烧状态。

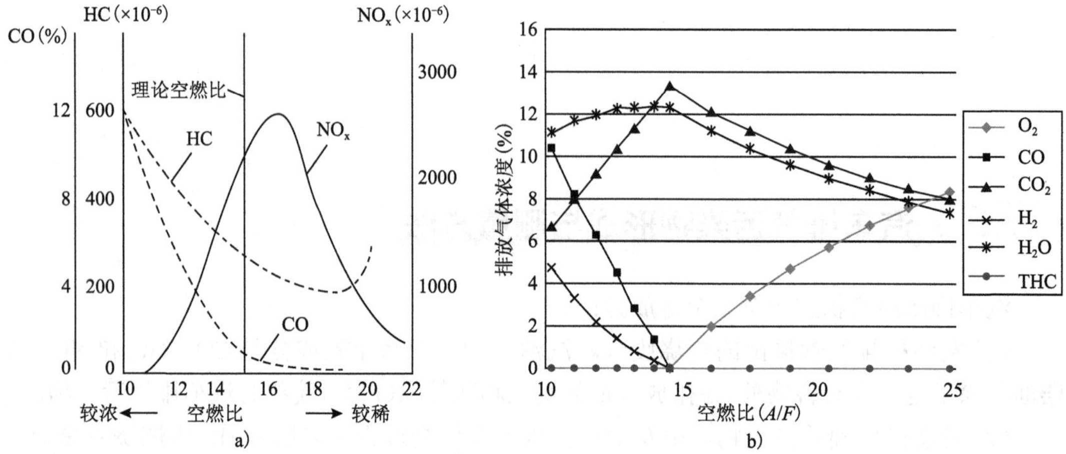

图 8-1 空燃比(A/F)与排气污染物浓度关系

目前，装有闭环式控制的电喷汽油发动机运用了严格的空燃比控制技术，其发动机工作时的过量空气系数 λ 严格控制在 1.0±0.05 之间，达到理论状态下的完全燃烧。

1)CO 的生成机理

CO 主要因汽油中碳原子的不完全燃烧产生，当过量空气系数 λ 小于 1 时，燃料燃烧会生成大量 CO。

汽油发动机怠速运转时，缸内残余废气系数增大，混合也不充分，为了保证稳定燃烧，需要适当加浓混合气，导致 CO 排放增加。

汽油发动机全负荷运转时，为了提高输出功率，同时也为了对三元催化转换器进行过热保护，需要加浓混合气，导致 CO 排放增加。

汽车加速时，为了提高发动机动力性和驾驶性，也需要短时间内加浓混合气，导致 CO 排放增加；而减速时不断油，除了导致 HC 排放增加外，也会使 CO 排放增加。

2)HC 的生成机理

HC 主要是燃烧过程中没有燃烧的燃料，还包括曲轴箱排放物和燃料蒸发排放物。从燃烧室通过活塞（环）与汽缸之间的间隙窜入曲轴箱的未燃烧燃料，为曲轴箱排放物。从燃油系统，如燃油箱、燃油管路等处蒸发的燃油蒸气，为燃料蒸发排放物。

汽油发动机生成未燃 HC 的机理如下：

(1)壁面火焰淬熄。

受冷却介质的冷却，燃烧室表面的温度比火焰低得多。燃烧室壁面对火焰的迅速冷却（称为冷激效应）使燃烧反应链中断，燃烧反应变缓或停止，使火焰不能一直传播到燃烧室表面，而在表面上留下一层未燃烧或不完全燃烧的可燃混合气，称为“淬熄层”。发动机正常运转时，冷激效应造成的火焰淬熄层厚度一般在 0.05 ～ 0.4mm 间变动，在小负荷或温度较低时淬熄层较厚。不过在正常运转工况下，淬熄层中的未燃 HC 在火焰前锋面掠过后，大部分会扩散到已燃气体主流中，在汽缸内已基本被氧化，只有极少部分成为未燃 HC 排出。但在冷启动、暖机和怠速等工况下，因燃烧室壁面温度较低，淬熄层较厚，同时已燃气体温度较低及较浓的混合气使后期氧化作用较弱，导致未燃 HC 增加。因此，燃烧室壁面火焰淬熄是未燃 HC 的重要来源。

(2)狭隙效应。

燃烧室中有各种狭窄的缝隙，例如活塞、活塞环与汽缸壁之间的间隙；火花塞中心电极绝缘护根部周围狭窄空间和火花塞螺纹之间的间隙；进、排气门与汽缸盖气门座面相配的密封带狭缝，以及汽缸盖衬垫的汽缸孔边缘内的死区等，如图 8-2 所示。

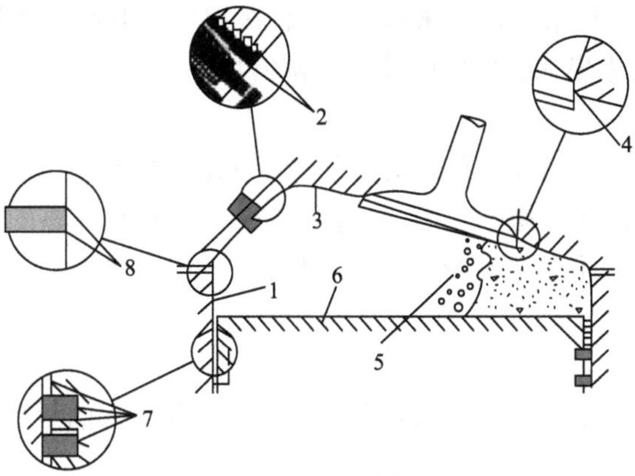

图 8-2 燃烧室中的各种狭隙区域

1- 机油油膜的吸附和解吸；2- 火花塞附近的狭隙；3- 激冷层；4- 气门座死区；5- 火焰熄灭(如混合气太稀、湍流太强)；6- 沉积物的吸附和解吸；7- 活塞环和环岸死区；8- 汽缸垫边缘死区

汽缸压缩期间汽缸内压力升高，可燃混合气被挤入各缝隙中。因为这些小容积具有很大的面容比，进入其中的气体很快被温度相对较低的壁面冷却。在燃烧期间缸内压力继续升高，又有一部分未燃的混合气进入缝隙。当火焰前锋面到达缝隙时，火焰进入缝隙把里面的混合气全部烧掉，或者烧掉一部分，或者火焰在缝隙的入口处被淬熄。淬熄取决于缝隙入口的几何形状和尺寸、未燃混合气的组成及其热力状态。在火焰到达缝隙口并被淬熄后，一部分已燃气本身也会挤入缝隙，直到缸内压力开始下降。当缝隙中的压力高于汽缸的压力时，缝隙中的气体逐渐流回汽缸。但这时汽缸内的温度已下降，氧浓度也很低，流回缸内的可燃气再燃烧的可能性不大，多数以未燃 HC 形式排出汽缸。

①润滑油膜的吸附和解吸。

在进气期间，覆盖在汽缸壁面和活塞顶面上的机油膜被燃油中的碳氢化合物溶解，在压缩和燃烧过程，溶解继续进行。当混合气中的 HC 几乎燃烧到零时，油膜中的 HC 解吸过程就开始了，并继续到膨胀和排气过程。其中不能氧化燃烧的部分 HC，成为 HC 排放源。机油温度提高，使燃油在其中的溶解度下降，于是降低了机油在 HC 排放的分担率。这就是发动机冷启动时 HC 排放高的一个原因。

②燃烧室中的沉积物。

发动机运行一段时间后，若长期低速运行，过浓混合气时，或使用燃料不当，会在燃烧室壁面、活塞顶、进排气门上形成含碳沉积物，都会增加未燃 HC 的排放量。

③体积淬熄。

在发动机运转工况下，火焰前锋到达燃烧室壁面前，如果压力和温度下降太快，燃烧室中的火焰可能熄灭，这也是产生 HC 排放的一个来源。在发动机冷启动和暖机工况下，因发动机温度较低，燃油雾化较差，蒸发缓慢，混合气均匀性变差，导致燃烧变慢或不稳定，火焰易熄灭。发动机怠速或小负荷运转时，转速低，残余废气量大，或者排气再循环（EGR）率过大或混合气过稀，都会使滞燃期延长，燃烧品质劣化。在加减速等瞬态工况下也可能发生火焰的大体积淬熄。

（3）发动机失火。

发动机失火表现为某些循环根本未点燃，而直接把进气时吸入汽缸的可燃混合气原封不动地送到排气管，造成未燃 HC 排放脉冲性急剧增加。

（4）HC 的后期氧化。

错过发动机燃烧过程的 HC，并不是完全原封不动地排放到大气中。当 HC 被"冻结"在淬熄层、缝隙区、机油膜和沉积物中之后，一部分会重新扩散到高温的已燃气流中并很快被氧化。因此，排放的 HC 是未燃燃油及其部分氧化物的混合物。

3）NO_x 的生成机理

（1）NO 的生成。

发动机排放的氮氧化物中主要是 NO，生成 NO 和使其消失的主要反应式为：

$$O_2 \rightarrow 2O$$

$$O+N_2 \rightarrow NO+O$$

$$N+O_2 \rightarrow NO+O$$

$$N+OH \rightarrow NO+H$$

NO 的生成主要与温度和氧含量有关，在过量空气系数大于 1 的稀混合气区内，NO 随温度的升高而迅速增大；在过量空气系数小于 1 的浓混合气区域，由于氧含量不足，NO 急剧下降。在稀混合气区内 NO 的生成主要是温度起作用，而在浓混合气区内主要是氧浓度起作用。高温、高氧和反应时间长，促进了 NO 的生成。

（2）NO_2 的生成。

在一般火焰温度下，汽油发动机排气中的 NO_2 浓度与 NO 浓度相比较少，但在柴油发动机排气中的 NO_2 可占排气中 NO_x 的 10% ～ 30%。

排气中的 NO_2 是 NO 通过下述反应转化而来的：

$$NO+HO_2 \rightarrow NO_2+OH$$

但大部分 NO_2 通过下述反应又重新转化为 NO：

$$NO_2+O \rightarrow NO+O_2$$

2. 柴油发动机污染物排放的生成机理

柴油发动机混合气不均匀，会有局部过浓区，但由于过量空气系数 λ 较大，氧气较充分，因而 CO 排放较少，只是在接近冒烟界限时增加，HC 排放也较少。在过量空气系数 λ 稍大于 1 的区域，虽然为富氧燃烧，但由于混合不均匀，存在局部高温氧区域，会产生大量炭烟。随着过量空气系数 λ 增大，炭烟浓度会迅速下降。柴油发动机主要排气污染物为 NO_x 和颗粒物(PM)。

1）炭烟的生成机理

柴油发动机排放的污染物主要是炭烟，其产生的根源是燃料燃烧不完全或窜机油（机油的不完全燃烧产生炭烟）等。燃料或机油在高温条件下裂解为碳离子和氢离子，其中碳离子与 O_2 不能接触，或接触时温度不够，碳离子便以游离碳的形式排出发动机，从而形成炭烟。

虽然柴油发动机中混合气的总体浓度较稀，但由于其燃烧过程为“扩散式”，燃料与空气的接触面积较小，加上已燃废气的影响，碳离子与 O_2 的接触范围也较小，炭烟的产生也就在所难免。

研究表明，燃烧初期，产生的炭烟较少，到了燃烧后期，炭烟的产生量会增多，这是由于越到燃烧后期，废气含量越多，碳离子与 O_2 的接触越困难所导致的。

由此可见，喷油雾化情况越好、燃烧室内气流运动越强烈、汽缸压力越高（碳离子与 O_2 的距离越近）、燃烧室内残余废气越少、喷油量越少（混合气越稀），碳离子与 O_2 的接触就越容易，炭烟的产生量也就越少。除此之外，燃烧温度越高，炭烟的产生量也会变少。

目前，部分电控共轨式柴油发动机采用多次喷射技术，即将一个工作循环的喷油量分几次喷入燃烧室，其目的也是为了增大碳离子与 O_2 的接触机会，从而大幅降低炭烟的排放。部分共轨式柴油发动机所采用的高压喷射技术，是利用较高的喷射压力来改善喷油的雾化情况，从而增大碳离子与 O_2 的接触，同样也可以大幅降低炭烟的排放。不过，这种高压喷射技术对喷油器的要求很高，所谓的“压电式喷油器”就是基于这种要求而设计的。

一般情况下，喷油压力越高，一个工作循环中喷油的次数越多，炭烟排放就越少，这是现代柴油发动机喷油压力越来越高、一个工作循环中喷油次数越来越多的根本原因。

2）CO 的生成机理

与汽油发动机一样，CO 的生成主要与混合气的浓度和混合质量有关。柴油发动机主要是在稀混合气下运转，其过量空气系数 λ 大多数情况下在 1.5 ～ 3.0 之间。柴油发动机的 CO 排放要比汽油发动机低得多，只有在负荷很大、按近冒烟界限时才会急剧增加。柴油发动机的特点是混合气不均匀，有局部缺氧的地方，有温度低的地方，以及反应物在燃烧区停留时间不足以完成燃烧，最终导致了 CO 的生成。

3）HC 的生成机理

柴油发动机把燃油高压喷入燃烧室中，直接在缸内形成可燃混合气并燃烧。燃油停留在燃烧室中的时间比汽油发动机短得多，因此，柴油发动机未燃 HC 排放较少。

过量空气系数 λ 增大，则混合气变稀，燃油不能自燃，或火焰不能正常传播，HC 排放增加，因此，在发动机怠速或小负荷工况时，HC 排放量高于全负荷工况。

发动机缺火会引起大量的 HC 排放，柴油发动机冷启动期间容易发生缺火，排气冒白烟，其主要原因是未燃 HC 微粒。

4）NO_x 的生成机理

NO_x 的形成机理与汽油发动机的形成机理相同，即由于燃烧高温的作用，空气中的 N_2 与 O_2 发生化学反应，生成了 NO_x。但柴油发动机对 NO_x 排放进行控制的技术要比汽油发动机复杂得多，这是因为排放控制的要求和炭烟控制的要求与其功率、油耗等性能的改善要求是相互矛盾的。比如，凡是能够降低燃烧温度的措施（如 EGR、可变配气技术等）都可以降低 NO_x 排放，但降低燃烧温度必然会带来炭烟排放的增多和功率、油耗等性能的恶化。反之，凡是能提高燃烧温度的措施（如涡轮增压技术、喷油雾化状况的改善、喷油速率控制、压缩比的提高等）都可以提高功率、降低油耗和炭烟排放，但提高燃烧温度又必然带来 NO_x

排放的增多。

5)颗粒物(PM)生成机理

柴油发动机颗粒物的成分取决于发动机的运转工况,尤其是排气温度。当排气温度超过500℃时,排气颗粒主要是碳质微球的聚集体,称为炭烟;排气温度低于500℃时,炭烟颗粒会吸附和凝聚多种有机物,称为有机可溶物(SOF)。

颗粒中的有机可溶物含有对健康和环境有害的成分,包括各种未燃碳氢化合物、含氧有机物(醛类、酮类、酯类、醚类、有机酸类等)和多环芳烃及其含氧和含氮衍生物等。

颗粒的凝聚物中包括少量无机物,如 SO_2、NO_2 和硫酸盐等。颗粒中还有少量来自燃油和机油的钙、铁、硅、铬、锌、磷等的化合物。

柴油机颗粒的生成和生长过程一般分成两个阶段:

(1)颗粒生成阶段。燃料分子经过其氧化中间产物或热解产物萌生凝聚相,这些产物中含有各种不饱和的烃类,这些气相物质的凝聚反应导致出现最早可辨认的炭烟粒子。

(2)颗粒生长阶段。包括表面生长和聚集两个方面。表面生长指炭烟粒子表面粘住气相物质,然后合并在一起。表面生长不改变炭烟粒子的数量,只增加烟粒的质量,聚集过程是通过碰撞使炭烟粒子长大从而使数量减少。

二、发动机排放控制技术

1. 发动机控制系统

(1)汽油发动机控制系统。

汽油发动机是以汽油作为燃料,将内能转化成动能的发动机。由于汽油黏度小,蒸发快,汽油喷射系统将汽油喷入汽缸,经过压缩达到一定的温度和压力后,用火花塞点燃,使气体膨胀做功。汽油电控燃油喷射发动机控制系统主要由传感器、控制单元和执行机构三部分组成。典型的多点喷射(MPI)汽油电控燃油喷射发动机控制原理如图8-3所示。

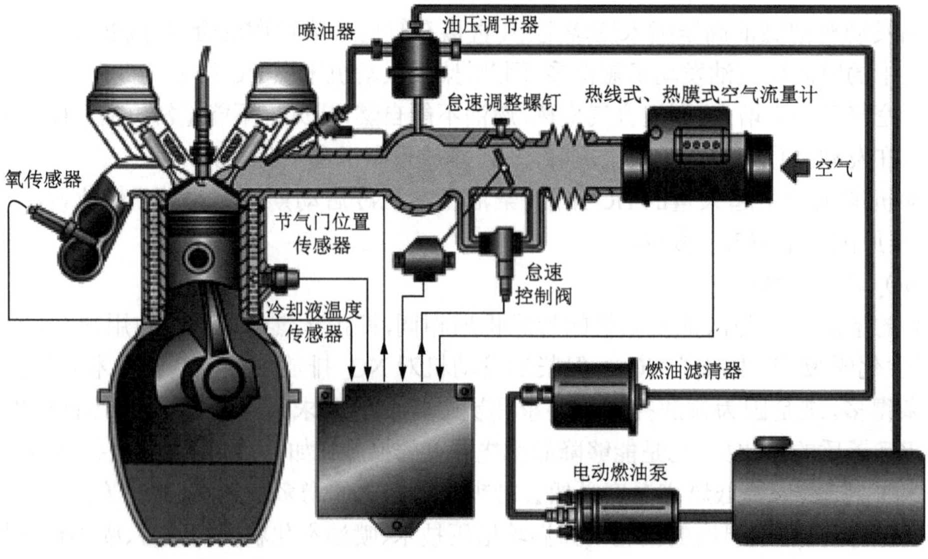

图8-3 典型电控燃油喷射汽油发动机控制原理

由空气流量计检测发动机的进气量，发动机转速及曲轴位置传感器提供发动机转速信号和曲轴转角信号，ECU 根据发动机运行工况，从存储单元的数据中测出相对应工况下的空燃比（*A*/*F*），依据进气量利用转速及曲轴转角信号计算出每循环的供油量，实现对喷油器喷油量的控制，同时通过节气门位置、冷却液温度、空气温度和氧含量等传感器检测到的反映发动机运行工况的表征信号，对喷油量、喷油时间进行修正，从而使发动机始终具有一个最佳的空燃比（*A*/*F*），从而保证处于最佳的运行状态，有效控制发动机的排放。

（2）柴油发动机控制系统。

由于柴油挥发性差，黏度高，柴油发动机是采用喷油嘴向汽缸内部喷油，压燃汽缸中的混合气。柴油发动机功率大、经济性能好，适用于中重型汽车，特别是营运车辆。目前，柴油发动机主要向高压共轨系统、涡轮增压技术方向发展，以改善柴油发动机的经济性和排放的颗粒物和 NO_x。典型的高压共轨燃油喷射柴油机控制原理如图 8-4 所示。

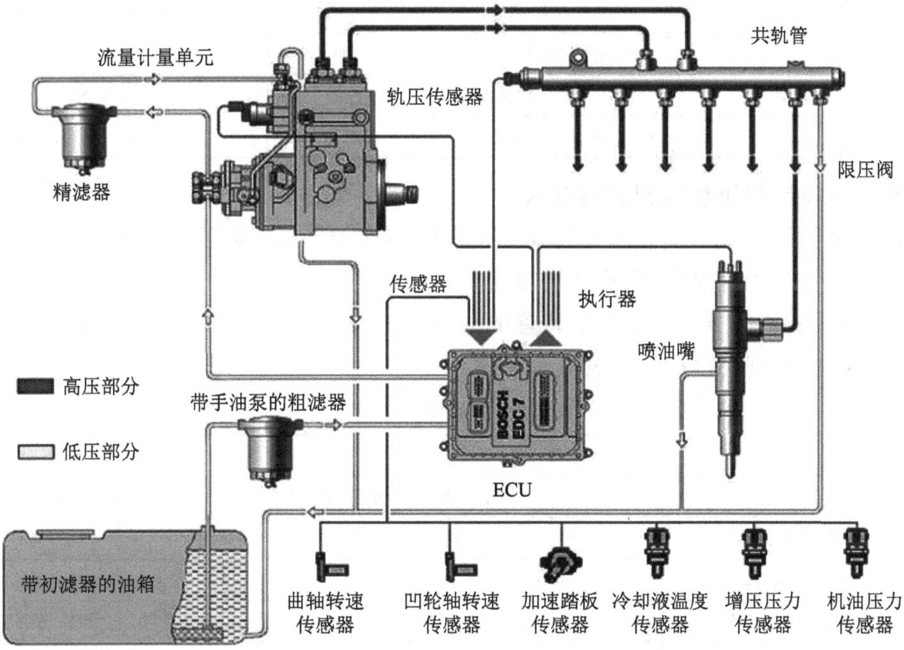

图 8-4 典型的高压共轨燃油喷射柴油机控制原理

ECU 借助于传感器得知驾驶员的要求及发动机和车辆的实时工作状态，它处理由传感器产生并经数据导线输入的信号，对发动机进行控制和调节，曲轴转速传感器测定发动机的转速，凸轮轴相位传感器确定喷油顺序和相位，加速踏板传感器提供 ECU 转矩的信息，空气流量计告知 ECU 发动机实时的进气、空气质量流量，以根据排放要求来匹配相应的基本喷油量。在带有增压调节的增压柴油机上，增压传感器用以测定增压压力，在低温柴油机处于冷状态时，ECU 根据冷却液温度传感器和进气空气温度传感器的信号值，确定合适的喷油点、预喷油量和其他参数的额定值，从而达到最大限度提高柴油机输出功率，降低油耗和减少排放的目的。

2. 汽油发动机主要排气净化技术

为了满足汽车排放标准，汽油发动机采用三元催化转换器、燃烧室及发动机的改进、催化剂加热和更好的转换器活性层等技术和装置。目前，在汽油发动机上采用的排气净化措施见表 8-1。

汽油机主要排气净化技术 表 8-1

序 号	技 术 措 施	作 用
1	进气预热与控制	减少 HC、CO
2	进气歧管的改良	减少 HC、CO
3	电控汽油喷射系统的改进	减少 HC、CO、NO_x
4	减速控制装置	减少 HC、CO
5	闭式曲轴箱通风(PCV)、燃油蒸发回收装置(EVAP)	防治 HC 排放
6	热反应净化装置	减少 HC、CO
7	燃烧室结构优化、燃烧过程改善	减少 HC、CO、NO_x
8	改良点火系统	减少 HC、CO、NO_x
9	氧化型催化转化器	减少 HC、CO
10	还原型催化转化器	减少 NO_x
11	空燃比反馈控制与三元催化转换器	减少 HC、CO、NO_x

3. 柴油机发动机排放控制关键技术

为使轻型柴油车能够满足排放标准，需采用良好的催化转换器的活性层、催化剂加热、将催化转换器的安装位置靠近发动机以及多段喷射等排放控制技术。对于重型柴油车而言，可采用增压中冷技术、带有冷却装置的排气再循环系统和优化的燃烧室涡流形成技术等。柴油机排放控制关键技术见表 8-2。

柴油机排放控制关键技术 表 8-2

序号	技 术 措 施	实 施 方 法	主要控制对象
1	燃烧室结构改进	设计参数优化，新型燃烧方式	NO_x、颗粒物
2	喷油规律改进	预喷射，多段喷射	NO_x
3	进排气系统设计	可变进气涡流，多气门	颗粒物
4	进气增压技术	增压，增压中冷，可变几何参数增压	颗粒物
5	废气再循环	EGR，中冷 EGR	NO_x
6	高压喷射	电控高压油泵，共轨柴油喷射系统，泵—喷嘴一体	NO_x、颗粒物

4. 汽车发动机主要排气后处理技术

随着汽车排放控制标准的日趋严格，又要兼顾汽车动力性、经济性和安全性，仅依靠发动机机内净化技术已无法满足排放限值的要求，因此，世界各国都在大力开发排气后处理技术，在不改变发动机现有结构的前提下，以及不影响或者少影响发动机其他性能的同时，降低发动机机的排放污染物。

目前，广泛应用的排气后处理装置是汽油发动机用的三元催化转换器和柴油发动机用的还原催化器(SCR)、微粒捕集器(DPF)，以减少 CO、HC、NO_x 和 PM 的排放量。

表 8-3 所示为汽车发动机常用的排气后处理技术，可以看出，汽油发动机和柴油发动机的主要污染物成分不尽相同，后处理装置的类型也是不同的。

汽车发动机常用的排气后处理装置　　表 8-3

发动机类型	后处理类型	可处理成分
汽油发动机	三元催化转换器(TWC)	CO、HC、NO_x
	二次空气喷射系统(SAI)	HC、CO
	废气再循环(EGR)	NO_x
柴油发动机	氧化催化器(DOC)	颗粒物（PM）中的可溶性有机成分（SOF）、CO、HC
	选择性还原催化器(SCR)	NO_x
	稀燃捕集器(LNT) 氮氧化物存储催化还原技术(NSC)	NO_x
	颗粒捕集器（DPF）+颗粒氧化催化（POC）+废气再循环(EGR)	颗粒物 PM、NO_x

三、汽车行驶工况对发动机排放的影响

发动机的排气污染物排放随汽车行驶工况的变化而变化，行驶工况可以分为稳态工况和瞬态工况。稳态工况是指转速和负荷保持不变时的发动机工况，如怠速和全负荷工况。瞬态工况是指发动机从一个工况过渡到另一个工况的过程，如汽车的冷启动、热启动、加减速等。

1. 对汽油车排放的影响

1）稳态工况

发动机在中等负荷、中等转速区域，CO 排放较低；在大负荷、高转速和小负荷低转速区域，CO 排放都很高。HC 的排放趋势和 CO 相似，中等负荷时排放量较小，大负荷和小负荷时相对增加。不同的是，在大负荷和全负荷时，CO 显著增加，而 HC 略有增加；但在小负荷时 HC 增加显著，而 CO 略有增加。这是因为在大负荷时提高了发动机输出功率，此时氧气浓度较低，燃料燃烧不完全，从而生成大量 CO，而在小负荷时，缸内燃烧温度低，导致未燃 HC 增加。

当保持转速固定，随着负荷的增加，混合气变稀，排气中的 HC 下降；大负荷时，混合气变浓，燃烧不完全，HC 增加。

当保持负荷固定，随着转速的增加，混合气质量变好，燃烧温度高，导致 NO_x 增加；当转速固定时，NO_x 随负荷增大不断减小；但在中等转速区域，随着负荷增大，供油量增加，燃烧充分，缸内温度升高，导致 NO_x 增加；在大负荷时，由于混合气过浓，氧气供给不足，导致 NO_x 下降。

2）冷启动工况

在冷启动工况，发动机转速很低，进气管的真空度较高，混合气进气流速和温度均很低，燃油蒸发效果差，雾化不良，混合气的质量差，同时为了顺利启动，须增加喷油量，且缸内残余废气浓度高，燃烧室的温度低，发动机的燃烧不稳定，容易出现失火等不正常燃烧现象，导致 HC 和 CO 浓度较高。

由于冷启动时排气温度低，后处理装置未起燃，不能发挥其正常的氧化还原作用，结果造成了大量的 HC 排放。

3)暖机工况

冷启动工况后,发动机运转一段时间后,燃烧室以及润滑统、冷却系统等才能达到正常工作温度,该预热过程一般称为暖机工况。暖机工况时,发动机的转速、进气系统和气缸温度均较低,空气流动速度也低,燃油蒸发差,大量的汽油沉积在进气系统和汽缸壁上,混合气浓度和混合质量均很差,各缸的混合气均匀性也不良,燃烧不稳定,造成 HC 和 CO 浓度较高。此时,后处理装置还未完全起燃,不能达到最好的排放处理效果,因此, CO 和 HC 浓度都较高。

4)加减速工况

加速工况是指节气门迅速开启,使转速和转矩提高,此时,为了提高加速效果,供油系统需提供较浓的混合气,但由于加速过程的不可预期,发动机 ECU 主要根据节气门的开启速率和加速前的工况来判断喷油量,容易造成混合气偏离理论空燃比,使排放变差。混合气过稀会使 HC 增加,而混合气过浓会使 CO 和 HC 都增加。同时,由于燃烧温度的提高, NO_x 排放量也会增加。但此时后处理装置处于正常工作温度,测得的各种排气成分只会有局部的小峰值出现。

减速工况是指节气门关闭,发动机处于反拖的状态。现在的电控发动机在减速工况时一般采取少喷油或不喷油的形式来控制排放,称为减速断油。

2. 对柴油车排放的影响

1)稳态工况

柴油发动机的转速固定时,随负荷的增大, CO 排放量减少;在中速、中负荷工况, CO 排放最少。相对于汽油机,柴油发动机的 CO 排放很小,这是因为柴油机的空燃比较大,不易生成 CO。

柴油发动机的未燃 HC 排放要比汽油发动机少得多,柴油发动机是在汽缸内直接喷油,然后压燃点火,这样燃油停留在燃烧室的时间比汽油发动机要短,遇到壁面冷激或狭隙效应等而不能燃烧的机会少。但当负荷较小或低速时,柴油发动机循环供油量较少,一方面,燃烧室内存在较多的稀混合气区域,使部分燃料不能得以及时燃烧;另一方面,燃烧室温度相对较低,加大了火焰冷激淬熄的可能,结果使柴油发动机在低速或者小负荷运转时的 HC 排放较高。

相比汽油发动机,柴油发动机的 NO_x 排放要大得多。这是因为,当负荷较小时,柴油发动机燃烧开始时的燃烧室温度较低,滞燃期增长,增大了高温燃气与氧的接触时间,使 NO_x 排放较高;在高转速时,汽缸内存在较强的涡流,高温燃气与氧接触的概率加大,燃烧速度加快,燃烧温度升高,导致 NO_x 大量生成,这种情况在高速小负荷时尤为明显。

相比于汽油发动机,柴油发动机的颗粒物(PM)排放比较严重。当转速不变时,负荷增加,喷油量增加,混合气变浓,导致 PM 排放增加;当负荷不变时,随转速的增加,汽缸内涡流增大,混合气混合均匀,燃烧质量变好, PM 排放减少,在中部转速时最小,在高转速大负荷时,混合气变浓, PM 增加,在接近全负荷时迅速达到最大。

2)冷启动工况

柴油发动机冷启动时,喷入的部分燃油以液态形式吸附在燃烧室内壁上,在燃油自燃之前,燃油就以未燃 HC 的形式直接排出汽缸。燃烧刚开始时,吸附在燃烧室壁面上的燃油也不能完全燃烧，有一部分被蒸发后排出。柴油发动机冷启动时排放高浓度HC的表现为冒白烟。在常温启动和热启动时，汽缸内温度很低，燃油的雾化很差，很难发展成扩散燃烧，这种极不完善的燃烧使排放量增加。

3）加减速工况

在加速开始阶段，加速踏板由小负荷位置迅速移动到大负荷位置，喷油泵循环供油量增加，喷入汽缸内的燃油增加，而缸内温度升高缓慢，因此，燃油汽化不能得到足够的热量，使滞燃期变长；同时，循环供油量的升高率大大超过了转速的升高率，空燃比急剧下降，造成混合气局部过浓；而在加速后期，供油和转速趋于稳定，燃烧室壁面温度及缸内温度上升，滞燃期才逐步回到正常值。加速工况下的CO、HC和PM排放均有所增加，严重时还会出现冒黑烟的现象。

柴油机在减速工况时不喷油或者只喷少量必需的燃油，排放量较小。

四、在用汽车排气污染物的测量方法与评价指标

2018年11月7日，生态环境部和国家市场监督管理总局颁布了新的汽车污染物排放检测标准，即《汽油车污染物排放限值及测量方法（双怠速法及简易工况法）》（GB 18285—2018）和《柴油车污染物排放限值及测量方法（自由加速法及加载减速法）》（GB 3847—2018），2019年5月1日起，对在用车实施新的测量方法和排放限值判定依据。

1.汽油发动机汽车

1）检测工况

执行《汽油车污染物排放限值及测量方法（双怠速法及简易工况法）》（GB 18285—2018）标准，采用汽车双怠速法、稳态工况法和简易瞬态工况法的测量方法。

（1）双怠速法。

怠速工况是指发动机最低稳定转速工况。即离合器处于接合位置，变速器处于空挡位置（对于自动变速器的汽车应处于“停车”挡或“P”挡），加速踏板处于完全松开位置。

高怠速工况是指满足上述（除最后一项）条件，用加速踏板将发动机转速稳定控制高怠速转速时的工况。没有特殊规定时，轻型汽车的高怠速转速规定为2500 r/min±200r/min，重型汽车的高怠速转速规定为1800 r/min±200r/min。

（2）稳态工况法（ASM）。

ASM是指简易稳态加载工况（Acceleration Simulation Mode），车辆预热到规定的热状态后，加速至规定车速，根据车辆规定车速时的加速负荷，通过底盘测功机对车辆加载，使车辆保持等速运转的运行状态，可用于诊断识别NO_x排放高的车辆。由ASM 5025工况（稳定车速为25km/h）和ASM 2540工况（稳定车速为40km/h）组成。

ASM 5025工况：经预热后的车辆加速至25km/h，底盘测功机根据车辆基准质量对车辆自动加载，工况计时器开始计时（$t = 0$s）。车辆以25.0km/h±2.0km/h的速度持续运转，系统开始取样，运行至90s（t=90s）。

ASM2540工况：ASM 5025工况检测结束后车辆立即加速至40.0km/h，底盘测功机根据车辆基准质量对车辆自动加载，工况计时器开始计时（t=0s）。车辆以40.0km/h±2.0km/h的速度持续运转，系统开始取样，运行至90s（t=90s）。

（3）简易瞬态工况法（VMAS）。

采用瞬态加载工况（Vehicle Mass Analysis System），只适用于轻型汽油车（最大总质量≤3500kg）的测试。在底盘测功机上进行按规定测试运转循环，包含怠速、加速、等速、减速15个试验循环（4个怠速工况、3个加速工况、4个等速工况、4个减速工况），最高测试速度50km/h，平均测试速度19km/h，有效行驶时间195s，循环行驶距离为1km左右，与国内一些大城市城区内的车辆行驶工况接近。利用五组分气排气分析仪和气体流量分析仪来替代定容取样系统（CVS），对汽车排放的尾气进行取样和计算，可以得到测试过程中汽车的排放质量因子（g/km），体现了与新车认证检测结果一致性原则，相比瞬态工况法，降低了成本，也能反映汽车实际行驶的排放特征。

2）评价指标

（1）一氧化碳（CO）。

采用双怠速法和稳态工况法（ASM）对汽油发动机车排气进行检测时，排气中一氧化碳（CO）的计量单位为体积分数（体积浓度），采用"%"来表示。在采用简易瞬态工况法（VMAS）对汽车排气进行检测时，排气中一氧化碳（CO）的计量单位为质量单位，用"g/km"来表示。

（2）碳氢化合物（HC）。

采用双怠速法和稳态工况法（ASM）对汽车排气进行检测时，排气中碳氢化合物（HC）的计量单位为体积分数（体积浓度），采用体积分数"10^{-6}"表示。在采用简易瞬态工况法（VMAS）对汽车排放进行检测时，排气中碳氢化合物（HC）的计量单位（碳当量）为质量单位，用"g/km"来表示。

（3）过量空气系数（λ）。

过量空气系数（λ）是指燃烧1kg燃料实际供给的空气量与理论上所需空气量之质量比。对于使用闭环控制电子燃油喷射系统和三元催化转换器技术的汽车，进行过量空气系数（λ）的测定。在采用双怠速法、稳态工况法（ASM）、简易瞬态工况法（VMAS）对汽车排放进行检测时，都要对过量空气系数（λ）进行判定，发动机转速为高怠速时，λ应在1.00±0.05（或汽车制造厂）规定的范围内。

（4）氮氧化物（NO_x）。

采用简易工况法（ASM）对汽车排气进行检测时，排气中氮氧化合物（NO_x）的计量单位（NO）为体积分数（体积浓度），采用体积分数"10^{-6}"来表示。在采用简易瞬态工况法（VMAS）对汽车排气进行检测时，排气中氮氧化物（NO_x）的计量单位为质量单位（NO_2为当量），用"g/km"来表示。

2. 柴油发动机汽车

1）检测工况

执行《柴油车污染物排放限值及测量方法（自由加速法及加载减速法）》（GB 3847—2018）标准，采用自由加速法和加载减速法（Lug Down）的测量方法。

（1）自由加速法。

自由加速法是用于柴油发动机车排放检测的一种无负荷的测量方法，该方法通过测试柴油发动机车在自由加速工况的排气烟度来判断车辆的排放状况。

自由加速工况指柴油发动机于怠速工况（发动机运转，离合器处于接合位置；加速踏板处于松开位置；变速器处于空挡位置；具有排气制动装置的发动机，制动蝶形阀处于全开位置），在1s内，将加速踏板连续均匀踏到底，使喷油泵供给最大供油量，在发动机达到调速器允许的最大转速前，保持此位置，当发动机达到最大转速时，维持4s后松开，使发动机恢复至怠速。

（2）加载减速工况法(Lug Down)。

加载减速法是一种带负荷的排放检测方法，是指柴油发动机车油门处于全开位置，通过底盘测功机对柴油车驱动轮强制加载，使柴油车减速运行的工况。测量被检车辆在底盘测功机上测得的驱动轮实际最大轮边功率值（MaxHP）和最大轮边功率时的转鼓线速度（VelMaxHP）点的光吸收系数 k、80%VelMaxHP 点测得的光吸收系数 k、NO_x 浓度值以及发动机最大转速(MaxRPM)。

被检车辆在底盘测功机上，引车驾驶员选用合适挡位，使车辆的最高车速接近70km/h（但不能超过100km/h）。当车速稳定后，测控系统控制底盘测功机向被检车辆加载，自动进行轮边功率扫描。当扫描到轮边功率的最大值时，记录下相对应的转鼓线速度，该线速度即为实际最大轮边功率时的转鼓线速度（VelMaxHP）。测功机继续加载至转鼓线速度低于VelMaxHP 的 80% 时，功率扫描结束。

测控系统通过底盘测功机自动控制被检车辆车速，在 VelMaxHP 速度点完成被检车辆轮边功率、发动机转速和排气光吸收系数 k 的测量，在 80%VelMaxHP 速度点完成排气光吸收系数 k、NO_x 的测量。

2）评价指标

（1）光吸收系数 k。

光吸收系数是表示光束被单位长度的排烟衰减的一个系数，为单位体积的微粒数、微粒的平均投影面积和微粒的消光系数三者的乘积。

采用自由加速度法，使用不透光烟度计进行检测，排气烟度值采用光吸收系数 k，用"m^{-1}"表示。并记录发动机最大转速(r/min)。

（2）氮氧化物(NO_x)。

在采用加载减速法（Lug Down）对柴油发动机车的排气进行检测时，排气烟度值采用光吸收系数 k，用"m^{-1}"表示，排气中氮氧化物（NO_x）的计量单位为体积分数（体积浓度），采用体积分数"10^{-6}"来表示。并记录发动机最大转速(r/min)。

五、汽车排气污染物检测用仪器设备

检测在用汽车排气污染物的仪器设备应根据发动机燃烧方式、检测工况而确定，并符合规定的污染物检测方法及产品标准。

1. 双怠速法

（1）计算机控制系统。

（2）OBD 诊断仪。

（3）汽车排气分析仪［至少包含 CO、HC、CO_2、O_2 四组分，CO、HC、CO_2 的测量采用不分光红外线法(NDIR)，O_2 采用电化学电池法］，准确度等级为 00 级。

（4）环境测量气象站。

（5）发动机转速计。

2. 自由加速度法

（1）计算机控制系统。

（2）OBD 诊断仪。

（3）不透光烟度计。

（4）环境测量气象站。

（5）发动机转速计。

3. 稳态工况法（ASM）

（1）计算机控制系统。

（2）OBD 诊断仪。

（3）汽车底盘测功机。

（4）汽车排气分析仪［CO、HC、NO、CO_2、O_2 五组分，NO 测量须采用红外法（IR）、紫外法（UV）或化学发光法（CLD）］，准确度等级为 00 级。

（5）环境测量气象站。

（6）发动机转速计。

4. 简易瞬态工况法（VMAS）

（1）计算机控制系统。

（2）OBD 诊断仪。

（3）汽车底盘测功机。

（4）汽车排气分析仪［CO、HC、NO_x、CO_2、O_2 五组分，NO_x 测量须采用红外法（IR）、紫外法（UV）或化学发光法（CLD）］，准确度等级为 00 级。

（5）氮氧化物转化炉（若采用直接测量 NO_2，氮氧化物转化炉可以省略，但应专门配置相应的标准气体）。

（6）汽车流量分析仪。

（7）环境测量气象站。

（8）发动机转速计。

5. 加载减速工况法（Lug down）

（1）计算机控制系统。

（2）OBD 诊断仪。

（3）汽车底盘测功机。

（4）不透光烟度计（分流式）。

（5）氮氧化物分析仪［至少包含 NO、NO_2 和 CO_2 组分，NO_x 测量须采用红外法（IR）、紫外法（UV）或化学发光法（CLD）］。

（6）氮氧化物转化炉（若采用直接测量 NO_2，氮氧化物转化炉可以省略，但应专门配置相应标准气体）。

（7）汽车流量分析仪。

（8）环境测量气象站。

（9）发动机转速计。

第二节 点燃式机动车排气分析仪

机动车排气分析仪主要用于点燃式发动机，以汽油发动机车为主，按其测量组分的数目，分为二组分、四组分和五组分分析仪。我国从20世纪80年代实行机动车排气检测怠速法，控制对象是发动机怠速状态下的CO、HC浓度，开始使用二组分分析仪。随着汽车制造技术的发展，现代的汽油发动机车普遍采用了严格的空燃比控制技术、闭环控制电子燃油喷射系统和三元催化转换器技术等，同时对汽车排放控制管理也越来越严格。为适应新的汽车排放检测方法，目前，检验机构对汽车尾气排放检测，采用了四组分、五组分气体分析仪，从而取代了二组分气体分析仪。

一、测量原理及结构

根据现行在用汽车排放检测标准，对汽车排气污染物的测量方法有：

采用不分光红外法（NDIR）测量CO、HC、CO_2气体；采用电化学法测量O_2气体；采用红外法（IR）、紫外法（UV）或化学发光法（CLD）测量NO_x气体（NO_x是NO、NO_2的总和）。

1. 测量原理与方法

1）不分光红外法（NDIR）

排气分析测量原理是基于一种气体只能吸收其独特波长的红外线特性，即大多数非对称的多原子（除了单原子气体和相同原子的双原子气体，如：H_2、O_2、N_2外）气体对红外线波谱带（一般为2.5～10μm）中具有一定波长吸收功能，而且其吸收程度与被测气体的浓度有关。如CO能吸收波长4.5～5μm的红外光线，CO_2能吸收波长4～4.5μm的红外光线，CH_4能吸收波长2.3μm、3.4μm、7.6μm、的红外光线，HC（正己烷）能吸收3.5μm附近的波长。

不分光红外法气体分析测量是由红外线光源、气室、滤光片和红外传感器构成。从采集部分输送来的多种气体共存在尾气中，通过不分光红外分析测定气体（CO、HC、CO_2）的浓度，用电信号将其输送到浓度显示部分，如图8-5所示。

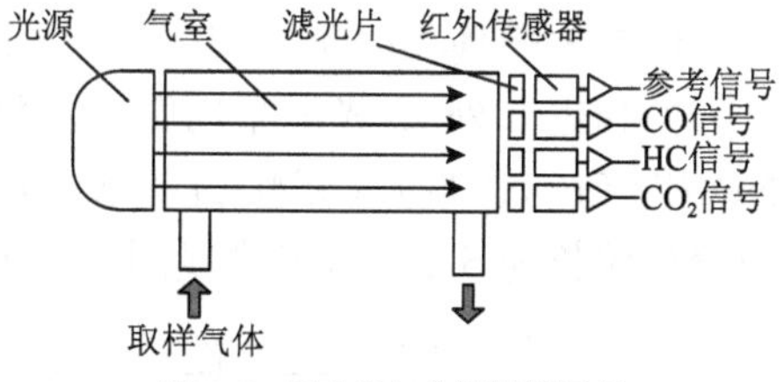

图8-5　不分光红外法测量原理

不分光红外法测量气体组分具有精度高、稳定性好、响应速度快的特点，而且多组分参量集中同时测量，可根据气体组分含量有效地排除组分间各响应值的相互干扰。图8-6是HC、CO_2、CO的吸收光谱以及相应的红外带通光谱图。

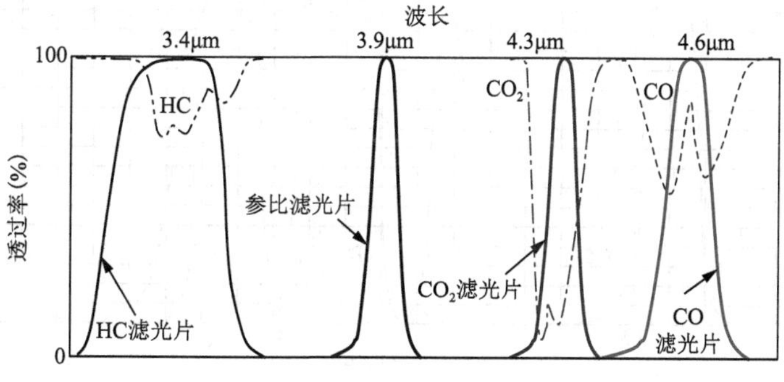

图8-6　气体吸收光谱和相应的红外带通光谱图

2）电化学法

测量 O_2 气体采用电化学法，使用独立的化学电池传感器，传感器中装有特定电解质，在接触气体组分中的被测物质时产生原电池效应，输出电荷（即信号）为仪器采集并处理为相应的测量结果。

电化学传感器结构相对简单、使用方便，新使用时灵敏度较高、稳定性较好，在使用中电解质逐渐消耗导致灵敏度逐渐下降，稳定性能变差，因此其使用寿命也较短，当 O_2 传感器输出电信号下降至 0mV 时，必须更换。

3）红外法（IR）

红外法（IR）是基于被测气体对红外光有选择性吸收而建立的一种分析方法，其核心部件红外传感器。根据汽车排气检测技术的特点，有两种不同的测量原理，一种为热释电红外技术，另一种为微流红外技术。

（1）热释电红外测量技术。

假定被测气体为一个无限薄的平面，当红外辐射通过被测气体时，其分子吸收光能量，吸收能量的多少与气体的浓度有关，其吸收关系遵循朗伯—比尔（Lamber-Beer）定理：

$$I=I_0\exp(-KLC) \tag{8-1}$$

式中：I_0——光源发出的初始光强，cd；

I——I_0 经过 L 距离传输后的光强，cd；

K——被测气体的吸收系数；

C——气体的测量浓度，10^{-6}。

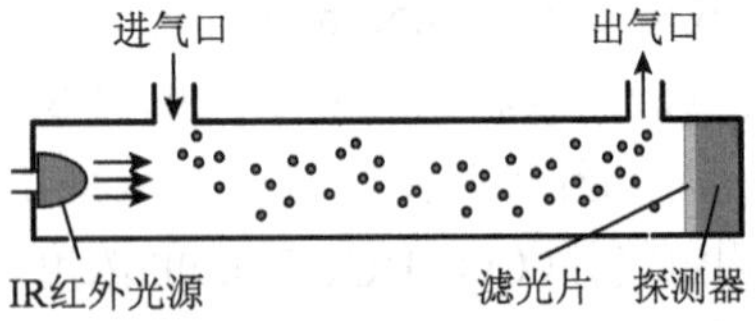

图 8-7　热释电红外法测量原理图

热释电红外测量原理见图 8-7。红外光源发出 3 ～ 6μm 的红外光，经过一定长度的气体室，当气体室中存在 NO 气体和不存在 NO 气体时，探测器上测量得到的信号强弱不同，根据朗伯—比尔定理，即可计算出被测气体的浓度。

热释电红外法，光源采用宽光谱红外光源，探测器采用两通道热释电探测器，并且匹配 NO 和 PEF（丙烷 / 正己烷当量系数）参考通道带通滤光片，其中 NO 气体在红外波段的吸收峰值波长为 5.26μm，光谱线图见图 8-8。

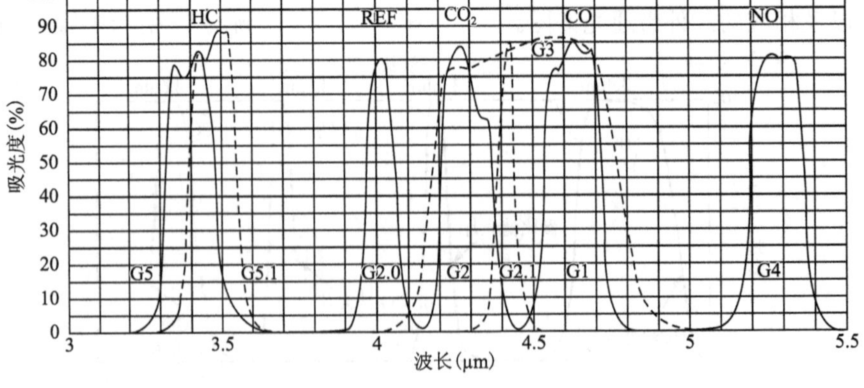

图 8-8　中红外波段气体的吸收谱线

(2)微流红外技术。

微流红外的测量原理如图 8-9 所示。红外光源 1 发出的红外光，经过切光器 2 进入测量气室 4；由于典型的排放气体（SO_2、NO、CO、CO_2、CH4 等）中，异种原子构成的分子对红外光具有吸收特性，若测量气室 4 中存在上述气体，则进入测量气室的部分红外光会被吸收，未被吸收的红外光进入检测器 5；检测器由前气室、后气室、微流传感器 6 组成，前、后气室充满待测组分的气体。在红外光的作用下，检测器前、后气室中的气体发生膨胀；由于存在膨胀差异，会导致前、后气室之间产生微小的流量；微流传感器 6 检测到该流量后，会产生一个交流电压信号，经信号处理及输出系统 9 后测得气体的浓度。

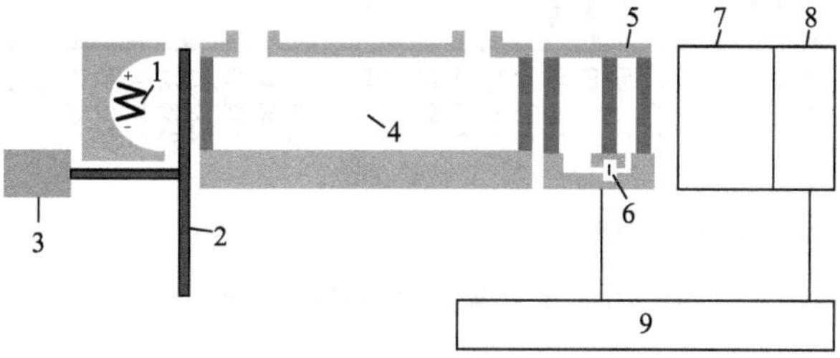

图 8-9 微流红外测量 NO 原理图

1- 红外光源；2- 切光器；3- 切光电机；4- 测量气室；5- 检测器；6- 微流传感器；
7、8- 第 2 组分气室及检测器；9- 信号处理及输出系统

4）紫外法(UV)

紫外法（UV）测量基本原理是利用空气中气体分子的窄带吸收特性来鉴别气体成分，并根据窄带吸收强度来推演气体浓度。该技术基于朗伯—比尔定律，将气体的吸收截面分为随波长的慢变化部分和快变化部分。通过多项式拟合高通滤波方法去除光谱中的慢变化部分，剩下的部分则由于分子的窄带吸收，造成的光源衰减，再用气体标准差分吸收截面对测量得到的差分吸收光谱进行拟合，能计算出被测气体的浓度。

紫外法（UV）测量 NO 原理如图 8-10 所示。根据光路设计的不同，可能会有一些差异。其工作原理为：

采用氘灯或氙灯等紫外光源发出的紫外光（200 ～ 300nm），当气体室存在 NO 气体和不存在 NO 气体时，光谱仪上在特定的波长段会有吸收，如图 8-11 所示，根据气体吸收前后光谱的变化，即可计算被测气体的吸光度，根据吸光度再计算出被测气体的浓度。

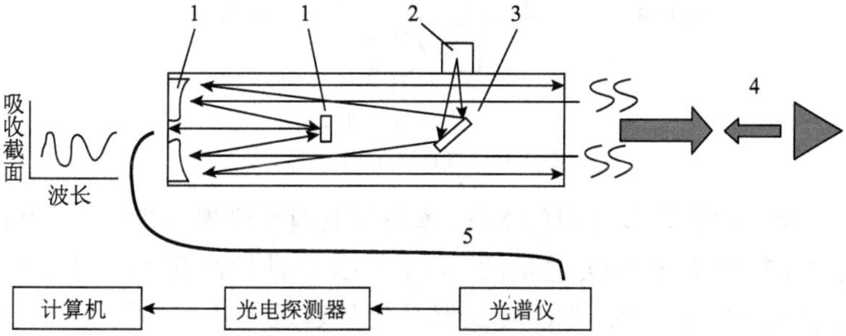

图 8-10 紫外法(UV)测量 NO 的原理图

1- 镜片；2- 光源；3- 镜片；4- 角反射镜；5- 光缆

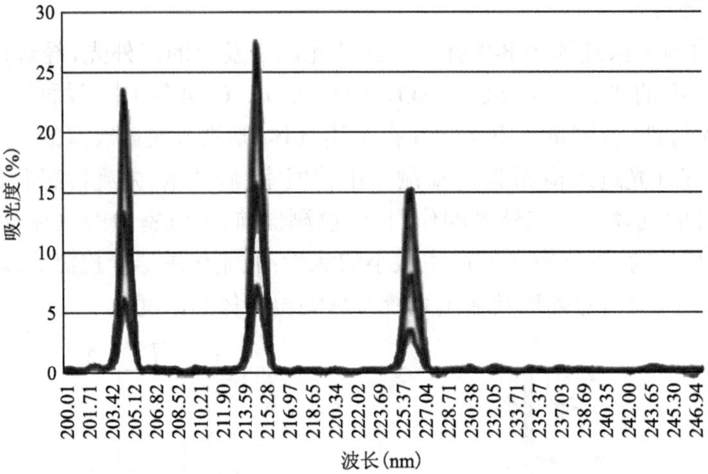

注：NO 在波长 205nm、215nm、227nm 有吸收。

图 8-11　NO 在紫外波段的吸收峰值波长

5）化学发光法（CLD）

化学发光法（CLD）是测量 NO 浓度的工业标准方法。对于 NO 的检测，是在 CLD 的反应室中，将发动机尾气中的 NO 和臭氧发生器生成的过量的臭氧（O_3）充分混合、反应，生成 NO_2，CLD 法反应室原理如图 8-12 所示。这其中有大约有 10% 左右的 NO_2 处于不稳定的电子激发态，用 NO_2^* 来表示，这部分的 NO_2^* 能量比正常状态高，当激发态的 NO_2^* 分子回到基态时会将自身具有的能量以光的形式释放出来，这一现象叫作“化学发光”，并且发光度与反应前的 NO 分子数成正比，发动机尾气中的 NO 浓度就可以通过检测光发射量而获得。这种检测方法为化学发光法。CLD 反应式如下：

$$NO + O_3 \rightarrow NO_2^* + O_2$$

$$NO_2^* \rightarrow NO_2 + hv$$

式中：NO_2^*——处于激发态 NO_2 的分子；

hv——光量子（590 ～ 2500nm）。

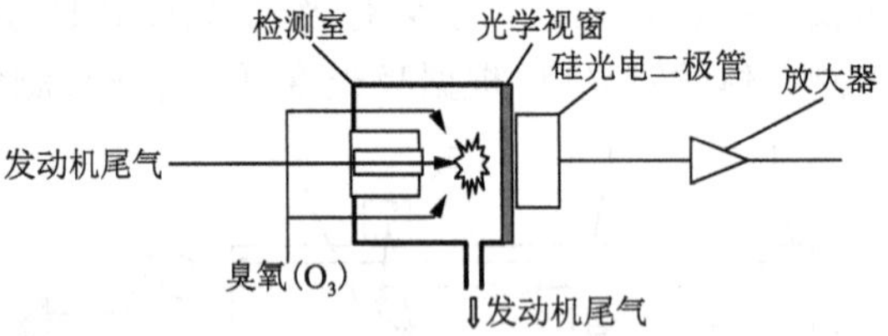

图 8-12　CLD 法反应室结构

发动机尾气 NO_x 中有较少数量的 NO_2，本身不具有化学发光性，不能用 CLD 分析仪直接检测，为了能够测量 NO 和 NO_2 总量的 NO_x，在 CLD 法检测前要利用 NO_x 转换器将 NO_2 转化为 NO，再引入反应室。NO_2-NO 转换器是气体通过加热后的催化材料将 NO_2 转化为 NO。反应式如下：

$$NO_2 + C \rightarrow NO + CO$$

$$2NO_2 + C \rightarrow 2NO + CO_2$$

这样，CLD 分析仪检测得到的 NO 与 NO_2 之和就是发动机尾气中的 NO_x。

2. 基本结构

汽车排气分析仪整机外观见图 8-13。排气测量系统一般由采样探头、采样管、过滤器、水分离器、电磁阀、气泵、样气分析单元、电化学分析传感器、控制单元、显示仪表等部分组成。

图 8-13 点燃式汽车排气分析仪

1)四组分汽车排气分析仪

对测量工作量相对较少，检测场地小，仅要求双怠速法尾气检测的场合，如维修企业，一般使用便携式四组分汽车排气分析仪，其气路结构相对简单，体积小，重量轻，典型的参考气路基本结构(根据气体分析测量设计而存在一些差异)如图 8-14 所示。

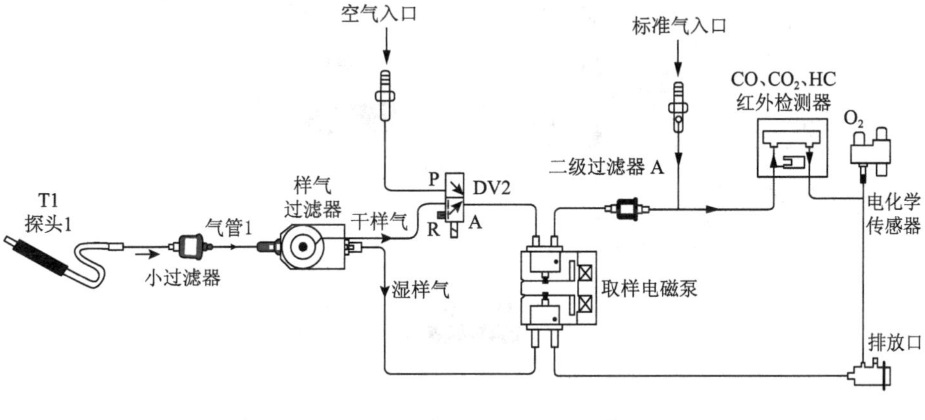

图 8-14 四组分汽车排气分析仪气路(参考)结构示意图

2)五组分汽车排气分析仪

对于检验检测机构，采用 ASM、VMAS 等简易工况法检测场合，使用五组分汽车排气分析仪。为满足仪器快速自动清洗气路、自动调零、自动检查、标定、取样等功能要求，仪器设有压缩空气入口、零气入口、环境气体入口、检查气入口、标定气入口等功能气路并有相应的电磁阀控制切换，配合仪器操作实现各种操作流程。仪器既可单独使用，也可以计算机联网检测控制使用。仪器单独使用时可用本机的操作键盘和显示器，进行各种操作和读数，同样可以完成采样、调零、检查、标定、反吹清洗等各种动作。典型的参考气路基本结构（根据气体分析测量设计而存在一些差异)如图 8-15 所示。

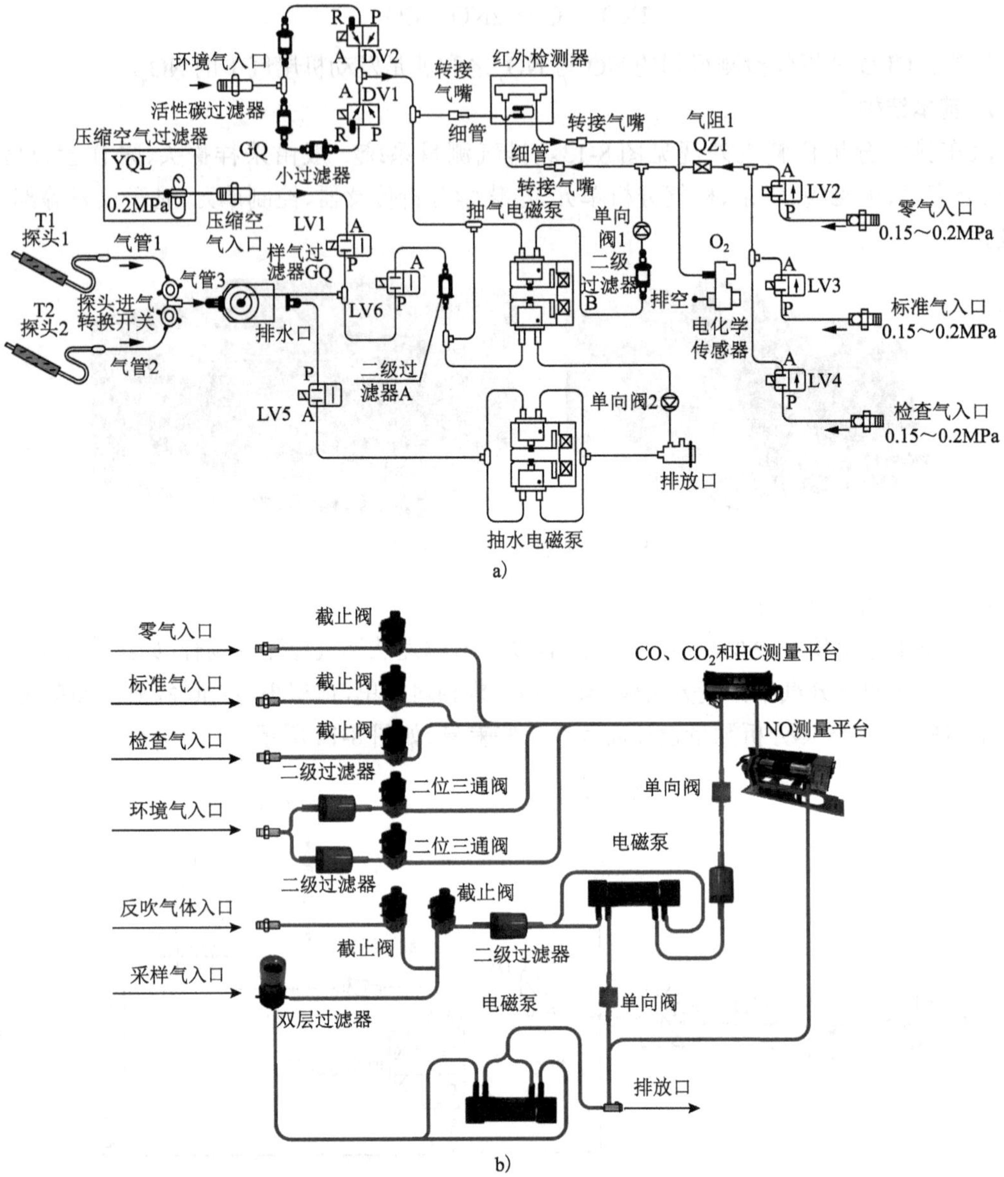

图 8-15　五组分汽车排气分析仪气路（参考）结构示意图

二、主要技术要求

1. 分类

1）按测量的排气种类划分

按测量的排气种类，点燃式机动车排气分析仪（简称分析仪）划分为两组分分析仪、四组分分析仪和五组分分析仪。

（1）两组分分析仪：检测并显示 CO、HC 两种气体浓度的分析仪（机动车维修企业）。

（2）四组分分析仪：检测并显示 CO、CO_2、HC 和 O_2 四种气体浓度以及参数 λ 值的分析仪(汽车维修企业、检验检测机构)。

(3)五组分分析仪:检测并显示 CO、CO_2、HC、O_2 和 NO_x（NO）五种气体浓度以及参数 λ 值的分析仪(检验检测机构)。

以上排气分析仪还应具备监测汽车发动机转速、发动机机油温度等参数。

2)按准确度等级划分

按准确度等级,分析仪划分为 00 级和 0 级分析仪。

点燃式机动车排气分析仪主要执行的是汽车排放系列检测标准规范。目前执行的检测标准是《汽油车污染物排放限值及测量方法（双怠速法及简易工况法)》(GB 18285—2018)；检测系统设备参照行业标准《汽车双怠速法排气污染物测量设备技术要求》(HJ/T 289—2006)、《汽车稳态工况法排气污染物测量设备技术要求》(HJ/T 291—2006)、《汽油车简易瞬态工况法排气污染物测量设备技术要求》(HJ/T 290—2006),建立相应检测项目的检测系统和数据处理系统。

设备生产产品标准应符合交通运输行业标准《点燃式机动车排气体分析仪》(JT/T 386.1—2017）的要求,对在用的设备检定,依据《汽车排放气体测试仪计量检定规程》(JJG 688—2007)。这些标准对汽车排气分析仪均提出了具体的技术要求和检验的条件。

2. 主要技术要求

1)分辨力

分析仪分辨力的要求见表 8-4。

分辨力要求 表 8-4

CO（% Vol）	CO_2（% Vol）	O_2（% Vol）	HC（10^{-6} Vol）	NO（10^{-6} Vol）	λ
0.01	0.1	0.01	1	1	0.001

2)测量范围

分析仪测量范围见表 8-5。

分析仪测量范围 表 8-5

CO（% Vol）	CO_2（% Vol）	O_2（% Vol）	HC（10^{-6} Vol）	NO（10^{-6} Vol）
0 ～ 14.00	0 ～ 18.0	0 ～ 25.00	0 ～ 9999	0 ～ 5000

3)误差

(1)示值允许误差。

两种不同准确度等级分析仪的示值允许误差见表 8-6、表 8-7。

00 级分析仪示值允许误差 表 8-6

气体种类	测量范围（Vol）	示值允许误差	
		绝对误差	相对误差
HC	$0 \sim 2000\times10^{-6}$	$\pm4\times10^{-6}$	±3%
	$2001\times10^{-6} \sim 5000\times10^{-6}$	—	±5%
	$5001\times10^{-6} \sim 9999\times10^{-6}$	—	±10%
CO	0.00 ～ 10.00%	±0.02%	±3%
	10.01% ～ 14.00%	—	±5%
CO_2	0.0 ～ 16.0%	±0.3%	±3%
	16.1% ～ 18.0%	—	±5%

续上表

气体种类	测量范围（Vol）	示值允许误差	
		绝对误差	相对误差
NO	$0 \sim 4000 \times 10^{-6}$	$\pm 25 \times 10^{-6}$	±4%
	$4001 \times 10^{-6} \sim 5000) \times 10^{-6}$	—	±8%
O_2	0.0 ~ 25.0%	±0.1%	±5%

注：表中所列绝对误差和相对误差，满足其中一项要求即可，以下同。

0 级分析仪示值允许误差 表 8-7

气体种类	测量范围（Vol）	示值允许误差	
		绝对误差（Vol）	相对误差
HC	$0 \sim 5000 \times 10^{-6}$	$\pm 10 \times 10^{-6}$	±5%
	$5001 \times 10^{-6} \sim 9999 \times 10^{-6}$	—	±10%
CO	0.00 ~ 10.00%	±0.03%	±5%
	10.01% ~ 14.00%	—	±10%
CO_2	0.0 ~ 18.0%	±0.5%	±5%
NO	$0 \sim 4000 \times 10^{-6}$	$\pm 25 \times 10^{-6}$	±4%
	$4001 \times 10^{-6} \sim 5000 \times 10^{-6}$	—	±8%
O_2	0.0 ~ 25.0%	±0.1%	±5%

（2）干扰误差。

分析仪除被测组分外的气体干扰误差应不大于示值允许误差的模的 1/2。

4）重复性

示值重复性应不大于其示值允许误差的模的 1/3。

5）稳定性

经预热后，分析仪在 4h 内示值误差应不超过示值允许误差。

6）响应时间

分析仪的响应时间分为上升响应时间和下降响应时间，上升响应时间（T_{90}）是自取样口输入高浓度标准气体起，至达到分析仪显示值达到最终标准气体浓度读数 90% 所需要的时间；下降响应时间（T_{10}）是自取样口输入零气起，至达到标准气体稳定浓度读数 10% 所需要的时间。分析仪各通道的响应时间见表 8-8。

分析仪各通道响应时间（s） 表 8-8

气　体	上升响应时间（T_{90}）	下降响应时间（T_{10}）
HC	≤ 8.0	≤ 8.3
CO	≤ 8.0	≤ 8.3
CO_2	≤ 8.0	≤ 8.3
NO	≤ 12.0	≤ 12.4
O_2	≤ 15.0	O_2 浓度自 20.9% 降到 0.1% 的时间应不大于 40s

7）丙烷 / 正己烷当量系数（PEF）

丙烷 / 正己烷当量系数（PEF）应在分析仪的明显位置以三位有效数字永久性标明或显示，该系数的值应在 0.490 ~ 0.540 之间。

分析仪通入丙烷校准气时的绝对示值误差与通入相应的正己烷校准气时的绝对示值误差之差应不大于其示值允许误差。

8）过量空气系数（λ）的计算

过量空气系数（λ）是确定发动机燃烧效率的一个参数，它与燃料的组成有关，和用于燃烧的空气以及排气中发现的燃烧生成物有关。配置了 λ 值指示的分析仪应按标准公式作相应计算，当 λ 值在 0.800 ～ 1.200 之间时，与此相应的分辨率及使用选定公式的计算中最大允许误差应不超过 0.3%。

根据 CO、CO_2、HC 和 O_2 的测定结果，计算出 λ 值，基本公式的标准形式为：

$$\lambda=\frac{[CO_2]+\dfrac{[CO]}{2}+[O_2]+\left(\dfrac{H_{cv}}{4}\times\dfrac{3.5}{3.5+\dfrac{[CO]}{[CO_2]}}-\dfrac{O_{cv}}{2}\right)\times([CO_2]+[CO])}{\left(1+\dfrac{H_{cv}}{4}-\dfrac{O_{cv}}{2}\right)\times([CO_2]+[CO]+K_1\times[HC])} \tag{8-2}$$

式中：[ ]—— 体积分数，以 %Vol 表示，仅对 HC 以 10^{-6} Vol 表示；

K_1—— HC 转换因子，若以 10^{-6} Vol 正己烷（C_6H_{14}）作等价表示，此值等于 6×10^{-4}；

H_{cv} —— 氢 - 碳原子比，汽油 = 1.7261，LPG = 2.525，NG = 4.0；

O_{cv} —— 氧 - 碳原子比，汽油 = 0.0176，LPG = 0，NG = 0。

基本公式中具有以下数据：

（1）燃料成分：碳、氢、氧和水。

（2）空气的水含量。

（3）排放气体成分：二氧化碳、一氧化碳、碳氢化合物和氮氧化物。

由基本公式导出简化公式，其依据是可以忽略排气中空气及氧化氮（NO_x）的含量，当测定排出气体成分后，可作 λ 值计算。

9）功能要求

（1）样气低流量警告。

当样气的流量低到使分析仪的示值误差超过最大允许误差的模的 1/2 或使分析仪的上升响应时间（T_{90}）大于 5.5 要求时，分析仪应有低流量警告提示，同时自动锁定，中止检测。

（2）取样系统的气密性。

当取样系统泄漏造成环境空气渗入引起的误差称为气密性误差，气密性误差应不大于最大允许误差的模的 1/2。进行泄漏检查时，如出现气密性超差，分析仪应有警告提示，同时自动锁定，中止检测。

（3）HC 气体的残留物。

检测开始前，分析仪通过取样探头对环境空气取样时，HC 示值应不大于 20×10^{-6}Vol。当 HC 示值大于 20×10^{-6}Vol，分析仪应有警告提示，同时自动锁定，显示当前值。

（4）取样探头应至少能插入汽车排气管 400mm，且无论深度如何，取样探头均应能可靠固定。取样管应是无泄漏的，易弯曲的，不易打结和压裂的，并具有良好的抗碾压性，长度一般为 7.5m±0.15m。

（5）排气取样装置应耐腐蚀，取样探头所用材料应能耐受 600℃的排气温度。

三、使用与日常维护

排气分析仪的基本功能中设有调零、测量、检查、标定、反吹清洗等动作流程，一般通过操作仪器面板或者控制电脑的软件界面来实现仪器的基本动作，通过人机对话来引导完成对排气分析仪各种操作的流程。

1. 基本操作要点

1）预热

汽车排气分析仪的操作手册都有标明开机预热的时间，它是说明仪器内部达到热平衡条件可有效工作的最短时间，在未达到仪器预热时间要求的测量结果是无效的。因此，在开启仪器后一定要等待预热完成才能进行测量工作，一些仪器在预热过程中还进行仪器性能的自我诊断和检查。

2）调零

调零是汽车排气分析仪一个很重要的动作，一般有空气调零和零气调零两种形式。前者开启仪器的气泵抽取环境中的空气作为零气，清洗内部气路、气室，忽略空气中 CO、CO_2、HC、NO 的微量存在，将 CO、CO_2、HC、NO 等测量参数置为 0 值。由于空气中微量 CO、CO_2、HC、NO 是客观存在的，特别是 CO_2 可能达到 0.4%，因此，在严格的测量情况下，应使用零气即高纯氮气（99.999%N_2）或高纯合成空气（20.9%O_2+70.1%N_2）进行调零，采用瓶装高纯氮气（或合成空气），通过压力调节阀接到仪器的“零气”入口，选择调零气体为“零气”，再完成调零动作，此时，仪器的 CO、CO_2、HC、NO 零位才是真正的零位。

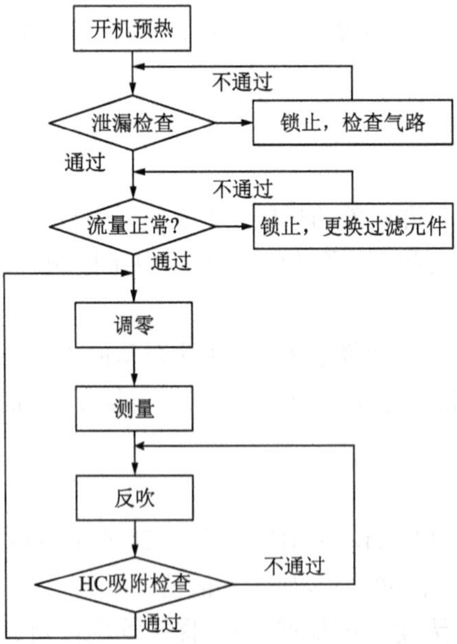

图 8-16　测量工作过程

3）测量

测量是将取样探头插入汽车排气管，启动仪器内部的取样泵，通过采样管抽取汽车排放的尾气样品到仪器内部进行分析。由于汽车尾气成分中有高达 7% 以上的水气和少量的粉尘颗粒物，冷凝水以及粉尘会阻塞气路、腐蚀检测器件、影响其他气体组分的测量。因此，在尾气样气进入仪器前，设有气、水分离和粉尘过滤，样气在经过水分离器时分为干样气和湿样气，湿样气通过排水泵抽走排掉，干样气由样气泵抽取到内部分析单元测量。为防止积尘阻塞气路和进入仪器内部污染分析器，仪器一般设计有多级过滤器来进行保护。测量工作过程如图 8-16 所示。

（1）测量前准备。

①泄漏检查：按要求进行泄漏检查，如有漏气，须对外气路各元件及其连接处细致检查，直到排除。

②气路阻塞检查：如显示采样流量低，须认真检查仪器的各级过滤器，包括水分离器中的过滤元件是否污染严重，污染严重或完全湿透的一定要更换，否则气路阻塞不能排除。

③零位检查：检查 CO、CO_2、HC、NO 各参数示值应为 0，O_2 应为 20.7%（±0.2%），否则要再次调零。

（2）测量时把采样探头插入汽车排气管，插入深度要达到 400mm 以上，并夹紧。对于双排气管的车辆，要同时插入两个同样的采样探头。

（3）启动测量后约 8s，仪器示值有响应，随着排放的变化而变化，采样结束时间同样要滞后 8s 以上。

（4）测量结束及时拔出采样探头，测量结果视需要进行处理或保存。

（5）测量完成之后启动反吹，反吹压缩空气压力应小于 0.2MPa 为佳。反吹时间不小于 30s。此过程非常重要，可将冷凝在气路中的水和吸附的 HC 充分吹出，保持气路干净。

（6）反吹之后进行 HC 吸附检查，如果 HC 浓度小于 7×10^{-6} 则可直接进行调零处理，如果 HC 浓度大于 7×10^{-6}，则要继续反吹 30s，再次进行调零。

2. 标定

按照排放检测标准要求，排气分析仪需经常按规定时间进行标定和检查。标定之前要准备好标准气体，标准气体规格应符合检测方法和产品标准中的要求。

标定的基本程序如下：

（1）充分完成预热。

（2）选择零气调零：打开零气及其压力调节阀，调节输出压力对仪器进行调零处理。为确保零位正确，需进行 2 次以上调零处理。完成调零后，CO、CO_2、HC、NO 示值应为 0。

（3）选择空气调零：直接启动调零，机内抽气泵工作，约 20s 完成调零，泵停，CO、CO_2、HC、NO 示值应为 0。为确保零位正确，须进行 2 次以上调零处理。

（4）进入标定界面：将标准气瓶上的气体各标称值分别输入，认真校对无误后，启动标定，看提示通入标准气，这时打开标定气阀及其压力调节阀，调节输出压力为规定值，观察示值变化直至各个数值完全稳定，再启动标定确认，则完成标定。

（5）退出标定界面，启动空气调零，完成调零后，观察 O_2 示值是否为 20.7±0.2%，如 O_2 偏差大，须进行 O_2 标定。对 O_2 标定必须回到标定界面，单独选定 O_2 标定。

（6）误差检查。

完成了标定之后，进行低端测量误差检查。进入检查界面，启动检查，看提示通入标准检查气进行检查，此时打开检查气阀及其压力调节阀，调节输出压力为规定值，观察示值变化直至各个数值完全稳定。其中 CO 应满足：标称值 ±0.02%；CO_2 应满足：标称值 ±0.3%；HC 应满足：（C_3H_8 标称值 ×PEF）$\pm4\times10^{-6}$；NO 应满足：标称值 $\pm25\times10^{-6}$。如不满足要求，须重新标定。

3. 日常维护

（1）为确保仪器长期正常稳定工作，须根据操作规程、使用说明书要求备有使用耗材，当仪器锁止时快速检修，及时更换耗材，常用耗材备品见表 8-9。

常用耗材备品及其使用周期 表 8-9

名　称	使用周期	故障现象
前置过滤器	50 辆次	脏，湿透，造成气路阻塞，偶尔破损漏气
湿气路滤芯	500 辆次	脏，造成气路阻塞
干气路滤芯	500 辆次	脏，造成气路阻塞
二次过滤器	1 个月	脏，造成气路阻塞
其他过滤器	3 个月	脏，造成气路阻塞，或遵照使用说明更换
取样探头	3 个月	破损漏气
取样管	6 个月	破损漏气
O_2 传感器	12 个月	灵敏度下降
NO 传感器	12 个月 ±3 个月	视检测情况，灵敏度下降无法标定
标准气	12 个月	过期失效

（2）在日常操作使用中，用完探头及采样管后应挂起，防止放在地面上抽吸粉尘和水，也避免遭遇踩踏和车轮压过造成破损漏气；冬季用完采样探头及采样管后应及时收回室内，防止气路内部结冰阻塞气路；下班前将采样探头挂起，并保持继续开泵抽气 10min 以上，充分排除机内废气后再关机，防止水气在仪器内冷凝，影响第二天开机使用。

（3）计量检定。

排气分析仪按《汽车排放气体测试仪检定规程》（JJG 688—2007）进行检定，检定周期一般不超过 12 个月。在此期间内，仪器经修理后按首次检定规定进行。建议每周进行一次自校准。

4. 仪器锁止的排除

排放检测法规要求，仪器在泄漏检查不通过、采样流速低和 HC 吸附检查超限值的情况下要锁止，不能进行测量，以防止仪器在异常情况下工作，产生不准确的测量结果。因此，在日常使用中要按操作规程进行正确使用并控制关键关键环节，在出现仪器锁止时，及时查找原因加以排除。排除方法如下：

（1）泄漏检查不通过时锁止。检查外部的取样探头、连接管路、各连接口、过滤器等各处是否松动或老化损伤造成泄漏，直至逐一排除后通过泄漏检查。

（2）取样流速低时锁止。滤芯脏或管路积水堵塞造成气路阻力大，流量低，需更换气路中的滤芯。启动反吹气对管路进行吹洗。

（3）HC 吸附超限值时锁止。启动反吹气对管路进行吹洗，如果吸附值较大，时间稍长些，能排除故障。

第三节 压燃式机动车排气分析仪

按照《柴油车污染物排放限值及测量方法（自由加速法及加载减速法）》（GB 3847—2018）要求，对在用柴油车辆需要测量柴油车排气污染物中烟度（光吸收系数）及氮氧化物浓度。

按测量的污染物种类划分，压燃式机动车排气分析仪（以下简称分析仪）分为只测光吸收系数的不透光烟度计、只测氮氧化物（NO_x）的分析仪和以上两种污染物均可测量的综合排气分析仪。

一、测量原理和功能

1. 不透光烟度计

1）测量原理

不透光烟度计是利用透射光衰减率原理来测量排气烟度的典型仪器，如图 8-17 所示。当光束通过一段设定长度的气室时，通过测量烟气中颗粒物对光的吸收程度来衡量颗粒物的污染程度，测量单元主要由测量气室、透镜、光电二极管、风帘等组成，见图 8-18。测量原理如下：

测量单元的测量气室 4 是一根分为左右两半部分的圆管，被测烟气从中间的入口 5 进入气室，分别穿过左圆管和右圆管排出。透镜 2 和透镜 7 把光源 8 发出的恒定光束汇聚成平行光透过测量气室，到达光电二极管 1 上并转换成电信号。排气中含烟量越多，平行光穿过测量室的光能衰减越大，经光电二极管 1 转换的光电信号就越弱。风帘 3 和风帘 6 一方面是为保护透镜免受烟气污染，另一方面是为将烟气导出、形成恒定长度的烟柱而设计的。

a） b）

图 8-17 不透光烟度计

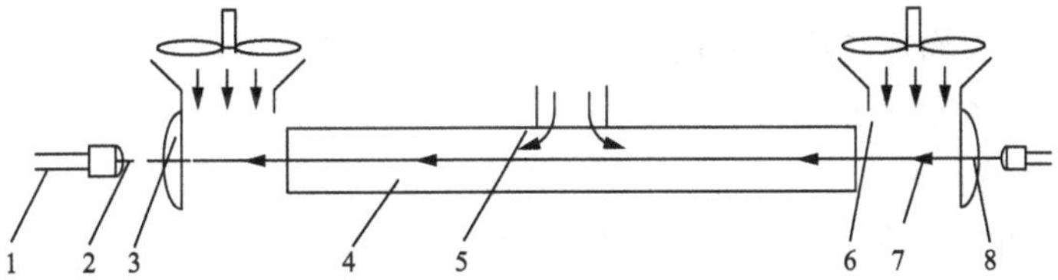

图 8-18 不透光烟度的测量原理

1- 光电二极管；2- 透镜；3- 风帘；4- 测量气室；5- 烟气入口；6- 风帘；7- 透镜；8- 光源

不透光烟度计的显示部分有两种计量单位，一种为绝对光吸收系数单位，从 0 到趋于无穷（m^{-1}）；另一种为不透光度线性分度单位，从 0 到 100%。两种计量单位的量程，均应以光全通过时为 0，全遮挡时为满量程。

2）测量参数

当光束从光源通过一恒定长度且充满烟气的气室（排除了外界杂散光干扰的暗通道）时，一部分光被遮挡吸收，另一部分光则穿透气室直达检测器，烟气的浓度将决定了透过和不透过的光的量值，测量参数和定义如下：

（1）透光度 τ。

光从光源通过充满烟气的暗通道到达仪器接收器的传输百分率，表达式为：

$$\tau = \frac{\Phi}{\Phi_0} \times 100\% \tag{8-3}$$

式中：τ——透光度，%；

Φ_0——测量区充满干净空气时接收器上的光通量，lm；

Φ——测量区充满排烟时接收器上的光通量，lm。

（2）不透光度 N。

不透光度是指阻止光从光源通过充满烟的暗通道到达仪器接收器的传输衰减率，表达式为：

$$N = 100^{-\tau}\% \tag{8-4}$$

式中：N——不透光度，取值为 0 ～ 100%，0 即无任何烟气吸收（完全透过），100% 即完全遮断（完全不透过）。

（3）光吸收系数 k。

根据光吸收定律：

$$\Phi = \Phi_0 \times e^{-kL} \tag{8-5}$$

得出：

$$k = -\frac{1}{L} \times l_n\left(\frac{\tau}{100}\right) \tag{8-6}$$

用光吸收系数表达为：

$$k = -\frac{1}{L} \times l_n\left(1 - \frac{N}{100}\right) \tag{8-7}$$

式中：L——光通道的物理长度，mm；

k——光吸收系数，m^{-1}。

（4）光通道有效长度 L_A。

当光通道的物理长度确定后，必须对其有效长度进行修正。修正后的光通道有效长度 L_A 是指光源与检测器之间被烟气所充满且有效衰减光束的气室通道的长度（mm）。因此，光吸收系数 k 表示式为：

$$k = -\frac{1}{L_A} \times l_n\left(1 - \frac{N}{100}\right) \tag{8-8}$$

式中：k——光吸收系数，m^{-1}；

N——不透光度，%；

L_A——光通道有效长度，mm；一般由仪器制造厂根据柱腔物理长度经过试验修正后标明在仪器上。

（5）光学特性。

当烟气室充满，光吸收系数接近 $1.7m^{-1}$ 的烟气时，反射和漫射的综合作用不应超过线性分度值的一个单位。不透光烟度计显示部分应保证光吸收系数为 $1.7m^{-1}$ 时，其读数准确度为 0.025m^{-1}。由于烟气室中的物理现象而产生的不透光烟度计响应时间，是从气体进入烟气室开始到完全充满烟气室为止经历的时间，应不超过 0.4s。

3）基本结构

不透光烟度计整机主要由测量单元、控制单元、取样探头、取样管、连接电缆等组成，其示意图见图 8-19。

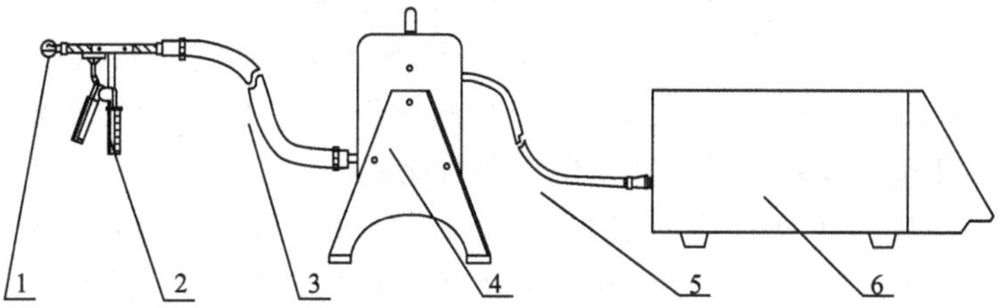

图 8-19　不透光烟度计的组成

1-取样探头；2-探头夹紧器；3-取样管；4-测量单元；5-连接电缆；6-控制单元

测量单元连接采样探头，采样探头装有夹紧器，这部分是可移动或便携式设计，使测量时尽可能靠近柴油发动机车排气管。控制单元与测量单元分离，中间用电缆连接。测量单元实时测量排放烟度的不透光度，并向控制单元传输实时测量数据。控制单元则对接收到的数据进行运算、判断、显示并控制整个测量过程。

2. 氮氧化物分析仪

《柴油车污染物排放限值及测量方法（自由加速法及加载减速法）》（GB 3847—2018）规定，对氮氧化物（NO_x）的测量优先采用红外法（IR）、紫外法（UV）或化学发光法（CLD）。

对氮氧化物（NO_x）浓度的测量，按测量方式分为直接测量 NO、NO_2 的方式和使用 NO_2-NO 转化炉将 NO_2 转化成 NO 后再进行测量的方式。

1）直接测量法

采用直接测量法的氮氧化物分析仪不论采用一个光学平台还是两个光学平台，都有两个传感器的测量通道，一个通道用于测量 NO 气体，另外一个通道用于测量 NO_2 气体。两个传感器测量的示值之和即为被测 NO_x 的排放量。测量模型如图 8-20 所示，一般采用红外法（IR）或紫外法（UV）直接测量。测量误差主要来源为 NO_2 和 NO 的直接测量误差。

2）转化炉（NO_2-NO）法

转化炉法工作原理是在 $NO_2 \rightarrow NO$ 高温转化炉中转化剂的作用下（还原作用）将 NO_2 还原成 NO。测量原理如图 8-21 所示。

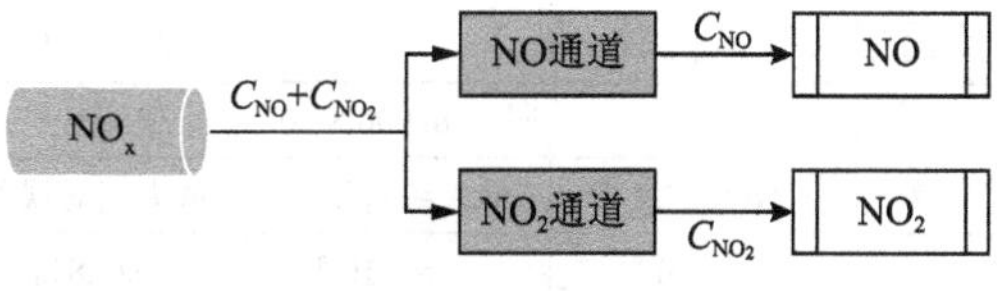

图 8-20　NO、NO_2 直接测量方式

图 8-21　转化炉法（$NO_2 \rightarrow NO$）测量原理

$NO_2 \rightarrow NO$ 转化炉，通常作为红外（IR）法氮氧化物分析仪或化学发光（CLD）法氮氧化物分析测量前的转化装置，将 NO_x（NO+ NO_2）中的 NO_2 转化成 NO。一般采用 Mo 和特殊的活性炭等作为转化剂材料，炉温控制在 280 ～ 320℃（如 315℃），将 NO_2 转换为 NO 和

MoO_3，化学反应方程式见式（8-9），测量模型如图 8-22 所示。

$$3NO_2+Mo \xrightarrow{315℃} 3NO+MoO_3 \quad (8\text{-}9)$$

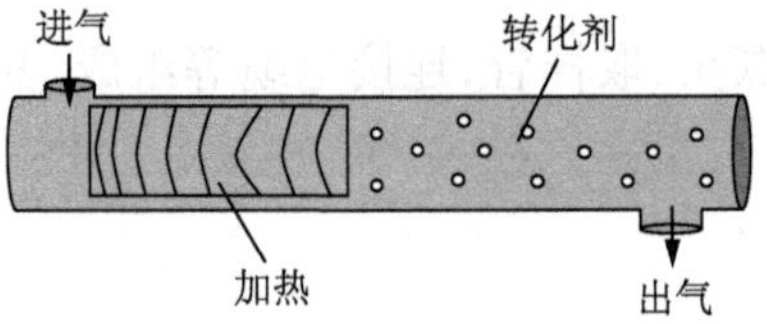

图 8-22 转化炉法测量模型

转化炉法将被测量的 NO_x 气体先通过转化炉将 NO_x 中的 NO_2 气体转化为 NO，与 NO_x 中的 NO 一起输送到 NO 传感器测量通道中进行测量，最终 NO 传感器输出的示值 NO 代表 NO_x。测量主要的误差来源为 NO_2 到 NO 转化误差以及最后 NO 的测量误差。

3. NO_2 直接测量法与转化炉法测量误差分析比较

柴油发动机尾气 NO_x 排放中一般 NO 占 NO_x 的 90% 以上，NO_2 的占比在 10% 以下。根据《柴油车污染物排放限值及测量方法（自由加速法及加载减速法）》（GB 3847—2018）限值要求（表 8-10），柴油车排放中限值点 NO_2 最大含量不超过 150×10^{-6}。排放标准中对 NO、NO_2 的测量误差要求如表 8-11 所示。

NO_x 排放限值中 NO 和 NO_2 含量（$\times10^{-6}$） 表 8-10

NO_x 排放限值	NO_2 最大浓度（按照占比 10% 计算）	NO 最低浓度
1500（限值 a）	150	1350
900（限值 b）	90	810

排放标准中对 NO、NO_2 的测量误差要求 表 8-11

排放气体	量　程	最大允许误差	
		相对误差	绝对误差
NO	$0\sim4000\times10^{-6}$	±4%	$\pm25\times10^{-6}$
NO_2	$0\sim1000\times10^{-6}$	±4%	$\pm25\times10^{-6}$

注：表中所列绝对误差和相对误差，满足其中一项要求即可。

根据表 8-11 对 NO_2 的最大允许误差要求，绝对误差和相对误差都允许时，一般低浓度采用绝对误差，高浓度采用相对误差。试验研究表明，在 625×10^{-6} 时，两者正好相等，排放标准中规定的 NO_2 合格限值（表 8-10）远低于此数据，因此，一般都采用绝对误差分析的方法对误差进行分析，而 NO 的排放属于高浓度区域，宜采用相对误差的方法进行分析。

对于 NO_2 直接测量的方式，低浓度可采用绝对误差；对于 NO_2 采用转化炉法转化 NO 的方式，不论高低浓度，采用的都是相对误差。采用直接测量法与转化炉法两种方法，通过试验研究得到排放限值点的最大误差，误差比较见表 8-12。因此，对于实际排放中含量较低 NO_2 气体而言，精度要求更高。即采用转化炉法，低浓度 NO_2 气体测量误差更小。

排放限值点两种方法测量最大误差比较 表 8-12

测量方式	限值 a：1500×10^{-6}			限值 b：900×10^{-6}		
	NO_2 浓度	最大绝对误差	最大相对误差	NO_2 浓度	最大绝对误差	最大相对误差
直接测量法	150×10^{-6}	$+25\times10^{-6}$	+16.7%	90×10^{-6}	$+25\times10^{-6}$	+27.8%
转化炉法	150×10^{-6}	$\leqslant15\times10^{-6}$	≤10%	90×10^{-6}	$\leqslant9\times10^{-6}$	≤10%

二、主要技术要求

压燃式机动车排气体分析仪主要执行的是汽车排放系列检测标准、规范，满足《柴油车污染物排放限值及测量方法（自由加速法及加载减速法）》（GB 3847—2018）的要求。设备生产产品标准执行《压燃式机动车排气体分析仪》（JT/T 386.2—2020），在用的设备检定依据为《透射式烟度计检定规程》（JJG 976—2010）。

1. 基本参数与要求

（1）预热时间。分析仪的预热时间不应超过 30min。

（2）测量范围和分辨力。测量范围和分辨力要求见表 8-13。对 NO_2 直接测量的分析仪，其量程应不低于 NO_x 最大量程的 20%。

测量范围和分辨力 表 8-13

项　目	NO_x（$\times10^{-6}$）	CO_2（%）	不透光度 N（%）	光吸收系数 k（m^{-1}）	机油温度(℃)
测量范围	0 ~ 5000	0 ~ 18	0 ~ 98.6	0 ~ 9.99	0 ~ 150.0
分辨力	1	1	0.1	0.01	0.1

2. 性能要求

1）烟度测量

（1）不透光度。

不透光度 N 应符合以下要求：

①示值误差：±2.0%。

②示值重复性：1.0%。

③漂移：在 30min 中，漂移不超过 1.0%。

（2）光吸收系数。

光吸收系数 k 的示值与按不透光度 N 的示值，用公式计算得到的 k 值之间的差值不大于 $0.05m^{-1}$。

2）响应时间

插入遮光片，使光接收器完全被遮住时，显示仪表指针或数显值，从 10% 满量程到 90% 满量程时，所需的时间应介于 0.9 ~ 1.1s 之间。

3）烟气温度

示值误差：±2℃。

4）氮氧化物

（1）示值误差。

NO_x 和 CO_2 的示值误差应不超过表 8-14 给出的最大允许误差。

最大允许误差 表 8-14

气　体	测量范围	示值误差	
		绝对误差	相对误差
NO	0 ~ 4000×10^{-6}	$\pm25\times10^{-6}$	±4%
NO_2	0 ~ 1000×10^{-6}	$\pm25\times10^{-6}$	±4%
CO_2	0 ~ 18%	—	±5%

注：表中所列绝对误差和相对误差，满足其中一项即可。

（2）示值重复性。

NO_x 的示值重复性应不大于其最大允许误差的模的 1/2。

（3）稳定性。

氮氧化物分析仪经预热后，2h 的 NO_x 的量矩漂移应不超过分析仪的示值误差。

（4）响应时间。

NO_x 传感器的响应时间应满足表 8-15 的规定。

NO_x 传感器的响应时间（s） 表 8-15

项　目		响应时间
上升响应时间	T_{95}	≤5.5
	T_{90}	≤4.5
下降响应时间	T_{10}	≤4.7
	T_5	≤5.7

注：1. T_{95}：自传感器对输入气体有响应起，至达到最终气体浓度读数 95% 所需要的时间；
2. T_{90}：自传感器对输入气体有响应起，至达到最终气体浓度读数 90% 所需要的时间；
3. T_{10}：自传感器的输出指示开始下降起，至达到气体稳定浓度读数 10% 所需要的时间；
4. T_5：自传感器的输出指示开始下降起，至达到气体稳定浓度读数 5% 所需要的时间。

（5）气路密封性报警。

NO_x 示值减少 1% 时，应有提示警告。

（6）水气干扰误差。

NO_x 受饱和蒸汽干扰，误差应不超过分析仪示值误差。

（7）NO_2-NO 的转化率。

当 NO_2 气体通过 NO_2-NO 转换器（转化炉）时，NO_2 中参加反应被转换成 NO 的物质的量与反应前 NO_2 总的物质的量之比，即为 NO_2-NO 转化率，应不低于 90%。

5）机油温度

机油温度测量准确度应在 ±2.0℃以内。

6）取样系统要求

（1）取样探头至少应能插入汽车排气管 400mm，且无论深度如何，取样探头均应能可靠固定。取样管应无泄漏，易弯曲，不易打结和压裂，并具有良好的抗碾压性。

（2）排气取样装置应耐腐蚀，取样探头所用材料应能耐受 600℃以上的排气温度。

三、不透光烟度计使用

1. 操作要点

（1）仪器接通电源进行充分预热，预热时间取决于测量气室从室温加热至 75℃的时间，天冷时预热时间会稍长些，一般不能超过 30min。

（2）完成预热后，仪器会自动进入线性校正，一般提示将探头移开远离有烟气的地方，确定测量气室内无烟气，按确认键，仪器会自动进行校准。线性校正允许重复检查，也可以用滤光片进行检查。

（3）校准完成后，仪器根据需要方可进入测量模式。

（4）如果是自由加速工况，注意前三次的汽车排气系统吹拂时，仪器不需采样，后三次进入采样测量程序。

仪器在急加速过程排烟的不透光度值超过自动触发域值时，开始自动采集数据一直到不透光回到停止域值，或采样周期（10s）结束。从采样的数据中找出最大值，作为本次的测量结果。自由加速试验至少应重复三次，每次的时间间隔至少 10s，后三次的算术平均值作为测量结果。

（5）如果是加载减速法（Lug down）测试工况，不透光烟度计可以实现实时检测排烟光吸收系数 k（m^{-1}），在计算机联网检测系统中，由上位机电脑系统控制程序，根据车辆功率输出的各个工况测试点自动记录烟度值。因此，在日常操作应用中以电脑控制流程操作为主，操作人员必须熟悉电脑操作流程，按照电脑控制引导步骤熟练、准确、安全地配合系统流程作业。

2. 日常检查

每次对车辆检测前对不透光烟度计进行 0% 点和 100% 点的不透光度检查。检查方法如下：

（1）探头移开远离有烟气的地方，确定测量气室内无烟气，此状态下开始 100% 点的不透光度检查。

（2）关闭不透光烟度计中光源开关，在此状态下进行 0% 点的不透光度检查。

3. 使用注意事项

（1）每天开机前要仔细检查连接电缆两端是否锁紧，取样探头、取样管是否有破损，或受挤压变形，探头夹紧器是否良好，确认各处连接没松脱。

（2）预热期间，仪器测量单元应放在通风、洁净空气处，取样探头更不能放在车辆的排气管中，而应放在清洁的空气中，以便预热后仪器能正确自动校准。

（3）充分完成预热后，须做线性校正，完成线性校正不但校正了不透光烟度计的零位，而且还确定了仪器的线性范围，在不受烟气污染的情况下，该线性范围一直是有效的。

（4）如果备有滤光片，可以做一次滤光片检查。按照仪器的操作说明启动滤光片检查项目，插入滤光片，仪器的示值应在滤光片标称值 ±2% 范围内，否则要重新进行线性校正。

（5）基准质量大于 3000kg 的柴油发动机车使用长采样管（一般不超过 3.5m 长），基准质量不大于 3000kg 的柴油发动机车使用短采样管(不超过 1.5m 长)。

（6）测试完毕后采样探头温度很高(300℃以上)，宜在操作点附近设置安全护套，用完将采样探头插入护套或挂起，避免烫伤人或线缆，也避免踩压损坏探头。

（7）在加载减速法的排烟测试中车轮、滚筒高速运转，要防止采样探头、线缆、仪器、人等卷入车辆高速运转的地方，避免发生检测事故。

四、不透光烟度计的日常维护

不透光烟度计的采样部分直接暴露在烟气排放出口，工作环境相对恶劣，因此，每天必须检查仪器，并对参与测量的部件进行维护，方法如下：

（1）保持采样探头进气孔通畅，采样管自然弯曲，不折弯。检测结束后将采样管和探头取下，认真揩擦、清除表面积炭，并用压缩空气吹除管内积炭。

（2）擦除风帘进风口和出风口的炭灰，防止积炭和飘尘进入仪器，而影响测量结果。

（3）检查光通道光强值是否达到仪器要求，如光强较弱，则要检查镜片并清除镜片表面积炭。

（4）仪器的计量检定。

不透光烟度计按《透射式烟度计检定规程》（JJG 976—2010）定期进行计量检定，建议每周进行一次自校准。

第四节 气体流量分析仪

气体流量分析仪可即时测量排放气体的流量，将测量稀释后的气体的氧含量与原排放气体中的氧含量比较，求得质量稀释的比例，通过稀释比和气体流量分析仪测得的流量，计算出每秒的排放体积，然后，根据排放体积和五组分排气分析仪测量出来的排放浓度来计算汽车每秒排放的污染物质量。适用于汽车污染物简易瞬态工况法（VMAS）检测，气体流量分析仪如图 8-23 所示。

图 8-23　气体流量分析仪

一、结构与测量原理

1. 结构组成

气体流量分析仪主要由氧传感器、涡漩流量传感器、抽气机、压力传感器、温度传感器和微处理器等部件组成，如图 8-24 所示。

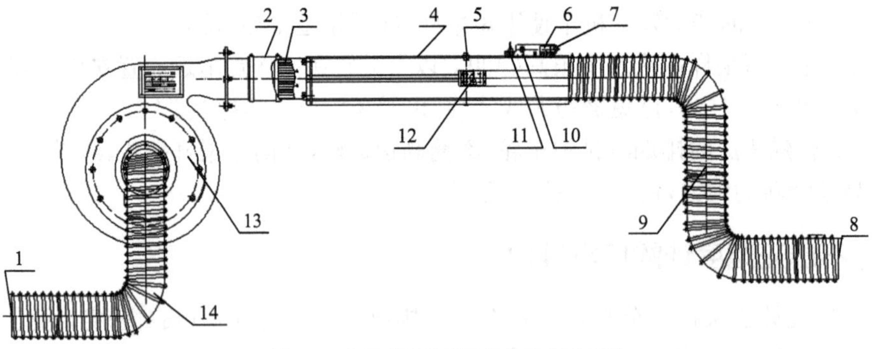

图 8-24　气体流量分析仪组成结构示意图

1-进气口；2-连接软管；3-滤芯组件；4-流量测量管；5-扰流杆；6-气室；7-氧化锆传感器；8-排气口；9-排气管（出气管）；10-测量管内气体压力气嘴；11-温度传感器；12-超声波传感器；13-风机；14-抽气管(进气管)

其主要组成部分的作用如下。

（1）氧传感器：用来测量在测试过程中稀释气体的氧气浓度的变化，也可以测量测试开始时环境空气的氧气浓度，通过与五组分排气分析仪测量的氧气浓度比较，用来计算稀释比率。

(2)涡漩流量传感器(包括扰流杆和超声波传感器):是用来测量稀释气体流量的元件,其中扰流杆是测量和产生涡漩的重要零件,它使气体流经气室的交叉部件时形成涡漩,这些涡漩的线速度与气体流量成一定比例,而流量信号则依靠超声波传感器获得。

(3)压力传感器:测量涡漩从扰流杆流出后波幅和波幅变化的频率,确定涡漩的流出速率。

(4)温度传感器:用来测量汽车排出的全部尾气(除去进入汽车排气分析仪的气体)和空气混合气温度的传感器。

(5)微处理器:用来控制气体流量分析系统,分析计算从气体分析仪器、气体流量分析仪、涡漩流量传感器和氧传感器每秒传来的数据,并在测试结束后将结果存储到缓冲区中。微处理器还包括气体流量分析仪元件所有校正的信息。

2. 测量原理

气体流量分析仪测量原理如图 8-25 所示。当气体通过涡漩发生柱时,在其后面会形成涡漩(又称“卡门涡流”)。这些涡漩的频率与气体流量成比例。超声波从传送端发射到接收端,由于受到“卡门涡流”造成的空气密度变化的影响,使超声波频率的相位也随之发生变化,形成疏密波。接收器检测出这种疏密波信号,通过整形使之形成矩形波,此矩形波的脉冲频率即为“卡门涡流”的频率,其与空气流速成比例。计算机根据接收器接收到的脉冲信号频率,即单位时间内产生的涡流数,计算出空气流速和体积流量。

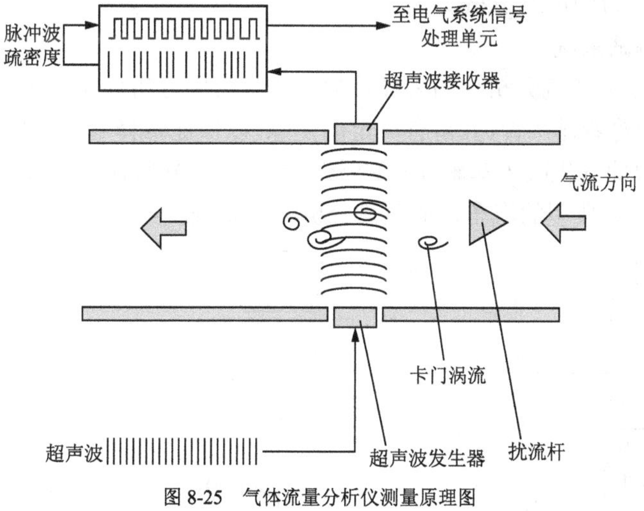

图 8-25　气体流量分析仪测量原理图

实际流量是由超声涡漩流量计直接测量的流量(没有校正温度和压力),标准流量是实际流量经过温度和压力修正的流量值。

在数据采集过程中,系统将实时测量的排放气体浓度和流量值送给 VMAS 的微处理器,并由微处理器按照有关公式计算出每秒的污染物排放质量值。

3. 排放气体计算

1)气体流量计算

气体流量分析仪应对原排放气体进行稀释后再进行分析,标准状态下的排放气体流量计算公式为:

$$排放气体流量(g/s) = 稀释排放气体流量(g/s) \times 稀释比 \tag{8-10}$$

$$稀释比=\frac{环境O_2浓度(\%)-稀释O_2浓度(\%)}{环境O_2浓度(\%)-原始O_2浓度(\%)} \tag{8-11}$$

式(8-11)中,环境 O_2 浓度应在每次检测车辆未启动前测量,正常环境空气中 O_2 浓度应为 20.8%±0.3%,若实测环境空气中氧浓度超出此范围,则应由系统主机控制进行校正,环境 O_2 浓度和稀释 O_2 浓度应由气体流量分析仪氧传感器测量,原始 O_2 浓度应由排气分析仪测量。

2)排气质量计算

在数据处理过程中,微处理器按式(8-12)流量公式,计算每秒的排气质量流量。

$$质量排放(g/s) = 浓度(\% 或 10^{-6}) \times 密度(g/cm^2) \times 排放流量(g/s) \tag{8-12}$$

其中,CO_2、CO、O_2、HC、NO 的排气浓度由五组分排气分析仪排放气体采样单元测量得到,每种采样气体的密度都采用标准状态下的数值。

主控机系统进行计算和显示时,气体实测流量应校正为标准状态下的流量。

汽车排放的尾气一部分进入到排气分析仪,对尾气中的各成分进行测量,并将测量值送入计算机;另一部分与环境空气混合后经风机引入到流量测量装置,测量得到的流量值由通信接口(如 Rs232 串口)输入计算机,对稀释的排气流量和尾气各成分值,经分析计算后可得到每公里污染物的排放质量(g/km)。

4. 排放质量测试系统

测试时,将五组分排气分析仪的采样管插入排气管中分析原排放污染物浓度;将气体流量分析仪稀释软管对着排气管,并留有一定的空隙,以保证稀释后的流量达到规定值。通过气体流量分析仪的抽气机吸入车辆排出的全部尾气和部分稀释用空气,通过分析得到排气流量。图 8-26 所示为典型的汽车排放质量分析测试系统。

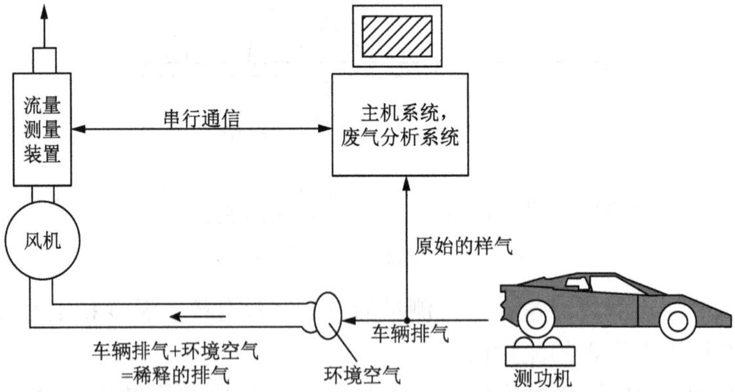

图 8-26 典型汽车排放质量分析测试系统

二、主要技术要求

气体流量分析仪产品主要技术参数与要求应满足《汽油车简易瞬态工况法用流量分析仪校准规范》(JJF 1385—2012)。

1. 测量范围

（1）流量：70 ～ 165L/s。

（2）稀释 O_2：0 ～ 25%Vol。

（3）温度：0 ～ 150℃。

（4）压力：70 ～ 110kPa。

2. 分辨率

（1）流量：0.1L/s。

（2）稀释 O_2：0.02%Vol。

（3）温度：0.2℃。

（4）压力：0.2kPa。

3. 示值误差

（1）流量：±10%。

（2）稀释 O_2：不确定度 0.1%。

（3）温度：±1℃。

（4）压力：±3%。

4. 重复性

（1）流量：±2%。

（2）稀释 O_2：0.1%。

5. 稀释氧气响应时间

0 ～ 90% 时小于 4s；90% ～ 10% 时小于 5s。

6. 稀释 O_2 稳定性

（1）稀释 O_2 零点漂移：±1%（F·S）。

（2）稀释 O_2 量距漂移：±1%（F·S）。

7. 压力回程误差

压力回程误差：不大于 3%。

三、使用注意事项

1. 操作要点

（1）打开风机电源，风机预热 10min，待风机流量基本稳定后，开始测量。

（2）打开流量计测量部分电源，让仪器预热 10min。

（3）仪器预热完毕后，上位机发送调零命令，使仪器调零。

（4）将流量分析仪的进风喇叭口套入被测车辆排气管道，如图 8-27 所示，让被测车辆排出的全部气体(除进入尾气分析仪的气体)和空气混合气进入进气管道。

（5）通过上位机发送测量数据读取指令，获得流量分析仪实时测量的各种流量参数值。

2. 使用注意事项

（1）正式测量前，风机未启动，不得将流量分析仪进气口套入被测车辆排气口，以防止被测车辆废气中的水蒸气在无环境空气混合情况下，凝结于流量测量管，易损坏分析仪中各种传感器。

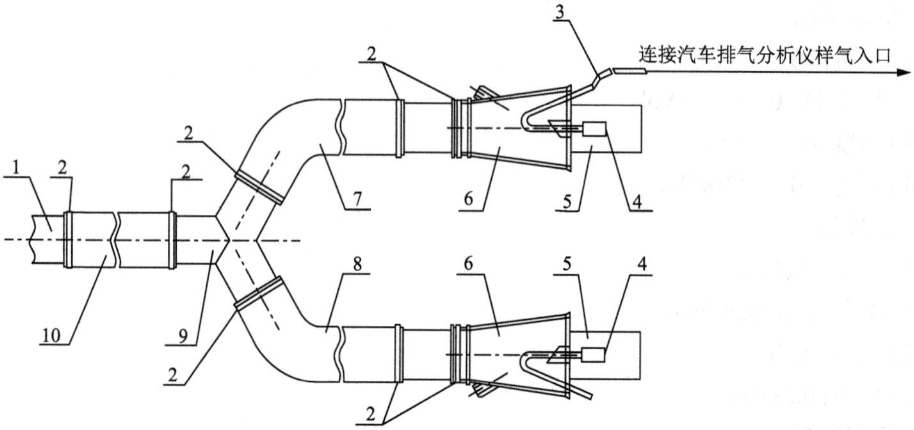

图 8-27　进气管连接示意图

1- 风机进口；2- 卡箍；3- 汽车排气分析仪取样管；4- 尾气分析仪探头；5- 汽车排气口；6- 喇叭口；7- 进气管 2；8- 进气管3；9- 进气管三通接头；10- 进气管 1

（2）仪器预热过程中，不得将流量分析仪进气口套入被测车辆排气口，且附近不得停放启动中的车辆，以防止废气进入流量分析仪测量管，影响稀释氧调零。

（3）仪器调零过程中，不得将流量分析仪进气口套入被测车辆排气口，且附近不得停放启动中的车辆，以防止废气进入流量分析仪测量管，影响仪器调零。

（4）当被测车辆为双排气管时，应将流量分析仪的两个进气喇叭口套入被测车辆的两个排气管口，让被测车辆排出的全部气体（除进入尾气分析仪的气体）和空气混合气进入进气管道；当被测车辆为单排气管时，应将流量分析仪其中一个套入被测车辆排气管口，让被测车辆排出的全部气体（除进入尾气分析仪的气体）和空气混合气进入进气管道，另外一个喇叭口用塞子堵死，不让其他废气进入流量分析仪。

四、标定

1. 稀释氧标定

（1）流量分析仪通电预热 10min，待预热稳定后，进行稀释氧浓度标定。

（2）将高浓度的氧气标准气通入标准气室，控制标准气体流量（如无特殊规定，均按 300mL/min 流量通入），如图 8-28 所示。

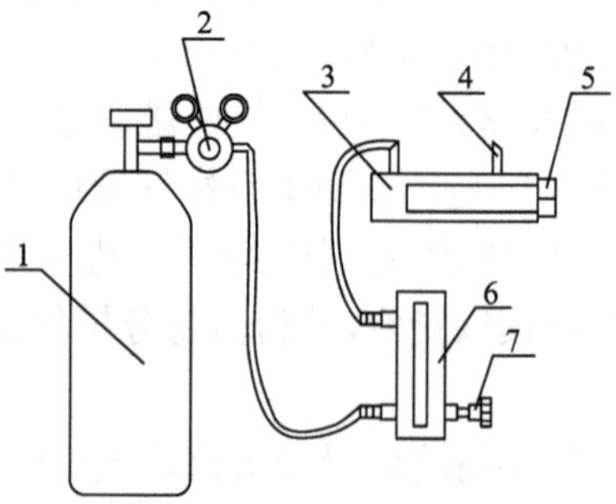

图 8-28　稀释氧标定气路示意图

1- 标准气瓶；2- 调节旋钮；3- 气室；4- 出气口；5- 氧化锆传感器；6- 玻璃转子流量计；7- 调节旋钮

（3）待流量分析仪读数稳定后，通过上位机发出高氧标准气浓度值。

（4）高浓度稀释氧标定成功后，将低浓度氧气标准气通入气室，控制标准气流量（如无特殊规定，均按 300mL/min 流量通入）。

（5）待流量分析仪读数稳定后，通过上位机下发低氧标准气浓度值。

（6）通过上位机读取流量分析仪状态码，检查稀释氧浓度标定是否成功，如果不成功，需重复（1）～（5）步骤。

（7）通入不同浓度氧标准气，验证稀释氧准确性，如果不准确，需重复（1）～（5）步骤。

2. 压力标定

（1）切断风机电源，仪器通电预热 10min，待流量分析仪预热完成后进行压力标定。

（2）使用标准压力计读取环境压力标准值，并记录。

（3）通过上位机发送标定命令输入压力值。

（4）通过上位机读取流量分析仪状态码，检查压力标定状态，如果不准确需重新标定。

（5）改变加在传感器上气压，验证压力准确性，不准确需重新标定。

注：压力标定过程中须关闭风机，防止风机在运转过程影响压力标定。

3. 温度标定

（1）切断风机电源，流量分析仪通电预热 10min，待流量分析仪预热完成后进行温度标定。

（2）使用标准温度计读取环境温度标准值，并记录。

（3）通过上位机发送标定命令输入温度值。

（4）通过上位机读取流量分析仪状态码，检查温度标定状态，如果不准确需重新标定。

（5）改变加在传感器上的温度，验证温度准确性，不准确需重新标定。

注：温度标定过程中须关闭风机，防止风机在运转过程影响温度标定。

4. 流量标定

（1）切断风机电源，流量分析仪通电预热 10min，待流量分析仪预热完成后进行流量标定，标定管路如图 8-29 所示。

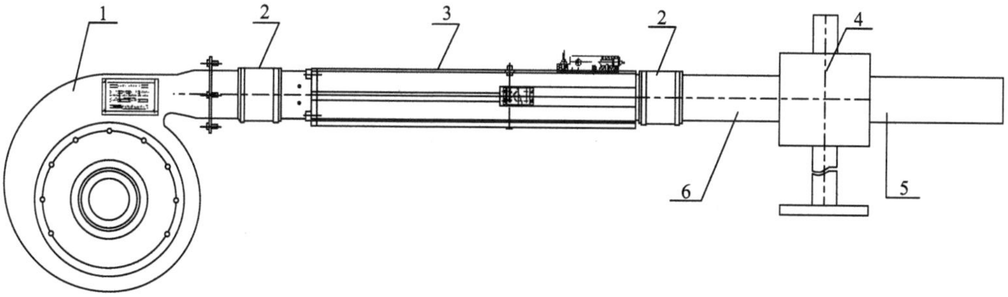

图 8-29　流量标定管路图

1- 风机；2- 连接软管；3- 流量测量管；4- 流量计；5- 流量计下游直管段；6- 流量计上游直管段

（2）调节风机进风量，使标准流量计示值约 180L/s。

（3）待流量分析仪读数稳定后，发送流量标定指令并输入流量参数。

（4）调节风机进风量，使标准流量计显示值约为 95L/s。

（5）待流量分析仪读数稳定后，发送流量标定命令并输入流量参数。

(6)通过上位机读取流量分析仪状态码,检查流量标定状态,如果不成功需重新标定。

(7)改变风机进风量,验证流量准确性,如果不准确,需重新标定。

五、日常维护

(1)每周清洁扰流杆。使用柔性清洁剂,去掉残留杂物(严禁使用钝器等工具),如果残留物难以清除,可以将扰流杆在清洁剂中浸泡,然后再做清洁。

(2)检查扰流杆是否变形,如图 8-30 所示,形变量不能超过 4mm。

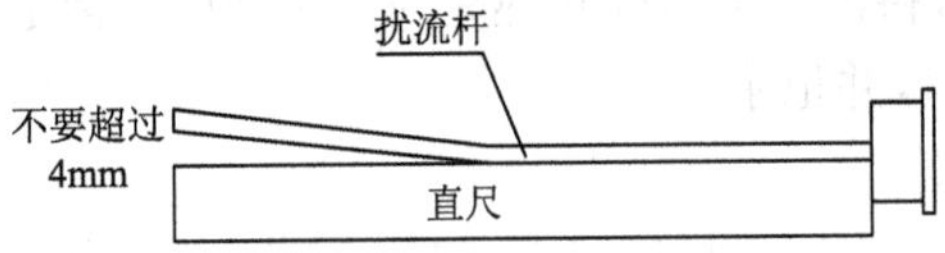

图 8-30 检查扰流杆形变

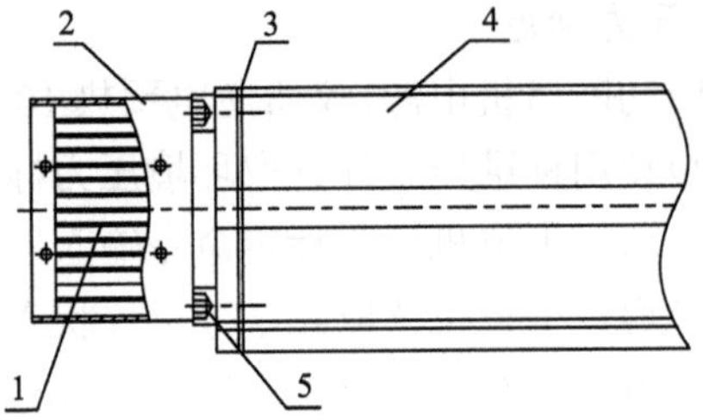

图 8-31 滤芯组件位置

1- 滤芯组件;2- 流量测量管 B;3- 密封圈;4- 流量测量管 A;5- 内六角螺钉 M12×30

(3)定期检查扰流杆直径,其直径为 4mm±0.2mm。超过该范围值需更换。

(4)定期清洗流量分析仪流量管内腔。清洁过程中,注意做好人员安全防护,须佩戴安全眼镜、手套,避免流量管内杂物污染、伤害清洁人员。

(5)清洁超声波传感器。严禁使用钢丝刷等硬质工具清洁超声波传感器表面。

(6)清洁滤芯组件,如图 8-31 所示。滤芯组件位于采样管头端,松开连接软管卡箍,拆下滤芯组件紧固螺栓,即可取下滤芯组件,再使用柔性清洁剂清洁滤芯组件。

第九章
检验检测设备管理

汽车检验检测设备在汽车检测与维修行业具有用量大、使用条件复杂、使用频率高、专业性强、质量要求高的特点，其产品质量直接关系到检验准确性及维修质量、运输质量等，进而影响道路运输安全管理、节能减排政策、技术标准的实施和运输经济发展等诸多方面。因此，为保障产品质量，需要政府、设备生产企业、使用单位等共同实施不同的质量管理与使用管理方式。

第一节 检验检测设备的现状与发展

一、我国汽车检测设备的发展历程

汽车检验检测设备是伴随着我国汽车工业的快速发展和汽车维修、检测诊断技术的不断进步而逐渐发展起来的一个相对独立的行业。

汽车检测诊断技术的研发起源于汽车维修行业的汽车不解体检测技术，是汽车维修行业实现从传统的拆卸修理方式向视情修理方式转变的关键技术，其技术含量高、难度大。多年来，交通运输部一直把该技术作为重点研究课题，克难攻关，取得多项研究成果，使我国的汽车检测诊断技术，特别是汽车不解体检测技术有了突破性进展。在国内首先提出了建立汽车检测站和诊断站的构想，并进行了大量的实践，制定了相应的技术规范和技术标准。

20 世纪 70 ～ 80 年代，交通部公路科学研究所承担了“汽车不解体检验设备”国家重点科研项目，研制出 15 项检测设备，如：发动机转速表、汽缸漏气量检验仪、加载反力式汽车制动检验台、惯性式汽车制动试验台、发动机综合检测仪、汽车底盘测功机、汽车前照灯测试仪、汽车侧滑试验台、汽油流量计等，见图 9-1、图 9-2。这些设备的推广应用，提高了检测精度，扩大了车型适用范围，产品可靠性和使用方便性均得到了改善，并投入批量生产，其性能具有国内先进水平，有的填补了我国汽车检测诊断设备的空白，为汽车不解体检验的产品配套和完善创造了条件，促进了汽车维修制度改革和检测行业技术进步，也为全国公路运输和管理(交通部当时负责汽车公路监理工作)、筹建汽车检测站奠定了技术基础。

图 9-1 加载反力汽车制动试验台通过交通部鉴定(1978 年)

图 9-2 汽车前照灯检测仪(左)、汽车侧滑试验台(前)通过交通部鉴定(1986 年)

20 世纪 90 年代，随着《汽车运输业车辆技术管理规定》和《汽车运输业车辆综合性能检测站管理办法》等部门规章的发布，全国掀起了建设营运车辆检测站的高潮，汽车检测技术和设备在全行业得到推广和应用。

为做好检测诊断技术的应用和成果转化，交通部公路科学研究所承担了国家科委“汽车检测诊断新技术”国家科技成果“九·五”推广项目，是汽车检测诊断新技术的技术依托单位，通过6年的技术推广，在全国30个省、自治区、直辖市2000多个单位得到推广应用，并推动了全国汽车检测站的建设。

进入21世纪，交通部公路科学研究所承担了交通部科技项目“在用汽车维修、检测诊断系列标准研究”，在汽车性能检测方法、检测设备等方面，研究确定了汽车滚筒反力式制动台、侧滑检验台、前照灯检测仪等主要技术参数、性能要求与检验方法。研究成果已在整个汽车维修与检测行业推广应用，规范了检测质量，产生了明显的经济效益和社会效益。

交通运输部高度重视行业标准化工作，指导全国汽车维修标准化技术委员会（归口管理检验检测设备标准的建立与实施）完善了汽车维修与检测标准体系，目前，标准体系为五个层次：第一层为基础标准、第二层为服务标准、第三层为技术标准、第四层为产品标准、第五层为相关标准，涵盖了汽车维修与检测的基础、管理、工艺、检测方法、检测设备等领域，形成了较为完整的汽车维修与检测标准体系，已发布的现行汽车维修与检测国家标准34项，交通运输行业标准57项。其中，制修订的检验检测设备产品标准，影响面广、指导性强，有力地引导了行业发展方向，规范了市场经营行为，保障了消费者合法权益。

从行业规模上看，目前国内生产汽车维修、检测设备的厂家已由20世纪80年代初的60余家发展到现在2000多家。企业的研发能力不断增强，产品型号达3000多种，除满足国内市场外还出口世界多个国家和地区。生产设计由原来的引进消化为主转变到自主研发为主，并实现单机单功能向多功能化、智能化、网络化、标准化方向发展。

二、汽车检测设备的技术特征

汽车检测设备的发展得益于汽车不解体检测技术的发展，其技术特征更多地表现在汽车生产设计的智能化、轻量化、标准化和电子化，特别是汽车电子技术的发展，这使以前相对独立的汽车总成与系统之间逐渐相互交融、相互影响，电子系统与机械制造有机地结合，使机电一体化技术在汽车上得以充分应用，促进了我国汽车维修与检测理念、方式方法的转变。

汽车检测诊断技术是检查鉴定车辆技术状况和维修质量的重要手段，是实现视情修理、提高维修效率，促进检测技术进步的重要保证。汽车故障看得见，故障原因不清楚，成为现代汽车维修与检测的难题，必须借助先进的仪器设备才能对出现的各种疑难杂症进行准确判断、实时监测、及时反馈，以低成本、短工时、最优服务，发现和排除各类汽车缺陷及故障，因此，汽车维修与检测设备的应用贯穿现代汽车维修与检测、诊断全过程，这也为汽车检验检测设备的研发和推广使用创造了良好的市场条件。

汽车检验检测设备是随着电子技术、计算机技术、自动化控制技术、传感技术的发展而不断发展。通常由传感器、变换及测量装置、记录及显示装置、检测结果的分析处理装置等组成。设计原理是将各种机械非电量转变为电量，然后经过一系列的处理，将非电量参数显示出来，能快速、准确表征汽车整车、总成和部件的工作状态，指导维修与检测人员科学分析车辆技术状况，准确发现、判定、排除车辆故障。因此，我国汽车检验检测设备是一个集光、机、电为一体，智能化水平相对较高的科技装备。

经过多年来的发展，从技术水平来看，我国的汽车检验检测设备有些已达到发达国家的水平，检测设备的测量准确性、运行可靠性、控制系统的精准度以及产品标准化能力不断提升。

三、我国汽车检验检测设备发展趋势

在汽车工业快速发展的同时，人们对汽车性能要求不断提高，促使各种高新技术在汽车上广泛应用，如电子学、光学、超声学、计算机、传感器以及新材料、新工艺等。高新技术的应用，促进了汽车产品向机电一体化、智能化和综合型发展，这就必然要求提高汽车检测设备的制造工艺水平和产品质量水平。

提高车辆安全性，促使了ABS、安全气囊装置等在汽车上的应用；在舒适性要求方面，促使了电子悬架、电动座椅及车内人工气候环境在汽车上的应用；对汽车操纵性能要求的提高，促使了电控自动变速器、电子助力转向系统、巡航控制系统等在汽车上推广应用；对环境意识的加强，推动了汽车发动机电控技术在汽车上的应用，出现了电子控制燃油喷射系统，以及新能源汽车；为了使汽车检测与维修方便，又产生了汽车自动诊断系统。这些高新技术在汽车上的应用，也为汽车检验检测设备的发展提供了方向。

因此，汽车检验检测设备的研发与应用必须适应汽车技术的发展，将随着电子技术、计算机技术、自动化控制技术及传感技术等高科技在汽车上的应用而不断发展，各种新型功能的汽车检测设备，尤其是检测、诊断设备会不断涌现，并将向功能专业化、数字化、智能化和综合型发展。

在技术层面上，由于汽车检测设备的技术特征，在很大程度上决定了汽车检测设备的一个发展趋势，即朝着电子集成化、大数据分析、云计算、数字智能化、网络一体化以及小型多样化的方向发展。在安全和环境保护方面，汽车检测与诊断技术的发展将集中在汽车安全性能的检测与汽车排放污染的测定方式、方法等方面。

在管理制度层面上看，各类检测装备所占比重的大小会因为检测制度、标准内容的变化而变化。我国营运车辆技术管理执行的“周期维护、视情修理、定期检测”这一管理制度就决定了汽车检测、诊断设备比重上会进一步增大。

从行业发展特征上看，越来越多的检测诊断设备企业会在日趋激烈的市场竞争环境中，寻求加大自主创新的力度，同时，注重发展产品的专业特色，在市场上也会因为定位的差别而各自占据检测市场领域，在行业中脱颖而出，实现产品规模化。

第二节 检验检测设备质量管理

一、质量管理方式

汽车检测设备的质量管理是一项政策性及技术性较强的工作，因此，我国汽车检测设备质量管理应在相关法律法规的框架内，在充分考虑汽车检测设备的不同属性、功用和特点前提下有重点地稳步推进。

目前，汽车检测设备质量管理主要有自愿性产品认证、国家质量监督抽查制度、行业质

量监督抽查制度等方式中的一种或多种作为不同质量管理方式，将对公共安全、环境保护、卫生健康等产生重要影响的各种质量管理活动有机地联系起来，形成一个稳定而有效的整体。

1. 自愿性产品认证

产品认证是国际通行的规范市场和质量管理的重要手段，有利于转变政府职能、创新产品质量监督管理方式，有利于企业加强产品质量控制，提高市场竞争力，在国民经济建设和社会发展中发挥着越来越重要的作用。

产品认证是认证机构依据技术标准和产品认证实施细则，证明产品持续满足相关，技术规范和标准的合格评定活动，是从源头强化质量管理的重要手段。

自愿性产品认证是针对强制性产品认证制度管理范围之外的产品，按照国家统一推行和机构自主开展相结合的方式，结合市场需求，开展自愿性产品认证。

2. 国家、行业质量监督抽查制度

《中华人民共和国产品质量法》规定：国家对产品质量实行以抽查为主要方式的监督检查制度，对可能危及人体健康和人身、财产安全的产品、影响国计民生的重要工业产品以及消费者、有关组织反映有质量问题的产品进行质量抽查。

国家、行业抽查制度是国家或行业主管部门对产品或行业实施质量监管与引导的延续，具有政府行为和行业监督管理特征。国家、行业抽查的技术依据为现行的国家或行业产品标准。

3. 第三方产品检验

第三方产品检验是生产企业按照双方自愿原则，委托具有法定资格的产品检验机构进行的检验，是汽车检测设备质量管理方式之一。主要由生产企业委托检验机构对其产品进行的质量评定活动。产品委托检验的技术依据为现行的国家或行业标准。产品检验机构依据标准或合同约定对产品实施检验，出具检验报告给委托方，一般仅对送检样品的检验结果负责。

二、政策与制度措施

1. 完善政策法规及标准体系

结合检验检测产品的生产和使用特点，在相关法律法规框架内构建产品质量安全管理体系框架，包括产品管理目录体系、重要产品质量管理体系、法规制度建设和质量管理组织实施等内容，形成目标清晰、任务明确、内容协调、措施配套的汽车检测设备产品安全质量发展政策与部门规章体系，保障产品质量的良性发展。

完善标准体系，推动标准贯彻实施。结合汽车检测设备行业特点和使用需求，组织开展产品标准的宣贯与培训，促进现行国家标准和行业标准的贯彻实施，引导企业积极采用国际标准和国外先进标准组织生产，鼓励有条件的企业在现行国家标准和行业标准的基础上，制定和实施高于国家标准、行业标准的企业标准，并向社会公开，明示其产品质量。

2. 优化产业结构，不断满足行业与市场需要

考虑目前检测设备产品市场环境，生产企业需要正确处理当前与长远、局部与整体、数量与质量、效率与效益以及企业与社会的关系，注重规模、质量的协调，树立多样化的、适宜性的行业发展质量观，根据社会需求总量，结合行业特点，依靠技术进步带动产品种类开发与质量提升，提高自主研发和技术创新能力，建立健全公平的市场机制和产品质量、服务质量监督体系，加强行业自律，提高行业整体素质。

3. 完善管理模式，严把产品生产源头质量关

产品质量重在源头，建立一种"管理者"推动—自上而下模式与"使用者"推动—自下而上模式相结合的、层次分明的、多类别的、多模式的质量监督管理制度，严格以安全、节能、环保为质量控制原则，全面推动自愿性产品认证工作，通过加强生产源头产品质量管理，确保检测设备的质量安全和运行可靠。

第三节 检验检测设备使用管理

汽车检测设备的使用管理、受控状态，直接影响到检测质量，关系到营运车辆检测结果的公正性、准确性、可比性。使用者应重视检测设备的管理，保证检测质量和结果的准确可靠。

一、检测设备的档案建立

检测设备技术档案是记载和反映仪器设备的结构、性能、使用方法和运行保养状态的历史材料，检测设备购置后应及时建立档案。根据检验检测机构资质认定和汽车维修业开业条件等要求，至少应包括：

（1）设备及其软件的名称。

（2）制造商名称、型式批准标识、系列号或其他唯一性标识。

（3）对设备符合规范的核查记录。

（4）当前的地点位置。

（5）制造商的说明书，或指明其地点。

（6）所有检定 / 校准报告或证书。

（7）设备接收 / 启用日期和验收记录。

（8）设备使用和维修记录。

（9）设备的任何损坏、故障、改装或修理记录。

此外，还应包括购置申请表、购置合同、合格证、保修卡、精度、量程、出厂日期和编号等内容。各设备内部统一编号，单独建档，方便使用和管理。

二、检测设备的运行记录与日常维护

由于目前我国汽车检测设备的生产水平和技术水平还参差不齐，设备使用的故障率还相对较高，检测站在使用过程中应不断进行探索和研究，真正做到正确操作、人机密切配合，不断发现检测设备中出现的各种问题。应对所有检测仪器设备的运行状况进行记录以及设备正常的维护，设备出现故障进行及时的维修，并在设备档案中详细记载，对掌握设备的性能，及时预防故障的发生具有重要的意义。

目前，汽车检验检测机构均按照政府车辆管理部门的要求，根据检测站计算机控制系统技术规范进行了微机联网，实现了所有检测数据传输和打印的微机操作。检测站应及时发现检测设备、联网设备中存在的问题，例如：检测数据是否合理、设备、灯屏、计算机打印的检

测报告之间的数据显示、记录是否一致，如出现问题，应及时检查检测设备、联网设备、灯屏等各部位原因，并及时进行调整、修复。

三、检测设备管理制度建设

检验检测设备是检验检测机构、维修企业进行车辆检测、维修的物质资源，应通过一系列的技术、经济和组织措施，建立健全规章制度，对设备的配置与选购、使用与维护、更新与报废全过程进行管理，保持设备处于正常运行状态。制定的管理制度至少包括以下内容：

（1）选购的仪器设备满足现行检测标准、检测参数的需要，做到技术上能够满足使用要求，并保持一定的先进性；经济上合理核算，保证良好的投资效益。

（2）技术负责人全面负责仪器设备的管理工作，技术部门负责仪器设备采购、建档、维护、溯源、报废等工作计划的编制与实施。各检测部门负责本部门的仪器设备的日常管理，使用和保管人负责自己使用和保管的仪器设备的管理。

（3）主要设备应编制使用操作规程、维护要点、安全注意事项等技术性指导文件。

（4）设备和设施工艺布局合理，固定牢靠，不准超载使用和野蛮操作，防止跌伤、压伤、误伤等人身伤害和机械损坏。

（5）使用和保管人应熟悉设备的技术性能，执行有关技术文件规定，杜绝违章操作。

（6）定期进行维护和性能确认，防止超期使用和带病运行。

（7）使用和保管人应随时掌握所管设备的技术状况，及时排除故障，遇有疑难问题要向技术部门反映，安排专业人员维修。

（8）每次使用均应仔细检查并做好有关使用记录。

（9）保护设备的使用环境，夏天防止阳光直晒，冬季注意充分预热，经常注意避免电磁干扰，减少异常振动，杜绝在潮湿、油污、多尘等污染环境中使用。

（10）对超过使用年限、无法恢复正常工作的仪器设备，按照固定资产管理规定进行报废处置。

第四节 检验检测设备的计量管理

检测设备是对营运车辆的技术状况作出准确的定量测试和科学判断的专用计量器具。按照《中华人民共和国计量法》的有关规定，应当定期对其进行检定或校准。

计量检定是指为评定计量器具的计量性能，确定其是否合格所进行的全部工作，也是查明和确认计量器具是否符合法定要求的程序，包括检查、加标记和（或）出具检定证书。计量检定是进行量值传递的重要形式，是保证量值准确、可靠、一致的重要措施。

检测设备的计量管理，应贯穿于检测设备使用周期的整个过程。从购置到报废的每个环节，都要加以控制，以保证检测设备时刻处于符合检定规程、校准规范等技术文件要求，并处于可控状态。

一、检测设备的量值溯源

量值溯源是指通过一条具有规定不确定度的不间断的比较链，使测量结果的量值能够与规定的参考标准（通常是国家计量基准或国际计量基准）联系起来的特性。量值溯源是自下而上的活动，带有主动性。因此，检验检测机构应针对自己设备的相关量值，按年度制订周期溯源计划表，主动与上一级检定机构取得联系，追溯高于自己设备准确度（一般遵循1/10 或 1/3 法则）的量值与之比较，确定自己设备的准确性。

实现量值溯源的最主要的技术手段是检定和校准。

检定分为首次检定和后续检定。首次检定是对未被检定过的测量仪器进行的检定。后续检定是测量仪器在首次检定后的一种检定，包括强制周期检定和修理后检定。检验检测机构新购的仪器设备安装调试完毕后，都应按首次检定要求进行。因为这些设备都要安装联网测试，与二次仪表、工控机配合使用，安装精度、联网方式都会影响测量结果。周期检定有效期内的检测设备，在使用过程中出现故障、失准或修理后，应重新进行检定，经检定合格后方可继续投入使用。滚筒反力式制动检验台的检定证书样式如图 9-3 所示。

校准是在规定的条件下，为确定测量仪器或测量系统所指示的量值，或实物量具或参考物质所代表的量值，与对应的由测量标准所复现的量值之间关系的一组操作，对校准的设备应进行设备有效性使用评价。汽车排放检测用底盘测功机校准结果样式如图 9-4 所示。

厦门市计量检定测试院
Xiamen Metrology Institute of Measurement and Verification

检定证书
Verification Certificate

证书编号 Certificate No. LX2020-02026 号

送检单位 Applicant：厦门金龙联合汽车工业有限公司
计量器具名称 Name of Instrument：滚筒反力式制动检验台
型号/规格 Type/Specification：[illegible]
出厂编号 Serial No.：403823-01
制造单位 Manufacturer：MAHA
检定依据 Verification Regulation：JJG906-2015 滚筒反力式制动检验台检定规程
检定结论 Conclusion：合格

批准人 Approved by
核验员 Checked by
检定员 Verified by

检定日期 Date of Verification 2020 年 Year 04 月 Month 13 日 Day
有效期至 Valid until 2021 年 Year 04 月 Month 12 日 Day

计量检定机构授权证书号 Authorization Certificate No.：(闽)法计(1996)270401号
电话 Telephone：0592-2699488
本院地址：中国厦门市安兜东路265号 Add:No.265 Andou East Road,Xiamen,China
邮编 Post Code：361004
传真 Fax：0592-2699486
电子邮件 Email：ywk@xmjly.com
第 1 页 Page 共 [illegible] 页 of

图 9-3 滚筒反力式制动检验台检定证书

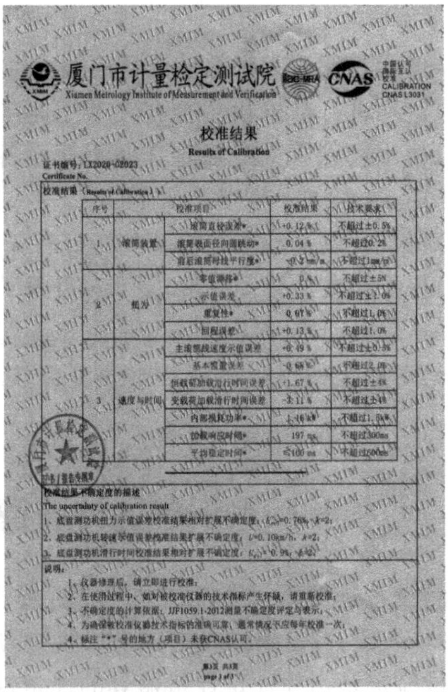

厦门市计量检定测试院
Xiamen Metrology Institute of Measurement and Verification
CNAS CALIBRATION CNAS L3031

校准结果
Results of Calibration

证书编号 Certificate No.：LX2020-02023

校准结果（Results of Calibration）：

序号	校准项目		校准结果	技术要求
1	滚筒装置	滚筒直径误差*	+0.12 %	不超过±0.5%
		滚筒表面径向圆跳动*	0.04 %	不超过0.2%
		前后滚筒对线平行度*	≤0.2 mm/m	不超过1mm/m
2	扭力	零值漂移*	0 N	不超过±5N
		示值误差	+0.33 %	不超过±1.0%
		重复性*	0.07 %	不超过1.0%
		回程误差	+0.13 %	不超过1.0%
3	速度与时间	主滚筒线速度示值误差	+0.49 %	不超过±0.5%
		基本惯量误差	-0.68 %	不超过2.0%
		恒载荷加载滑行时间误差	+1.67 %	不超过±4%
		变载荷加载滑行时间误差	-3.11 %	不超过±4%
		内部损耗功率*	1.16 kW	不超过1.5kW
		加载响应时间*	197 ms	不超过300ms
		平均稳定时间*	≤100 ms	不超过600ms

校准结果不确定度的描述
The uncertainty of calibration result
1、底盘测功机扭力示值误差校准结果相对扩展不确定度：U_{rel}=0.76%，k=2；
2、底盘测功机转速示值误差校准结果扩展不确定度：U=0.10km/h，k=2；
3、底盘测功机滑行时间校准结果相对扩展不确定度：U_{rel}=0.9%，k=2。

说明：
1、仪器修理后，请立即进行校准；
2、在使用过程中，如对被校准仪器的技术指标产生怀疑，请重新校准；
3、不确定度的计算依据：JJF1059.1-2012测量不确定度评定与表示；
4、为确保被校准仪器技术指标的准确可靠，通常情况下应每年校准一次；
4、标注"*"号的地方（项目）未获CNAS认可。

第3页 共3页
page 3 of 3

图 9-4 汽车排放检测用底盘测功机校准结果

二、检测设备的期间核查

检测设备的期间核查是根据规定的程序，为了确定测量仪器是否保持其原有状态而进行的操作。通过期间核查评价仪器设备计量特性，并提供测量结果相关性的满意证明，确保仪器设备在两次检定 / 校准之间保持其校准状态有良好的置信度。

通过期间核查可以反映仪器设备的漂移和稳定性，便于及时纠正偏移。核查频次取决于仪器设备自身质量状况、使用环境、使用频繁程度及维护情况。

1. 期间核查对象的选择

（1）对检测结果具有重要价值或重大影响的。

（2）使用频繁的。

（3）使用过程中容易受损、数据易变或对数据有存疑的。

（4）脱离检测机构直接控制，如借出后返还的。

（5）使用寿命临近到期的。

（6）首次投入运行，不能把握其性能的。

（7）使用或储存环境严酷或发生剧烈变化的。

（8）根据历年的检定校准结果，示值变动较大的。

（9）曾经过载或怀疑有质量问题的。

2. 期间核查方法

期间核查的方法有多种，可根据各检测机构特点，从检测设备的特性及经济性、实用性、可靠性、可行性等方面综合考虑。具体方法可执行《机动车检验机构检测设备期间核查规范》（GB/T 37536—2019）。

（1）参照仪器设备技术资料提供方法。

（2）参照自校准规范。

（3）与刚通过检定，且合格的同型号仪器设备比对。

（4）与其他检测机构同一种测量方法比对。

（5）采用核查标准：核查标准是用于日常验证测量仪器或测量系统性能的装置，有时也称为核查装置。

（6）采用有证标准物质。

标准物质是具有足够均匀和稳定的特定特性的物质，其特性被证实适用于测量中或标称特性检查中的预期用途。有证标准物质是附有由权威机构发布的文件，提供使用有效程序获得的具有不确定度和溯源性的一个或多个特性量值的标准物质。

3. 期间核查结果处理

（1）期间核查结果满足要求，表明该检测设备状态保持了检定或校准时的量值，处于受控状态，可继续使用。

（2）期间核查结果满足要求，但存在使用风险趋势时，检测机构应对该检测设备进行分析，查找原因，加强维护和跟踪，加大核查频次。依据风险程度采取维修、更换等措施。

（3）若期间核查发现检测设备的技术指标超出预期使用要求时，应立即停止使用。应对被核查检测设备技术状态异常情况进行分析、查找原因，可更换核查方法及增加核查点，必要时应提前进行检定或校准。

（4）在重新检定或校准表明其性能满足要求后方可投入使用，并应立即采取适当的方法或措施，对上次核查后开展的检测工作进行追溯，以尽可能减少和降低设备失准而造成的风险，维护检测机构和客户的利益。追溯需要成本，检测机构应从自身资源、技术能力、被检测车辆的重要程度等方面，平衡追溯成本和可能产生的风险。

（5）发现检测设备性能不合格，应对仪器设备造成的影响进行评估，应对检验过的车辆进行追溯。

三、仪器设备的标识管理

对所有需要检定/校准的仪器设备，包括标准物质应贴有明确其计量特性的颜色状态标识。该标识应包括仪器设备名称、编号、检定/校准（定值）日期、检定/校准（定值）单位名称、有效期或停用日期，标准物质还应有标称值，便于仪器设备现场管理。

通常状态标识包括绿色、黄色、红色三种。绿色为合格标识，表示通过周期检定/校准，能满足规定要求；黄色为准用标识，表示有部分指标准确度不合格（如多功能仪器设备某一功能或多量程仪器设备某一量程），应限制使用，注明限制范围；红色为停用标识，表示不合格或仪器设备性能无法确定（如超出检定/校准周期），检测设备使用中出现故障、损坏等现象，应停止使用。

四、量值溯源单位的选择

检测设备的检定/校准应由法定计量机构执行。

法定计量机构是指负责在法制计量领域实施法律或法规的机构，可以是政府机构，也可以是国家授权的其他机构，其主要任务是执行法制计量控制。各级政府市场监督管理部门依法设置的法定计量检定机构和授权建立的计量技术机构是合法的计量机构。

计量技术机构通过计量标准考核，才能取得《计量标准考核证书》，计量标准是计量标准器具的简称，用于检定其他计量标准或工作计量器具。它把计量基准所复现的单位量值逐级传递到工作计量器具以及将测量结果在允许的范围内溯源到国家计量基准的重要环节。通过法定计量检定机构考核，才能取得《专项计量授权证书》，具备法定计量机构资格。

因此，在选择量值溯源单位时，应首先要进行合格供应商评价，选择具备资质的溯源单位，要求检定机构提供《专项计量授权证书》《计量标准考核证书》，查看是否具备开展要求溯源的仪器设备检定/校准能力。对照计量标准项目中可开展检定/校准项目是否为自己要求溯源的仪器设备。检定/校准完成，获得检定证书/校准报告，应对证书/报告确认。

法定计量机构考核和计量标准考核，都有时效性。因此，在取得检定证书/校准报告后，应首先查看溯源单位考核是否在有效期内。还应查看证书/报告中“送检单位”“仪器名称”“规格型号”“出厂编号”等信息是否填写正确，依据规程是否准确，是否为现行有效版本，提供测量结果数据是否正确等。

五、检测设备的使用维护与封存

检测设备购置后应制订详细的维护计划。按计划进行维护并做好记录，保证其在受控状态下和检定/校准有效期内正常使用。使用人员应通过专业培训，取得相关资格，按操作程序规范操作。

检测设备经过修理或调整后，应经检定/校准合格后方可启用。对长期不用的检测设备应填写封存单，拟报废的检测设备应填写报废申请，经审批后办理封存或报废手续，封存重新启用的检测设备，需经计量性能验证合格后重新出具启用单，如超过检定周期还应检定，经认可后才能投入使用。已封存或报废的仪器设备应及时移出工作场所，暂时没能移动的设备应有明显的停用标识。

参 考 文 献

[1] 余志生.汽车理论[M].北京：机械工业出版社，1990.

[2] 苗泽青.汽车检测人员岗位培训教材[M].北京：人民交通出版社，2005.

[3] 仝晓平.道路运输车辆综合性能检验与技术等级评定[M].北京：人民交通出版社股份有限公司，2016.

[4] 刘巽俊，等.内燃机的排放与控制[M].北京：机械工业出版社，2003.

[5] 交通运输部公路科学研究院.2014 年中国道路交通安全蓝皮书[C].北京：人民交通出版社股份有限公司，2015.

[6] 交通运输部公路科学研究院.国家道路交通安全科技行动计划专题：营运车辆技术状况保持技术及评价体系研究报告[R]. 北京：交通运输部公路科学研究院，2011.

[7] 崔靖.汽车综合性能检测[M].上海：上海科学技术文献出版社，1995.

[8] 许洪国.汽车运用工程[M].北京：人民交通出版社股份有限公司，2014.

[9] 国家质量监督检验检疫总局.机动车安全技术检验项目和方法：GB 38900—2020[S].北京：中国标准出版社，2020.

[10] 国家质量监督检验检疫总局.机动车运行安全技术条件：GB 7258—2017[S].北京：中国标准出版社，2017.

[11] 方茂东，郑贺悦.基于碳平衡法的汽车油耗测量方法[J].汽车工程，2003（25），3.

[12] 祖力，王云鹏，等.汽车油耗检测的不解体方法——碳平衡法[J].长春理工大学学报，2007（30），2.

[13] 纪正昆.机动车安全技术检验基础讲座[M].10 版.北京：中国标准出版社，2009.

[14] 成都成保发展股份有限公司.机动车排气污染物测量设备及方法培训[R].成都：成都成保发展股份有限公司，2019，9.

参考文献